编委会

主　任

丁中平　唐步新

副主任

呙生泽　邓　琳　蔡祥东　徐松强

谭书凯　许建华　陈　蓉　周利民

胡　立　罗世友　高　岭

委　员

谭华易兵　向泽君　郑运松

周英斌　王　可　王功斗　杨虎亮

熊　铸　王文秀　向　洋

编辑部

责任编辑 蒋忠智 周英斌 张 春 杨秀英

责任校对 廖应碧

策 划 重庆出版社艺术设计有限公司

装帧设计 重庆出版社艺术设计有限公司

制 版 重庆出版社艺术设计有限公司

前言

习近平总书记在党的二十大报告中指出,要发展社会主义先进文化,弘扬革命文化,传承中华优秀传统文化,不断提升国家文化软实力和中华文化影响力。

地名,是一种特殊的文化符号,是不同历史时期人们社会活动的历史见证和文化积淀,是一个地方的历史年轮,是人类文明的活化石。重庆是国家历史文化名城,有3000多年发展历史,历史文化体系集巴渝文化、三线文化、抗战文化、革命文化、统战文化、移民文化于一体,地名文化亦是重要组成部分,人文底蕴厚重。重庆地名,承载着重庆人民的乡愁记忆和美好情感,有自己独特、鲜明的民族和区域文化特色。深入挖掘重庆优秀地名文化内涵和历史底蕴,全方位保护地名文化遗产,赓续传承地名文化,是贯彻落实党的二十大精神的重要举措,是扎实推进第二次全国地名普查成果转化的具体行动。重庆市民政局汇集市内外地名研究专家智慧,编纂完成《重庆市地名文化故事》。

图书分为《区县地名》《村镇地名》《红色地名》《历史文化地名》和《山水名胜地名》五个分册,从五个不同的维度,用民间广泛流传的生动故事,集中呈现重庆地名文化的丰富内涵和历史韵味。《区县地名》分册，介绍和讲述38个区县（自治县）、两江新区、西部科学城重庆高新区和万盛经开区名称内涵、历史沿革，深刻阐释其中蕴含的人文精神和丰富内涵。《村镇地名》分册，遴选了69个具有代表性的名村名镇，集中呈现重庆域内历史文化名镇与传统村落生成发展的整体面貌。《红色地名》分册，收录了72条红色地名，从人物、事件史实角度全方位展现重庆红色之城、英雄之城的精神底色。《历史文化地名》分册，123条历史文化地名，全面记录重庆古遗址、古建筑、优秀现代建筑以及具有特殊历史文化价值的水文、交通运输类地名，完整呈现不同历史时期重庆的历史风貌。《山水名胜地名》分册，收录109条山水名胜地名，从山地、山峰、峡谷、洞穴、河流、温泉、湖泊等领域呈现巴山渝水所承载的历史演变、风土人情与地方文化认同。

巴山渝水，孕育重庆一方风土人情。编纂《重庆市地名文化故事》，以地名镌刻历史，以乡愁凝聚文化，将众多的历史遗迹、文化古迹及人文底蕴铭刻和播撒在重庆大地上，正是用好地名资源，保护传承优秀传统文化，为建设"山水之城·美丽之地"提供最持久、最深沉的文化力量！

地名是一种社会现象，也是一地重要的文化资源，它记录、彰显和传承着地方的自然特色与人文特质。

重庆地处四川盆地东南向盆周山地区的过渡地带，山岭纵横、江河密布，自然造化的长江、嘉陵江、巫山、金佛山、三峡等山水名胜遍布市域，享誉世界。一座座名山，一条条江河，一处处峡、岛、泉、湖、峰、岭……一个个山水名胜地名，向世人讲述着 8.24 万平方千米间巴山渝水的精彩故事，展示着重庆"山水之城美丽之地"的独特魅力。

重庆多山，世称"山城"。根据权威统计，重庆全市山地面积为 6.2 万平方千米，占市域面积比重为 75%，比全国总体高出 31 个百分点。可以说，不管是面积狭小的渝中半岛母城，还是辽阔的大重庆市域，可谓到处都是山；不同尺度和视角之下，重庆都是一座名副其实的"山城"。因此，重庆天然地多有以山为名或与山相关的地名。

重庆的"山"，主要分布在五个片区，即中部平行岭低山区、东北部大巴山中山区、东部巫山及七曜山中山区、东南部武陵山中低山区、南部大娄山中山区。它们形成和孕育的"山"之地名也各具特色与内涵价值。

这其中，最神奇的是那一条条的平行岭。它们被称作川东平行岭或盆东平行岭，是世界三大褶皱山系之一，也是最具重庆特色的地貌景观。华蓥山、缙云山、中梁山、明月山、云雾山、铁峰山……这一条条著名的条状山岭，彼此平行相间展列于市域中部，构成世界独一无二的平行岭谷景观。

雄踞于市域东北、渝陕之界的大巴山，大部分海拔在1000到2000多米，高大雄伟。这里不仅分布有重庆最高峰阴条岭、三省界峰鸡心岭，还有着著名的红池坝、黄安坝等南方高山草场。

巫山、七曜山则绵延于重庆、湖北交界地带，这里有著名的巫山十二峰、巫峡、瞿塘峡，是闻名海内外的重庆名片。尤其是巫山，它不但是渝鄂界山，更是中国地势二、三级阶梯分界线（大兴安岭—太行山—巫山—雪峰山）上的重要节点，在中国自然地理区划上具有重要地位。长江从这里冲出四川盆地，冲积出美丽富饶的长江中下游平原。

市域东南部是著名的武陵山。它的主体在湖南境内，往西延伸到重庆秀山、酉阳、黔江等少数民族地区，其特色则是一类他处少见的山——"盖"。这一地名专门指当地一种顶面平缓的喀斯特台状山，如毛坝盖、平阳盖、川河盖、菖蒲盖等，极富地方特色。

南部的大娄山大部分在贵州境内，并呈东北—西南走向延伸至市域南部江津、綦江、南川、武隆等区县，像四面山、金佛山等均属于大娄山。其中，金佛山为大娄山主峰，最高海拔2238.2米，为市域南部最高峰。

除了这些分布集中、规模较大的山脉，重庆还有数量众多零散分布的大小山体，其中著名的如鹅岭、枇杷山、金鳌山、云篆山、宝顶山、马鞍山……它们山虽不高，却"有仙则名"，每一个地名，都是一部厚重的地方文化史诗。

重庆多江河环抱，又称"江城"。千万年来，无数大江小河，萦绕于方山丘陵，切割于平行岭谷，奔腾于崇山峻岭。它们以过境重庆691千米的长江为干，以嘉陵江、乌江为骨，以渠江、涪江、龙溪河、小江、大宁河和綦江、酉水七条较大而重要的支流为支，乃成重庆江河"一干二骨七支"的格局。

长江如一棵粗壮的树，分支出无数大小支流，其量亦多，其势亦大。它们恰如一根根血脉，附着于山之骨架，生成巴渝之血肉，沟通着航道，哺育着城镇，以滚滚诸水，刻画出今日之"江城"重庆。

嘉陵江古称"渝水"，重庆之简称"渝"即由此而来；大宁河古名"巫溪"，即为今天的县名；阿依河得名于彭水当地流行的苗家歌曲《娇阿依》；酉阳石柱溪来源于土家语，指的是野兽出没的地方（"石"是野兽的意思，"柱"是出来的意思，"溪"意指某个地方）；忠县𥕢井河的"𥕢"字仅见于此作地名；江津笋溪河里盛产一种品质上乘的河磨籽玉"笋溪玉"……千百年来，这些大小河溪流经山区、丘陵和台地、河谷，不断消化、吸收、承载着当地文化，演化形成一个个富有地方文化内涵的江河地名。

　　江河之外，还有数不清的湖。长寿湖、龙水湖、汉丰湖、玄天湖、南天湖……近几十年，人们截蓄江河溪流之水，加以景观化改造，再赐以美名，便成为重庆山水名胜中最年轻的一类地名。

　　除了山、岭、盖、峰、江、河、溪、湖这些直接记录和描述山水的地名，重庆还有许多与山水密切相关的自然风景名胜，如岩、坪、坝、坑、洞、峡、谷、沱、岛、泉、瀑等。它们或是山水的一部分或一种形态，如岩、坪之于山，泉、瀑之于水；或是因山水作用而自然形成，如嘉陵江切穿缙云山形成温塘峡，峡口形成大沱口、白沙沱，峡内出露形成北温泉，等等。这些也都属于人们认知里的山水名胜地名。

　　种类、内涵丰富的山水名胜地名，构成了重庆地名的特色，展现了重庆独特的地理环境、自然资源和山水文化内涵，也在千百年来陶冶着重庆人的山水情操，养成重庆人朴素的生态观。

　　"绿水青山就是金山银山"，以本书挖掘和传播重庆丰富的山水名胜地名文化，讲好重庆山水故事，正当其时。

目录

● 渝中区

- 鹅岭 —— 22
- 枇杷山 —— 25
- 长江 —— 28
- 嘉陵江 —— 32

● 大渡口区

- 龟亭山 —— 36
- 金鳌山 —— 38
- 猫儿峡 —— 42

● 江北区

- 铁山坪 —— 44

● 沙坪坝区

- 歌乐山 —— 47

● 巴南区

- 云篆山 —— 87
- 圣灯山 —— 89
- 方斗山 —— 91
- 花溪河 —— 94
- 南温泉 —— 96
- 东温泉 —— 99

● 长寿区

- 菩提山 —— 102
- 长寿湖 —— 105
- 黄草峡 —— 108

● 华蓥山 —— 81
● 御临河 —— 84

● 綦江区

- 老瀛山 —— 140
- 横山 —— 143
- 古剑山 —— 146
- 綦江 —— 149

● 大足区

- 宝顶山 —— 152
- 玉龙山 —— 155
- 濑溪河 —— 157
- 龙水湖 —— 160

● 璧山区

- 云雾山 —— 163

● 铜梁区

- 巴岳山 —— 166

1 前言

1 序
　用地名讲好重庆山水故事

● 万州区
　铁峰山 —— 1
　太白岩 —— 3
　青龙瀑布 —— 5

● 黔江区
　阿蓬江 —— 8
　小南海 —— 11

● 涪陵区
　雨台山 —— 15
　乌江 —— 18

● 九龙坡区
　中梁山 —— 51

● 南岸区
　涂山 —— 55
　明月山 —— 58
　铜锣峡 —— 60
　广阳岛 —— 63

● 北碚区
　缙云山 —— 67
　观音峡 —— 71
　温塘峡 —— 73
　北温泉 —— 76

● 渝北区
　玉峰山 —— 79

● 江津区
　四面山 —— 112
　黑石山 —— 115
　石笋山 —— 118
　笋溪河 —— 121

● 合川区
　渠江 —— 125
　沥鼻峡 —— 127

● 永川区
　箕山 —— 130

● 南川区
　金佛山 —— 133
　楠竹山 —— 136
　黎香溪 —— 138

- 小江 —— 196
- 汉丰湖 —— 198

● 梁平区
- 梁山 —— 201
- 双桂湖 —— 204

● 武隆区
- 仙女山 —— 207
- 白马山 —— 210
- 芙蓉江 —— 213
- 天生三桥 —— 215

● 城口县
- 九重山 —— 219
- 黄安坝 —— 222
- 亢谷 —— 225

● 奉节县
- 瞿塘峡 —— 256
- 小寨天坑 —— 259

● 巫山县
- 巫山 —— 263
- 巫峡 —— 266
- 巫山十二峰 —— 270
- 箜篌沱 —— 273
- 黛溪 —— 276

● 巫溪县
- 鸡心岭 —— 280
- 阴条岭 —— 283
- 红池坝 —— 286
- 大宁河 —— 289

● 两江新区
- 照母山 —— 323

● 万盛经开区
- 黑山谷 —— 327

- 阿依河 —— 319

后记 330

- 毓青山 —— 168
- 小安溪 —— 171
- 玄天湖 —— 173

● 潼南区
- 马鞍山 —— 176
- 涪江 —— 179
- 琼江 —— 181

● 荣昌区
- 螺罐山 —— 184
- 古佛山 —— 187
- 铜鼓山 —— 190

● 开州区
- 雪宝山 —— 193

- 丰都县
- 平都山 —— 228
- 双桂山 —— 231
- 龙河 —— 234
- 南天湖 —— 237

● 垫江县
- 龙溪河 —— 241
- 桂溪河 —— 244

● 忠县
- 㽏井河 —— 247

● 云阳县
- 龙缸 —— 251
- 汤溪河 —— 253

● 石柱土家族自治县
- 万寿山 —— 293
- 大风堡 —— 296

● 秀山土家族苗族自治县
- 凤凰山 —— 300
- 川河盖 —— 303

● 西阳土家族苗族自治县
- 石柱溪 —— 307
- 二酉洞 —— 310
- 桃花源 —— 313

● 彭水苗族土家族自治县
- 摩围山 —— 316

万州区

◆ 铁峰山

　　万州是个自然资源丰盈的宝地，不仅长江黄金水道穿城而过，而且在距离城区不到十千米的地方（最近距离），就有一个总面积达9100公顷的国家森林公园——铁峰山国家森林公园，万州人来到城郊边上，就可以步入森林中，感受大自然的原始之美。

　　铁峰山国家森林公园位于万州城区的北边，平均海拔1000多米，森林覆盖率高达95%。公园内有植物869种、动物500多种，是相当丰富的动植物资源宝库。

　　"铁峰山"的名字是一个组合词。铁峰山一带铁矿的储量比较高，这里的主峰又酷似一只凤凰，取"铁"字和"凤"字，加起来就叫"铁凤山"。但和很多地名一样，渐渐地就会演变出谐音的名字，所以这里现在就由"铁凤山"变成了"铁峰山"。

　　铁峰山国家森林公园一共分为四大景区，包括贝壳山、金狮岭、凤凰山和铁佛寺。贝壳山位于万州区的高梁镇大碑村，因山的外形酷似贝壳而得名。在贝壳山顶，有一处非常陡峭的山崖。

◆ 铁峰山
万州区规划和自然资源局　供图

这个山崖还有一个美丽动人的故事。相传，这里有一美少女，她和当地一书生情投意合。书生进京赶考去了，少女天天到这个山崖眺望等候。书生半年后中举，衣锦还乡，与少女喜结良缘，生活幸福，白头偕老。从此这个山崖就被叫作"望归崖"。

铁峰山国家森林公园大部分属于原始未开发的森林地带，近年来成为户外、露营爱好者的"天堂"，并成为重庆的一处新兴避暑胜地；也因为能看到满天星空而入选《重庆星空地图》。铁峰山国家森林公园主要的自然景点包括千峰耸翠、朝天门日出、凤凰岭云海、天鼓迎凤、石公石母、五池连珠、竹影凝翠等。

另外，铁峰山国家森林公园内还有几处著名的人文景观。铁峰山的主峰叫作凤凰岭，凤凰岭上有一座重庆著名的寺院凤仪禅院。相传凤仪禅院始建于明朝，占地达到十万平方米。1950年禅院被毁，只有从残存着极为精美花纹的石头柱子等遗迹，还依稀能遥想当年的禅院钟声和盛极一时的繁盛香火。1999年5月，凤仪禅院在原址重建后恢复开放。虽然原凤仪禅院已湮没在茫茫林海中，但铁峰山的养儿窝摩崖石刻却历经数百年而保存完好，让前来参观的游客无不感叹其神奇的魔力。

◆ 太白岩

当你来到万州，找个万州人问："万州第一山"是哪里？十有八九的当地人会说是"西山"。这"西山"就是太白岩。太白岩位于万州城区，在城市的西边，所以更多百姓叫它"西山"。

在中国各地的地名中，只要带"太白"的，几乎都和唐代诗人李白相关。万州的太白岩也不例外，它也见证着诗仙李白和万州这座千年古城割不断的缘分。李白当年出蜀，就是经过长江三峡一带而出去的，在他的诗作中也有很多是吟唱赞美三峡一线的。传说李白在万州留下了两首诗，一首是《春于南浦与诸公送陈郎将归衡岳并序》，另一首则是《赋得白鹭鸶送宋少府入三峡》。后来也有李白在万州西山绝尘龛读书与作诗的记载。明朝时，四川按察使曹学佺曾经让万县的知县方登在西山建立了太白祠。曹学佺自己还写了一篇《西山太白祠记》，里面就提到"县西有太白岩，在西山，即绝尘龛也"。

到现在，民间还有关于李白在西山的传说——当年李白曾到西山的西崖喝酒下棋，好不快哉。一天黄昏时分，满天晚霞中飞

◆ 太白岩
万州革命烈士陵园管理中心　供图

来了一只五彩的金凤凰，凤凰嘴里衔着一个金色的酒壶。李白接过凤凰的金壶痛饮一番，然后跨上凤凰飞走了。后来就有了"谪仙醉乘金凤去，大醉西岩一局棋"的诗句。传说金壶落入山中化作一泓清泉，后来以泉酿酒叫作"诗仙太白酒"。而李白下棋和遇见金凤的那个山崖，就叫作了"太白岩"。附近有一座歇凤山传说是金凤栖息之处。

　　太白岩全长约三千米，高约400米，面积40公顷，是距离万州核心城区最近的山。太白岩属非常典型的丹霞地貌，比较学术的解释就是以陡崖坡为特征的红层地貌，即红色沙砾岩层的山。从东晋开始，就有人在太白岩的峭壁上进行石刻创作。这里现存的摩崖石刻有50余处，它们分布在长460米、宽30米的崖壁上。

　　太白岩石刻的时间跨度非常大，从东晋一直延续到民国时期，超过1700年。太白岩的石刻堪称是中国"书法博物馆"，书体以楷书为主，并涵盖了草、篆、隶、行等多种书体。山下进门的门匾是"第一山"，山门石刻对联是清代四川提学使何绍基写的，上联是"漫天宿雾，万泉恢复风墙动"，下联是"一轮冰霜，群山齐失白岩高"。半山的石壁上有宋代石刻"观德亭"三字，历经几百年，早已自然风化，但依稀还是能看出三个字的大致模样。

这些石刻侧面反映了万州乃至三峡地区政治、社会、宗教的发展状况，具有十分重要的史料价值和极高的书法艺术价值。目前，太白岩上清代的石刻是最多的，共29块之多。

太白岩地势高耸，也是观赏万州城市和长江壮阔景色的绝佳去处。太白岩山顶公园成为市民群众休闲娱乐的必去之地。

◆ 青龙瀑布

亚洲最大的瀑布在哪里？可能很多人都会脱口而出"贵州黄果树瀑布"。其实在重庆有一处瀑布比黄果树瀑布还要宽，这就是青龙瀑布。

出万州城区西南30千米，就来到了万州区甘宁镇。甘宁的名字来源于三国时吴国大将军甘宁，因甘宁葬于境内而得名。青龙瀑布就在甘宁镇的境内。

青龙瀑布名字的由来，是因为甘宁镇境内有一条青龙河。青龙河的河水从甘宁湖流到蒲家坝，长30千米，流域面积50平方千米。因为瀑布位于青龙河上，所以就叫青龙瀑布。

青龙瀑布高64.5米，宽151米，面积约9739.5平方米。而著名的黄果树瀑布宽101米，青龙瀑布比它宽了有50米之多，是名副其实的亚洲最宽的瀑布。青龙瀑布还有个比较特别的地方，它的走向呈弓形，让瀑布形成了非常明显的水帘洞。瀑布的正下方有面积约1600平方米的水帘洞，水帘洞内地势十分平坦。从水帘洞里面向外看，可以看到外面壮观的瀑布景致，而且能360度无死角地观赏整个瀑布上下左右、里里外外的雄姿。这种"坐洞观瀑"的方式，在中外瀑布中也是罕见的。

之所以会形成如此壮观的瀑布，和这里的地质构造有关。青龙瀑布地带属喀斯特地貌，地貌多样，属山岭重丘区，山体多陡崖峭壁，区内海拔280~670米，形成了青龙河上极大的落差。同时，因为这里地处亚热带季风湿润区，年平均降水量为1293.3毫

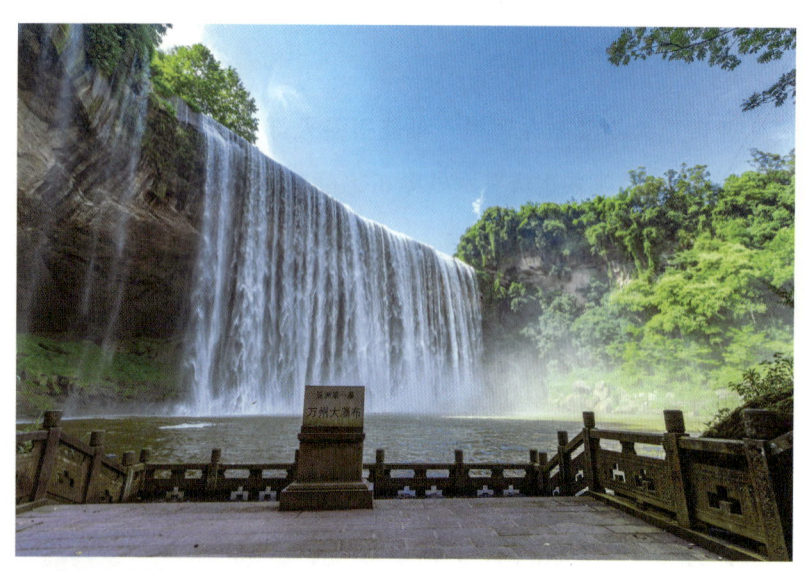

◆ 青龙瀑布
　　重庆九曜星文化传媒有限公司　张浩　摄

◆ 青龙瀑布

米,水量丰沛,也让瀑布常年水声隆隆,形成雄奇的景观。

青龙瀑布周边的人文自然景观也很丰富。景区山青、水秀、瀑宽、洞奇、潭幽、湖大、虹美,境内的青龙洞中有大自然鬼斧神工的"天工画壁",观音古洞中静坐着三十三座观音化身像。附近还有中国著名文学家何其芳的故居、抗日阵亡将士纪念碑、陆安桥等人文景观。

2010年3月,青龙瀑布群开发区更名为万州大瀑布群旅游区,2012年8月,成功创建为国家级AAAA级旅游景区。

黔江区

◆ 阿蓬江

阿蓬江发源于湖北恩施利川，经重庆黔江区到酉阳县，在龚滩古镇注入乌江，全长249千米，为乌江第一大支流。

我国地势西部高东部低，造就了我国大多数河流都自西向东流，而阿蓬江由于地处独特的地形山势，成为了我国一条由东北向西南流的"倒流"之河。

"阿蓬"二字音译于土家语，是神奇、秀美的意思。这一条由土家先祖命名的河流，在其流域，无论是发源地恩施利川，还是流经地重庆黔江与酉阳，都是土家族、苗族聚集的地方。

阿蓬江如其优美的名字一般，全程拥有秀美的风光和神奇的景观。在它的源头湖北利川，拥有龙船水乡、苏马荡等著名山水名胜；在它流经的重庆黔江，拥有神龟峡、官渡峡、濯水古镇、蒲花暗河等自然奇观；在它汇入乌江前的下游路段，更是拥有龚滩古镇、阿蓬江国家湿地公园等旅游胜地。

神龟峡是阿蓬江峡谷景观最为优越的河段，从两河镇到酉阳大河口，全长38.9千米，峡口距黔江城区48千米。

神龟峡是一段至今保存着千百万年前原始自然风貌的峡谷。在1998年之前，这一片水流湍急的河谷人迹罕至。短短几十千米的峡谷，上下游水位落差竟达到了上百米，全然不具备通航的条件，更无人家定居在岸边。

1998年，阿蓬江下游的大河口电站建成，水位升高，这才让这段峡谷有了通航的基础条件。当负责勘测电站大坝坝址的专家冒着生命危险进入这处原始峡谷时，才看到了这个至今保持着原始峡谷风貌的"世外桃源"。

这里之所以叫神龟峡，是因为在峡谷入口处，两侧的山体一左一右，形似一雄一雌两座神龟趴在峡口。

◆ 阿蓬江
　黔江区文化和旅游发展委员会　供图

峡谷两岸是与水面近乎垂直的高山绝壁，下半截山体裸露出灰褐色的岩体，在没有泥土的岩缝中，偶有几株"中华蚊母"顽强地生长着。上半截山体被各种青葱的植物覆盖，造就了险、峻、雄、奇的峡谷山体风貌。

峡江水光潋滟，如同翡翠碧玉，两岸不时有瀑布飞流而下。峡区河道斗折蛇行，峡谷有27道弯28个门，一弯未尽一弯又起，每一道弯都夹带山势形成头顶上的"一线天"，船行其间恍若隔世，从此宠辱不惊。

在神龟峡中的悬崖绝壁上还有数个山洞，在这人迹罕至的高峡中，不知为何人或何物所居。这些山洞的洞口皆有两根枯木支成"T"字形，这是很明显的人类活动痕迹。但如此高的绝壁、如此深的峡谷，什么人才能往来于绝壁之间，居住于此呢？也许只有传说中的野人吧，于是当地人便将这些山洞称为"野人洞"。

阿蓬江的神秘还不止于野人洞，沿阿蓬江溯江而上，过官渡大桥，便到了阿蓬江的另一个神秘峡谷——官渡峡，这里有着著名的悬棺景观。

官渡峡位于冯家镇，距黔江城区18千米，因从前的古驿道在这里需驾船渡江而得名。峡谷全长15千米，相比神龟峡，官渡峡少了几许险峻，多了几分清幽。峡谷绿荫更甚，两岸郁郁葱葱的树木遮天蔽日，形成了峡绝水美的秀丽景象，并有悬棺神庙，使得自然景观和人文景观在这里交相辉映。

官渡峡的悬崖峭壁上分布有数个悬棺，当地人称"龙舌头""仙人柜""仙人枢"等名。山腰神庙悬空而建，山顶尚存苗族祖先攀岩而上的避难处所遗址——水寨，让官渡峡具有浓郁的神秘色彩。

蒲花河蜿蜒于濯水镇境内，以各种地质奇观取胜。河水时而倾泻入地下溶洞，时而涌出地面，河畔一马平川，远处低丘起伏。蒲花河于濯水古镇汇入阿蓬江，形成了濯水古镇自古以来商贾云集的厚重历史。

阿蓬江在黔江约60千米的流域内，荟萃了原始奇特的神龟峡、神奇秀丽的官渡峡、历史浓厚的濯水古镇、地质奇特的蒲花暗河等独特景致，它隽秀而神奇地奔流不息，孕育出土家族与苗族的一代代儿女，也孕育出无数个风景名胜，成为无数旅游爱好者竞相追捧的一条河流。

◆ 小南海

小南海原名小瀛海，是一个融山、水、岛、峡等风光于一体的高山淡水堰塞湖泊景区。位于重庆与湖北交界处，离黔江城区约30千米，车程约一小时，是国内迄今保存最完整的一处古地震遗址。

在长江流域，大型湖泊一般出现在开阔的平地或丘陵，而小南海却身处深山峡谷中，是一个近条形的大型湖泊，其水深最深处达52米，远超一般湖泊。小南海三面环山，东面是巨石堆垒的平台，看上去像一座人工建成的大坝，而小南海也酷似一座人工蓄水湖。

◆ 小南海
黔江区文化和旅游发展委员会 供图

据清《黔江县志》载,"咸丰六年(1856)五月壬子,地大震,后坝乡山崩……溪口遂被埋塞。厥后盛夏雨水,溪涨不通,潴为大泽,延袤二十余里"。公元1856年6月10日,小南海当地发生6.25级、烈度为8度的地震,地震形成堰塞湖,地震后雨水导致的山洪将堰塞湖扩大绵延,形成了今天的小南海。

高山湖泊形成后,与当地山势相互辉映,致湖光山色美不胜收,如同仙境,故而当地人将湖泊命名为"小瀛海"。

今天的小南海是国家4A级旅游景区、国家水利风景区、国家地质公园。这里风景优美,地质独特,森林资源丰富,动植物种类繁多,具有广泛的综合开发价值与地质研究价值。

小南海四周奇峰环列,区域内溪水潆回、水流纵横,岛上茂林修竹,湖中有朝阳寺、老鹳坪、牛背三个天然岛屿;大垮岩、小垮岩、断碉绝壁及岩石垒成的大坝等地震遗迹,至今仍清晰可见。泛舟湖上,碧波清水鳞波荡漾,无论春夏秋冬还是晨昏晴雨,景色优美幻化无穷。

小南海中有三座湖心岛屿，分别是牛背岛、朝阳寺岛和老鹤坪岛，当地人称"南海三岛"。

牛背岛是南海三岛中最大、最美的一个。牛背岛面积为124.9亩，岛上松林茂密，遍地生长着一种珍贵的树木——红色薄皮马尾松。岛的前端是侧卧的"牛头"，中间是宽阔的牛背沐浴水中，牛回头顾盼湖心小岛——月亮堡，形成了"犀牛望月"的景观。

今天的牛背岛上建起了供游人行走观景的步道，步道曲径通幽，漫步岛上松林间，自有一派悠闲风情。牛背岛后的倒牵溪窄如彩带，幽深飘逸，虽不宽却很深，从而隔断了岛上与陆地的联系。

小南海的第二大岛是朝阳寺岛，得名于岛上的朝阳寺，因为形如蝴蝶，也称"蝴蝶岛"，面积为96.9亩。

岛上的朝阳寺为乾隆二十九年（1764）黔江知县杨云彩积善重建，原有寺宇四合大院、房屋60多间，供奉南海观音及二十四诸天神、十八罗汉等。因朝阳寺供奉南海观音，"小瀛海"便改名为小南海。

可惜的是，朝阳寺在"破四害"运动中被火焚，只留下寺内生长的虬劲苍翠的古松遥对海口。

黔江庚戌起义的核心组织——温朝钟倡议的"铁血联英会"会址也曾设在朝阳寺岛上，后来联英会的主要首领温朝钟、王克明、黄玉山均因起义失败而遭杀害，辛亥革命后被追认为烈士。

南海三岛中最小的岛屿是老鹳坪岛，面积仅为8.6亩，因常有一种长嘴、灰白羽毛的老鹳鸟栖息其上而得名。老鹳坪岛旁边的湖湾水下，有一座被淹没的罗家祠堂，据说当年罗家祠堂刚刚建好便发生了地震，地震没有震垮这座刚修好的建筑，地震形成的堰塞湖却将它淹没在了水底。

当年的地震其实还形成了另外四个小的堰塞湖泊：一个是掌上盖小汊塘，长110米、宽80米；另一个是段溪河支流上的汪大海，长1.5千米、最宽60多米；还有一个是离小南海景区大门不远的向家湾塘，直径约30米、水深10米；第四个是蛇盘溪湖，已被河水冲开，但堰塞痕迹仍清晰。

考察过小南海的有关专家一致认为，小南海作为地震堰塞湖，其规模之大、景观之美、保护之完整、显示的地震运动程序之清晰、学术价值之高都是全国独有、世界罕见的。小南海不仅是中国文化的珍贵遗产，也是世界文化的珍贵遗产，日本专家则称之为"活的地震博物馆"。

涪陵区

◆ 雨台山

雨台山位于涪陵区城东12千米的长江与乌江交汇处，是以祈雨文化为特色，集观光游览、养生度假、商务会议为一体的福地仙境。

我国拥有历史悠久的祈雨文化，自殷商时代开始就有关于祈雨活动的记载。如在殷墟卜辞中就有诸如"今三月帝令多雨？""帝其令雨？帝不令雨？"的记载。到了春秋战国时期，在楚辞《天问》中也有记载："蓱号起雨，何以兴之？"王逸注曰："蓱、蓱翳，雨师名也。"

中国是一个古老的农业国，祈雨，又叫求雨，是围绕着农业生产、祈禳丰收的一种民俗活动。在科技尚不发达的远古时代，祈雨活动代表了人类尊重自然、期盼风调雨顺的美好宿愿。

随着时代的发展、科技的进步，今天的人们已经不再沿袭这个没有科学支撑的祈祷活动，转变为采用科技手段预测天气变化。但千百年来留下的祈雨文化遗址仍在我国各地留存了下来，例如北京著名的天坛，以及重庆涪陵的雨台山。

雨台山最早的名字叫作"洪都山"，东汉以后，因史传公孙述曾在雨台山屯兵，又称"白帝山"。到了唐代，传说尔朱仙人曾在山中种松养生修道，又称"种松山"。明朝崇祯十六年，张献忠入川，登临山顶插旗，观察涪州军事形势，这座山被称为"插旗山"。

"雨台山"一名的最早记录已经无从考证，但依现存残碑记载，雨台山祈雨坛为清朝光绪年间重建。

雨台山设坛祈雨的历史则可追溯到宋代前后。涪陵一带多坡地，易干旱，祈雨古已有之，北宋王存的《元丰九域志》、清道光二十五年（1845）《涪州志》均有对雨台山祈雨事件的记载。

雨台山南起乌江，西北至长江，东临紫炉溪，三面都是悬崖峭壁，只在南端有一山脊与外相通，史称走马岭，是历史上有名的彭涪驿道。雨台山地势平缓，苍松蔽日，翠竹遍野，植物种类繁多，景区内有祈雨坛、观音岩石花、星月湖、硐弯古砦、灵猴谷等多个自然人文景观。

从雨台山观光游道拾级而上，在路旁可见一段残破古砦墙和两面牛耳石。这里是"湖广填四川"时期当地百姓为避战乱而修建的一道防御工事，称为"硐弯古砦"。古时百姓依山势筑起一道高高的石墙，后凭高崖、前临深沟，人们沿山砦藏身，由于林隐树遮，外人很难发现。

再往上行，便到达北宋年间所建的依岩庙遗址，当地人又称这里为"活菩萨庙"。相传1979年的一个夏夜，月明星稀，一队在山对岸乘凉的当地居民，依稀看见此处的石壁上出现四个人像。

◆ 雨台山：观音岩
涪陵区雨台山风景区　供图

这个传闻很快传遍四野，许多人不远千里赶来朝拜，此地也成为了百姓供奉香火、祈求许愿的圣地。

离依岩庙遗址不远处便是雨台山奇观——观音岩石花。观音岩的石壁上刻有碑记，碑记落款时间是清朝同治十一年（1872）。据传此地先有观音造像，每年观音菩萨生日，远近善男信女都来朝拜。祭拜观音的善男信女感动了上天，观音菩萨显了灵，让观音岩右上方的石头开了花。

其实"石花"是砂岩在沉积过程中夹带的老岩石结核。由于"石花"的地质年代比砂岩古老得多，先形成"石花"，再由砂岩形成附近的岩体，于是造就了石头"开花"的地质奇观。

从观音岩石花向上攀登500米高梯，便可抵达雨台山山顶。山顶有一个被众峰环绕的天然湖泊，名为"星月湖"，当地人称"仙鹤湖"。传说此湖聚雨台山之灵气，盛载星月光辉，古代祈雨仪式前，参加仪式之人必须先到湖中沐浴净身，洗却凡尘俗气，而后登坛祈雨方才灵验，故称星月湖。又传说尔朱仙人在雨台山种松养鹤，他养的白鹤就在这片湖面上栖息，因此又称为仙鹤湖。

湖边便是祈雨坛，相传古人毛法真在雨台山得道成仙，他能在大旱时施雨，大涝时取阳，庇佑百姓风调雨顺，被民间百姓供为"坛神"。

据史料记载，祈雨坛为清光绪年间重修，在20世纪60年代"破四旧"运动中被人为毁坏。今天的祈雨坛仅存柱槽及残碑，残碑上"祈雨坛所毛法真位"的字样依稀可见，见证了雨台山远古而神秘的祈雨祈福的历史。

◆ 乌江

乌江是长江的一级支流，发源于贵州西部威宁县乌蒙山东麓，溯其源头有南北两源，北源六冲河，南源三岔河。其中南源为乌江主源，两源在黔西县化屋基汇合后称乌江。随后乌江横贯贵州中部和东北部，至洪渡向北进入重庆，经酉阳、彭水、武隆至涪陵汇入长江。

先秦到唐代时期，因贵州属牂牁古国，乌江被称为"牂牁江"，又有"内江水""涪陵水""延水"等别称。唐代设立黔中道，乌江又因属地名称的变更被称为"黔江"，后又改称"务川"。唐《元和郡县志》载："内江水，一名涪陵水，在县西四十步，因川为名，曰务川县。"

元代蒙古人南下，沿途用蒙古语记录各地地名，再音译成汉字。这种记录方法导致了诸多谬误，如因巴蜀语中有鼻音韵尾脱落的习惯，沿河北部的河流"思邛"被记为"思渠"。乌江因唐时命名为"务川"，蒙语汉译记录成了"乌江"，乌江因此得名。

乌江是长江上游右岸一级支流，属峡谷型江流，天然落差2124米。由于其流域地形、地质条件较为良好，蕴藏的水能资源相当丰富。又因乌江的地理位置距用电负荷中心较近，故而成为"西电东送"的重要电源点。

乌江全长1050千米，从源头到化屋基江段为上游，从化屋基至思南江段为中游。乌江上、中游江段穿行于崇山峻岭之间，由于河水侵蚀和地下水溶蚀，谷深水急，险滩相接，是此段乌江通航的最大障碍。

乌江从思南至涪陵江段为下游，思南以下河流切穿大娄山脉、武陵山脉进入武陵山区，形成集险、壮、奇、秀、幽于一江的百里"乌江画廊"。

乌江画廊涪陵段长约33千米，是千里乌江汇入长江前的压轴之卷。两岸自然资源丰富，历史文化底蕴深厚，拥有小田溪墓群遗址、816工程景区、816小镇、角帮寨等历史遗存和武陵山、大溪河、小溪风景区、乌江画廊等自然山水。

从涪陵前往观赏乌江画廊风景有两种方式。一种是从涪陵港码头乘船逆水而上，在江面观看两岸峡谷风光；一种是驾车沿319国道顺乌江沿江而行。319国道从涪陵至武陵段，沿途途经鹦哥峡观景台、赤壁观景台、816工程景区、武陵山风景区等重要名胜景点，是乌江画廊涪陵段的景观集中路段。

鹦哥峡观景台位于三门峡下游江段，距离涪陵城区约五千米。鹦哥峡得名于峡中山上的一个溶洞鹦哥洞，这里是远望三门峡峡谷风光的绝佳观景之地。乌江水流经武陵山区后，受地形自然过滤，常年幽绿清亮。两岸山峰均为武陵山脉余峰，其独特的地质结构和自然条件，造就了峰顶绿荫覆盖、峡壁陡峭险峻的壮丽山水画卷。

◆ 乌江
　　涪陵区敦仁街道望栏桥社区　韦娜　摄

赤壁观景台位于鹦哥峡观景台上游五千米处，此处可观赏到著名的乌江赤壁。赤壁观景台地面建筑为仿古长廊，上下为错层观景平台加外挑观景回廊。与观景台隔江对望之处，是一面垂直于江面的悬崖绝壁。绝壁的顶峰有几层层次分明的峰顶弧线，均被绿荫覆盖；绝壁上面却寸草难生，裸露的悬崖之上是被江水数亿年侵蚀、冲刷出的古老纹路，呈现出青、灰、黄、赤等不同色彩。在峡口段的东岸，有上千米的从江面斜行而上的古代纤道遗迹，连绵数千米的石壁中上部，有大小不一、形状多样的溶洞洞口。

　　武陵山雄峙于乌江画廊之上，地处涪陵、武陵、丰都三地交界之处，拥有武陵山国家森林公园、武陵山大木花谷、武陵山大裂谷等著名旅游景区。

　　在武陵山核心景区，有中国少有的千顷"柳杉林"之奇、"鸟鸣谷"之幽、"揽月峰"之雄、"千尺崖"之险、"常春谷"之绿、"大草原"之美……更有云湖垂钓、荷塘映月、南天观日、天池碧水、水杉向晚、茶马古道、通海落日、云海古刹等武陵"八绝"。

　　武陵山平均海拔高度1300米，夏季平均气温为19.7℃。又因武陵山距离重庆主城的车程不到三小时，每年的夏季都有数以万计的重庆主城人前来避暑，因此被誉为重庆城的"避暑养生第一胜地"。

渝中区

◆ 鹅岭

鹅岭位于重庆渝中区长江一路，为长江与嘉陵江两江南北挟持的一段山岭，其地形陡峻、狭长，形似一只鹅的颈项，故而得名鹅岭。

在鹅岭的最窄处，长江与嘉陵江相距不过一千米。相传蜀汉时期，驻守重庆的蜀将李严曾有过一个大胆的提议：在鹅岭最窄处凿穿山崖，连通长江与嘉陵江，借此来形成重庆城四面环水的绝佳防御工事。

今天的鹅岭上有一处供市民休闲、娱乐的鹅岭公园。而鹅岭公园的前身却是重庆城最早的私家园林之一。鹅岭公园始建于清末宣统元年（1909），是清末重庆商会首届会长李耀庭的别墅，由园主李耀庭精心经营而成，名"礼园"，又称"宜园"。

礼园建成之初，即有"园极亭馆池台之胜"的说法，用来形容礼园设计的讲究与精美。李耀庭之子李湛阳曾为礼园题诗一首："两条银线自天来，江势随山阖复开。从古巴城称重镇，半空鹅岭出高台。八荒不尽张衡望，数亩聊分庾信哀。大好桑田可留命，画中松竹在蓬莱。"足见礼园建造的风格与气势。

礼园自建成后就从来不乏名人往来。抗战时期，蒋介石夫妇在园中"飞阁"居住半年，土耳其公使馆于1938年租设于礼园，英国大使卡尔在"飞阁"居住长达五年之久，澳大利亚大使馆也曾设于园中。重庆解放后，李家后人将礼园捐献给人民政府，礼园作为西南军区司令部驻地，邓小平、刘伯承、贺龙、李达同志先后住居此处。

1958年经邓小平同志批准，重庆市政府将礼园作为公园向市民开放，名为鹅岭公园。1980年，时任新加坡总理的李光耀到访重庆，于鹅岭公园览胜后，前往游览长江三峡。

鹅岭公园有许多精美的园林景观，如鹅项山庄、瞰胜楼（两江亭）、鹅岭碑、榕湖绳桥、虎台、飞阁、桐轩、佛图古关巴崖石刻、江山一览台、盆景园等。

鹅岭碑是鹅岭公园的题字碑，原碑立刻于宣统三年（1911），为光绪九年（1883）进士陈荣昌到访礼园时所题。可惜原鹅岭石碑破损严重，现石碑由重庆市政府托人根据重庆市博物馆所藏陈氏书迹重新镌刻而成。

鹅岭公园悬崖边上有一间石室名为"桐轩"。这间石室充分利用山体自然条件巧妙设计，在夏季气候炎热的重庆具有极佳的纳凉避暑效果。桐轩建造百年来，接待了各界无数名流。解放前，讨袁名将蔡锷、蒋介石及澳大利亚使馆官员在客居礼园时，都曾在此休憩。解放后，邓小平、贺龙以及西哈努克亲王等名人都曾到过此处。

鹅岭公园是渝中区的至高点之一，而在公园内的最高处建有一座瞰胜楼。从前重庆人称瞰胜楼为两江亭，因站在亭内可看到长江、嘉陵江两江自南北而来，交汇于朝天门码头。

瞰胜楼高41.44米，所处地海拔高度380米，为七层塔式建筑，可逐阶而上，移层换景。在长江南岸的一棵树观景台建成之前，这里是俯瞰重庆两江和夜景的绝佳之地。登高极目，辽阔江天、城廓夜星，尽收眼底。

◆ 鹅岭瞰胜楼
何向东 摄

从鹅岭公园大门沿鹅岭正街下行，很快可以到达一个新的鹅岭地标——鹅岭贰厂文创公园。鹅岭贰厂文创公园位于鹅岭正街1号，整体为一个开阔的院子，院子四周矗立着几幢老旧厂房，现已改建为文创基地，这里是外地游客打卡重庆网红景区的必到之处。

重庆贰厂文创公园前身是建立于1937年的国民政府中央银行印钞厂，负责专印钞券、税票、邮票等有价证券和政府文件。重庆解放后，印钞厂于1953年正式成为重庆印制二厂。曾经的重庆印制二厂是重庆和西南地区印刷工业的彩印巨头，20世纪50—70年代，重庆凡是彩色的印刷品，大多是在这里印制的。尤其是在计划经济年代，重庆百姓日常使用的粮、油、肉票等，大多出自这里。

2011年，重庆印制二厂全部迁出，留下空置的场地和厂房，成为旧城改造地块。2014年，一群从事艺术、设计、策划、品牌、媒体的创作人被这里沉积七十余年的人文痕迹吸引，萌生了用文创产业让印制二厂重生的计划。2017年6月，重庆贰厂文创公园正式向游客开放。

鹅岭这里不仅有富含浓厚历史文化的鹅岭公园，还有走在潮流尖端的时尚文创鹅岭贰厂，复合又多元的气质再次将鹅岭推到世人面前，使其成为重庆新地标。

◆ 枇杷山

枇杷山位于渝中区上、下半城之间，北邻中山二路，南接两路口、石板坡片区，南面山脚有背街名为枇杷山正街。

与渝中区其他地名相比，"枇杷山"这一地名出现很晚，早年史籍中没有记载，名不见经传。关于其名来历，有多个与琵琶、美女相关的传说，最为靠谱的一个说法是，早年此地因多种植枇杷树而得名枇杷山。

1929年重庆建市以前，城区范围仅限于通远门城墙内，枇杷山只是城外的一片荒山。当时围绕这片区域也有条街道，名叫神仙洞街。当时的神仙洞街并未与主干道中山二路相连，在古迹

"盐锅骑石"处便是道路尽头。

在1946年印制的地图《重庆市街道详图》上，枇杷山地名第一次出现在了与飞来寺平行的位置上。从地图上看，这时的神仙洞街已经成为了中山二路的支马路，由此可知枇杷山得名时间在1941年至1946年之间，是一个"年轻"的地名。

据《重庆市园林绿化志》记载，"枇杷山在新市区开辟以前，为人迹罕至的荒山野岭。重庆建市期间，川军将领王陵基占据此地修建公馆称'王园'"。

王陵基是重庆建市时期的四川军阀，曾任重庆警备司令。他是在枇杷山开荒建房的第一人，他在枇杷山修建了自己的公馆，还陆续修建了一些平房，用作他手下人的宿舍。

重庆解放后，中共重庆市委入驻王园，在此办公。因交通不便，重庆市政府于1952年修建了从中山二路上行的盘山公路，并与神仙洞街的车道连接。1953年，重庆市政府在此建成一幢西式办公大楼，中共重庆市委才从王园迁到大楼内办公。

1955年春节前，根据中共西南局第一书记邓小平的指示，中共重庆市委迁出枇杷山。枇杷山由园林部门改建为公园。同年8月1日，枇杷山公园正式开放。

枇杷山公园开园之初，设有餐厅、茶园、香烟糖果供应部和动物部，内设金鱼池、鸟笼、猴笼等设施，有金鱼、猴子、孔雀、鹦鹉、锦鸡等动物。当时重庆娱乐场地很少，枇杷山公园风景秀丽，又兼具喝茶吃饭的功能，因而吸引了大量市民前来游玩。

枇杷山公园位于渝中区山头，居高临下，适合观看山城的万家灯火，在很长一段时间内，这里都被指定为接待外宾观看夜景

◆ 枇杷山：红星亭
赵奭 摄

之处。国庆节期间，重庆城还有在此发射烟花的传统习俗，是一年一度市民共襄盛举的盛大场景。

20世纪60年代，神仙洞街更名为枇杷山正街，沿用至今。1981年春节期间，枇杷山公园举办灯会，接待游客40万人次，盛况空前。此后数年，枇杷山公园皆举办大型菊花展览，从此成为了山城人民重阳登高赏菊的传统节目。

枇杷山公园的主要景点有红星亭、阜园、紫薇园、迎翠廊等。红星亭始建于1955年，是一座双层八角亭，位于枇杷山至高点。红星亭是观山城夜景的好地方，站在亭内可鸟瞰整个渝中半岛。阜园内有长廊、单亭、水池、琵琶女等景点，是位于山顶中部，供游人闲情逸致的园林景观。整个公园植物繁多，绿树成荫，是渝中半岛的绿地氧吧，有"渝中肺叶"的美称。

建于1953年的中共重庆市委办公大楼，在市委机关搬迁后成为了重庆市博物馆馆址所在。很长一段时间里，每有外宾到枇杷山观光游览，少不了要去重庆市博物馆了解重庆这座城市的历史与人文。这种情况一直持续到2005年三峡博物馆落成，重庆市博物馆于此时合并到了大礼堂对面三峡博物馆内。

今天的重庆，登记备案的博物馆已逾百座，早已不再像当年那般仅有枇杷山一处拿得出手的博物馆。当年的枇杷山就像是重庆城对外开放的一个窗口，承载着改革开放时期重庆门面担当的历史使命。今天的枇杷山已经成功完成了这个使命，开始等待新机遇的到来。

◆ 长江

长江是我国第一长河，发源于青藏高原唐古拉山脉的各拉丹冬峰，其干流流经青海、西藏、四川、云南、重庆、湖北、湖南、江西、安徽、江苏、上海共11个省（市、自治区），全长6300多千米，其干支流水系孕育了我国180万平方千米的土地，约占中国陆地总面积的五分之一。

传统意义的长江，指的是从四川宜宾到上海崇明岛入海口的这一段江段。而对于宜宾之上游的长江，人们将其在唐古拉山脉源头一段称为"沱沱河"，对当曲至青海玉树江段称为"通天河"，对巴塘河口至四川宜宾的岷江口江段称作"金沙江"。

从四川宜宾开始，正式进入长江流域。长江从流量与地理位置的角度分为上、中、下游，从四川宜宾到湖北宜昌一段属于长江上游，历史上这一江段就是著名的"川江"。从湖北宜昌到江西九江江段属于长江中游，江西九江湖口县以下则属于长江下游。

重庆就位于长江上游的川江之畔，长江与长江上游流域面积最大的支流嘉陵江形成掎角之势，将渝中半岛包围其中，两江交汇于渝中半岛最低点朝天门码头。

川江上的航运自秦汉时期便已经开始发展，重庆是川江航道上游的第二个港口，也是川江上最为重要的军事据点之一。历史上的重庆曾名为"江州"，得名于川江古称"江"、江水或大江。重庆三面环水，仅一面通往陆地，自古以来便是川江上的军事据点，易守难攻。

据《战国策》记载，张仪为秦离间连横，曾对楚王说："秦西有巴蜀，方船积粟，起于汶山，循江而下，至郢三千余里。舫船载卒，一舫载五十人，与三月之粮，下水而浮，一日行三百余里，里数虽多，不费马汗之劳，不至十日而距扞关。"

作为川江港口的朝天门码头，承载着川江连蜀望楚的重要功能。古时历代上任朝廷命官、达官贵人往来巴蜀、巴楚之间，朝天门码头是川江登岸的第一落脚点。

1883年，英国商人立德乐以游历内地为名，从汉口乘木船逆水上行，沿途探索川江航道，一个多月后抵达重庆，落脚点仍是朝天门码头。随后，他在重庆开设了立德乐洋行。

清光绪十七年（1891），重庆被迫开埠。随后外国的"洋油""洋布""洋碱""洋火"源源不断由川江航道运抵重庆，而内陆诸省的丝绸、井盐、蚕茧、茶叶等物品又经川江航运水道运往各地。

♦ 长江
何向东 摄

朝天门码头是这个时期吞吐量最大的川江港口。

川江航运史上还有一个名字必须铭记——卢作孚。作为民生公司的创始人，在抗战时期国民政府西迁重庆后，卢作孚和他的民生公司冒着日军炮火轰炸的危险，将整个陪都重庆的工业、军事、民生建设所需物资，从战争前线通过川江航运转运重庆，为抗战时期重庆的战备和民生建设作出了巨大贡献。

由于长江川江段贯穿了我国的横断山区和南北走向的巫山山脉，川江沿岸地貌多以峡谷河段为主，在重庆地区这个特色更为显著，这里拥有巴郡三峡、长江三峡和巫山小三峡等一众峡谷。

1982年，我国公布了第一批国家级风景名胜区，长江三峡风景名胜区榜上有名。1987年，长江三峡风景登上了我国发行的第四套人民币5元面值纸币的背面。随着长江三峡风景区的名气传播，"重庆是游览长江三峡的最佳起点"这一宣传语开始在全国流行。

川江滩多水急，自古行船便是顺水下游比逆水上游更为容易、快捷。故而从20世纪80年代开始，重庆朝天门码头便成为了游客游览长江三峡的最佳出行地。从这里登船顺长江而下，半日可抵达丰都，一日可抵达巫山，再半日便可抵达宜昌。一时间，朝天门码头游人如织，最高峰时期，朝天门同时开设十余个码头供各类游客登船，盛况空前。

2009年，渝鄂两地结束了各自为政的长江三峡旅游宣传，共同推动大三峡地区一体化发展，协同打造"长江三峡国际黄金旅游带"，唱响长江三峡金字品牌，今天的长江三峡已经成为了全人类的共享资源。

从前的重庆城，在长江上仅有一座大桥。重庆长江大桥又名"石板坡长江大桥"，修建于1977—1981年，连接重庆渝中区与南岸区，是重庆城区第一条公路长江大桥。今天的渝中区在长江上共有三座大桥，从西至东分别为菜园坝大桥、石板坡大桥、东水门大桥。

除了过江大桥，位于新华路的长江客运索道历经三十多年的风雨，至今仍在运行。长江索道建成于1987年，往返于渝中区的新华路和南岸区的上新街，全长1166米。三十多年来，长江索道是长江两岸市民过江的首选出行通道，它省去了乘船渡江的爬坡上坎之苦。今天的长江索道成为了外地游客空中观览长江及两岸，体验山城奇幻之旅的著名景点。

位于东水门长江大桥桥头的湖广会馆，从另一个角度记录了长江这条母亲河对沿岸人们的哺育没有偏爱。

湖广会馆始建于清乾隆二十四年（1759），内设禹王宫、齐安公所、广东公所等，其建筑既承袭广东、广西、湖南、湖北以及江南一带的典型建筑风格，又融汇重庆传统建筑特色，充分展现了共饮长江水的各地风土人情水乳交融的情境。

"我住长江头，君住长江尾。日日思君不见君，共饮长江水。"宋代词人李之仪的这首《卜算子》道出了长江流域同宗同源的情谊。奔流不息的长江水，挟带着重庆这座城市包容豁达的人文态度，一路向东，连绵不绝。

◆ 嘉陵江

嘉陵江是长江上游流域面积最大的一条支流，其干流流经陕西省、甘肃省、四川省、重庆市，在重庆朝天门汇入长江，全长1345千米。

嘉陵江的名字来源于其流经的区域——陕西嘉陵谷。溯源嘉陵江，会发现嘉陵江有两个源头，一个是西源白龙江（发源于甘肃甘南与四川若尔盖交界的郎木寺），一个是东源西汉水（发源于甘肃南部秦岭齐寿山）。

西汉水为嘉陵江的主源。在汉朝以前，西汉水并不是嘉陵江的源头，而是汉江之源。西汉水和汉江分流的原因有两种说法，一种说法为战争所致的人为改道，还有一种说法在地质史上被称为"嘉陵夺汉"。

《汉书》记载："高后二年春正月乙卯，地震，羌道、武都道山崩。"186年，在今陕西汉中略阳一带发生了一场六至七级的地震。这场地震改变了江河山峦的走势，使得古汉水被山峦碎石阻塞，分为了两个河段，上河段改变流向，成为了嘉陵江的源头，下河段成为了汉江的源头，史称"嘉陵夺汉"。

嘉陵江的东西两源在四川广元的昭化区汇合后，才成为了传统意义上所指的"嘉陵江"。随后嘉陵江经阆中、南部、蓬安等四川重镇，抵达重庆合川。在这里，嘉陵江汇集了渠江与涪江，继续流向重庆境内的北碚、沙坪坝、渝北、江北等地，最终在渝中区的朝天门汇入长江。

嘉陵江在重庆境内古称"渝水"，重庆的简称"渝"由此得名。"渝水"意为江水多变，洪涝灾害频繁。这是由于嘉陵江发源于秦岭，秦岭是我国南北方的分界线，平均海拔两千多米的高山阻挡了来自北方的冷空气，使得嘉陵江流域受暖湿气流的影响多雨而湿热。又因受副热带高压和季风的影响，嘉陵江流域的降雨多集中在每年6至9月，从而导致在重庆漫长的夏季里，嘉陵江水位会多次起落，呈现不稳定的洪涝变化。

古时水运发达，嘉陵江流经重庆境内的河段为中下游地区，河面宽广，河道通畅，所以自古就具备通航的自然条件。沿嘉陵江从朝天门逆流而上，是古时连接巴蜀两地、秦巴之间的重要通道。

古时人们逐水而居，自古以来嘉陵江沿岸就诞育了繁盛的人类文明。渝中区的朝天门、沙坪坝区的磁器口、北碚、合川……无一不因嘉陵江而成为历史上举足轻重的文化重镇。

嘉陵江分隔了渝中半岛和江北两区，在两江交汇处的朝天门，常常可见一青一红的两江交界线。这是由于嘉陵江在朝天门属下游，上游带来的泥沙在经过层层落差过滤后所剩无几，江水呈现清澈的绿色；而长江在朝天门尚属上游地带，江水裹挟着大量泥沙

◆ 嘉陵江
何向东　摄

呈现出赤黄色。又因两江汛期不相同，故而出现这样的江面奇观。

江北是除渝中区以外最先发展起来的重庆城区，从前的人们想要过江，只能通过朝天门码头乘坐渡船。但渡船只供行人过江，却无法解决汽车过江的问题。

抗战时期国民政府西迁重庆，修建了成渝公路。为衔接沙磁路与成渝公路，国民政府于1941年修建了石门车渡，位于沙坪坝与江北盘溪的嘉陵江上。

但当时的重庆城中心主要还是在渝中区，从渝中区过江北需要绕行到沙坪坝，又因嘉陵江枯水期和汛期都无法渡江，甚是不便。国民政府主席林森曾有过在嘉陵江上修建公路大桥的想法，因抗日战争没能实施，这种情况就一直持续到重庆解放。

新中国成立后，新重庆发展日新月异，从前的渝中半岛过于狭小，城市急需向外扩展，而江北区的发展则异常迅速，在嘉陵江上架起一座公路大桥成为了全重庆人的期盼。

当时的重庆没有专业的桥梁专家，只能请正在修建成渝铁路的国家铁道部大桥局专家来为重庆选择建桥地点。专家们经过仔细勘测，最终选定了高家花园和牛角沱两处地址。因渝中半岛的过江需求更为强烈，最终重庆嘉陵江上的第一座大桥选址在了渝中区牛角沱。

1958年底，重庆嘉陵江大桥全面开工，工程遭遇"三年自然灾害"，直至1966年初才建成通车。嘉陵江大桥建成初期为防止被人破坏，桥上安排了军队驻守。直到20世纪80年代驻军才撤出，至今仍能在大桥桥头见到驻军岗亭的站台。

今天的渝中区，在嘉陵江上已架起七座大桥，从西至东分别为红岩村大桥、嘉华大桥、渝澳大桥、嘉陵江大桥、曾家岩大桥、黄花园大桥、千厮门大桥。

1982年，中国第一条城市跨江客运索道嘉陵江索道建成，索道连接渝中区临江门沧白路和江北城金沙街，全长740米。从那时起，客运索道就成为两区人民必不可少的交通工具。

2011年，嘉陵江索道因所在位置与重庆城市公路及大桥规划路线撞址而停运拆除。承载了重庆人二十九年嘉陵江记忆的嘉陵江索道就此消失在城市的飞速发展中。近年来，重庆索道公司积极推进嘉陵江索道的复建，相信在不久的将来，嘉陵江上会有一条兼具交通客运与旅游观光的新型索道凌空穿越大江南北。

另外，在渝中区沿嘉陵江往沙坪坝方向去，沿途是一条经典的红色旅游加都市旅游路线，有解放碑、重庆人民大礼堂、三峡博物馆、中山四路、特园、桂园、周公馆、李子坝、重庆天地、红岩村等系列著名旅游景点。

大渡口区

◆ 龟亭山

　　大渡口区牛栏坝往长江上游，长江边上有个小岛叫龟亭山。龟亭山又称龟停山、车亭子、小南海，确切位置在跳磴河入江口以东百多米，距长江北岸两百米的长江中，与巴南区隔江相望。"龟亭"因龟亭溪在此入江而得名，是大渡口见于文献记载的最早地名。巴人立市于龟亭北岸，在《水经注》《华阳国志》等史籍中都有记载。

　　《华阳国志》记载："故巴亦有三峡。"这一段不仅波涛滚滚，而且"其畜牧在沮，今东突峡下畜沮是也。又立市于龟亭北岸"。"东突峡"即铜锣峡，"沮"离铜锣峡不远，即现在的广阳坝。也就是说当时巴国的畜牧基地就在现在的广阳坝。"龟亭"，指的即是大茅峡东边、白沙沱附近的龟亭山。清代《嘉庆重修一统志》也说，龟亭山在县西大江中，宛如龟形。

　　龟亭山其实是长江中一处卵石洲碛发育的石屿，基本呈西南—东北向的长条形，其形似龟，海拔约210米。这里风光秀丽，地理位置极其优越。《寰宇通志》提到"龟亭山其状如龟"。清人王世祯《蜀道驿程记》："过龟亭子，小山卷石，孤立江中"，说的就是龟亭山。

据中坝岛出土的明代石碑所记，小南海在明代即有其名，属巴县龟停里。宋明以来，因岛上建有寺庙精舍，供奉南海观音菩萨，龟亭又被称为"小南海"，正如民国《巴县志》中所说"今土人呼此为小南海"。如今小南海岛的观音寺遗址，其实就是《巴县志》中所记的"龟亭寺"。观音寺20世纪60年代初还存在，后被彻底毁坏。

观音寺遗址分布面积1500平方米，现存石拱门1座和观音殿、主殿、厢房等建筑基址，基址内有各式石柱础十余个、石狮一对。周围信众后来在原建筑基础上重建了观音殿、主殿和左右厢房，不过现在也已经废弃。

据说原巴县白沙沱镇即设在古巴人立市的"龟亭北岸"，有人认为这里曾是古巴人活跃的贸易中心。1954年春，在铜罐驿冬笋坝发现巴人墓葬群共有墓葬81座，出土了战国时期巴人墓葬船棺

◆ 龟亭山
　　大渡口区跳磴镇人民政府　供图

和青铜矛、青铜剑、青铜镞等，印证了这种说法的真实性。

当年龟亭寺建成后，在龟亭溪入江口与龟亭山之间，常年有木船摆渡。时人乘船上岸后，经过石阶，可直达山顶。明清以来时有文人登岛观览风光，一抒胸臆。清光绪年间，龟亭山石壁上刻有重庆知府王庆善手书"小南海"摩崖题刻。山上还发现了清光绪三十三年（1907）跳磴场济米义渡会碑一通，现收藏于大渡口博物馆。

考古专家们通过对巴人立市遗存的发掘调查，在距地表0.4～0.8米的文化层中发现一些明清陶片，并在靠江岸被江水冲刷之后的台地上，找到了一些远古人类使用过的砖瓦及陶器残片。

2011年，龟亭山巴人立市遗址被公布为大渡口区第一批文物保护单位。如今的龟亭山在漫长的历史长河中，起起伏伏，历经沧桑，很多具有考古价值的历史遗迹已经被湮没，让人叹惋。好在"巴人立市于龟亭北岸"的历史遗存侥幸保留下来，引来人们寻幽访古，小南海也因之成为都市旅游的休闲之地，龟亭山成为重庆主城历史文化旅游又一张响亮名片。

◆ 金鳌山

金鳌山，位于大渡口区跳磴镇长江之滨，海拔为495米。传说金鳌山得名于山的形状像一只巨鳌。通过卫星图和山体等高线图可以看出，金鳌山的山形确实就像传说中的"鳌头观音"：一尊造像庄严的观音菩萨，身披佛光，端坐于一只巨大的金鳌的背上；金鳌脖子伸向长江，似乎正欲入水远遁。

金鳌山及其周边的钓鱼嘴、小南海、金鳌寺等地的得名，还与许多民间传说息息相关。相传上古时期，中国暴发了一场大洪水，大禹请来应龙和玄龟两大神兽相助。据说途经重庆大渡口时，玄龟喜欢上了这片风水宝地。于是在帮助大禹顺利完成治水之后，玄龟就留了下来，希望在此地修炼成龙。

转眼已是千年，玄龟长出龙头，进化为巨鳌，但修为无论如何难以再进一步，烦躁之下，常常在长江中兴风作浪，让当地人苦不堪言。由于大禹早已作古，人们对巨鳌束手无策。

终于有一天，南方来了一位白衣胜雪的年轻男子，轻而易举就降伏了巨鳌。正当人们想当面感谢白衣男子的时候，一道金光闪过，男子和身下的巨鳌顿时化作了巍巍高山，也就是今天的金鳌山；而原本四处奔流的洪水，也为山势所阻，乖乖地流入了长江河道。

人们这才知道，原来白衣男子就是大慈大悲的观世音。为了感谢观音菩萨降伏巨鳌，后人于是将观音降伏巨鳌的拦江半岛命名为"钓鱼嘴"，将降伏巨鳌的江段称为"小南海"。

金鳌山上有金鳌寺，据史料和寺内文存所载，金鳌寺始建于公元100至400年间，其时正是中国东汉、三国两晋时期。众所周知，中国最早的寺庙洛阳白马寺，兴建于东汉永平十一年，即公元68年。那么金鳌寺也算得上中国最古老的寺庙之一了，距今已有近两千年历史。

◆ 金鳌山
　大渡口区融媒体中心　供图

　　历史过往，其发展过程中难免有损毁、复建的兴衰，千年古寺难免沉浮、沧桑。金鳌寺在宋代时得以扩建规模，以放生池为中心，面积达千余亩。2014年12月，考古人员对金鳌寺进行勘探发掘，出土了遗物100多件，包括唐代瓷盏、宋代佛首、明代四大天王佛像、崇祯通宝和万历年间瓦片、乾隆年间纪年砖等。这些出土文物，默默佐证着金鳌寺在历史长河中，几经存废的历史。

　　掩映在翠柏苍松之间的金鳌寺，气氛幽深肃穆，依稀可见千年古刹的宏大气象。今日之金鳌寺显得异常古朴，没有巍峨雄伟的重楼高阁，只有一个面积不大的四合院。院子的四个角落里，都种有高大的黄桷树，主殿东墙上残存着明末清初无名画师留下的壁画，而明代留存的地藏王菩萨造像默然无语，悲悯地看着世间。

金鳌山不仅是巴渝佛教圣地，过去更是巴渝学子潜心读书之所，巴县"十载金鳌九进士"的传说指的就是此处。金鳌寺之所以深受读书人青睐，是因为在中国古代的科举考中，"魁星踢斗，独占鳌头"是古代文人的至高追求，至少是个好彩头。更有传说，寺内还有一口神奇的井，如果用井水磨墨写字，就可以高中状元。

传说归传说，不过查询巴县史料，我们会发现，明清两代巴县尤其是今日大渡口区域还真出过不少进士，尤以刘姓望族居多。当然民谚所谓"十载"和"九进士"，不过是一个笼统概念，表示很多在金鳌寺十年苦读的学子，最终得以功成名就。

围绕金鳌寺，历代文人留下了许多诗文，其中最有名的是《金鳌寺碑记》，生动记叙了金鳌寺的历史风貌，让今天的人们也能一窥金鳌寺的风采。

大渡口历史、文化、山水旅游资源丰富，围绕"高质量产业之区、高品质宜居之城"发展目标，大渡口区正探索着一条发展乡村旅游产业，力图打造面积达50平方千米，覆盖跳磴镇全域的旅游大景区路径。

其中环金鳌山片区将作为"文艺乡愁体验湾区"，承接钓鱼嘴音乐半岛的上下游产业链，并依托当地自然资源，发展金鳌山康养休闲产业集群，打造音乐健康养生、生态农业观光、农事生产活动体验等文旅、农旅项目，为人们提供多元体验的休闲胜地。

◆ 猫儿峡

"山容留禹凿，峡意仿夔门"，乾隆五十七年（1792），诗人张问陶路过猫儿峡，眼见江水拍岸，声如金鼓，万仞绝壁高耸入云，形似三峡夔门，疑心这是大禹治水留下的奇迹。

猫儿峡古称大茅峡，与铜锣峡、明月峡并称重庆长江小三峡，也称"巴渝小三峡"，历代文献多有记载。峡谷地处大渡口区跳磴镇和江津、九龙坡三区交界处，曾是巴县连通江津的重要交通关隘。这里壮美的风景，系长江切割观音山而自然形成。

关于猫儿峡的得名，也有许多民间传说。相传古时候有个叫茅君的人，经过很多年，终于在峡谷内一个山洞修炼成仙，于是后人把茅君修炼的山洞称作栖真洞，而这条江峡就称作大茅峡。时过境迁，"大茅峡"被当地人口口相传为"猫儿峡"。这名称是否源于"大茅"变"大猫"的讹传，现已不可考。

另一个说法，则来自中国人对山川地理丰富想象的结果。在跳磴镇村民们代代相传的讲述中，"猫儿峡"之得名，是因为峡谷山脊的轮廓就像一只大猫匍匐水中，准备奋力捕捉老鼠的生动姿态；也有人说山壁上有一大一小两块奇石，形似大猫护崽。

猫儿峡从石盘到白沙沱，全长三千米左右。北岸是壁立千仞的金剑山，南岸则是嶙峋怪石，形如层叠的书本，人称"万卷书"。峡口处岩石如片片莲花，被称为"莲花背"，其下还有三颗形如"骰子"的"骰子石"。

"莲花背"北面一千米处有一座五马山，形似五匹奔驰的骏马。东面则有个"月亮洞"，是一个巨大的天然溶洞，抗战时曾经被国民政府21兵工厂用作车间。"月亮洞"四周还有许多天然溶洞，形状各异，让人称绝。洞外峭壁悬崖，下临滚滚长江，气势非凡。

猫儿峡长江北岸峡口有一座王爷庙，过去舟楫往来，人们必进庙祈祷，以求庇佑。据说北宋嘉祐四年（1059），大才子苏轼与其弟苏辙，跟随父亲苏洵自四川眉山顺江而下前往汴京途中，曾在此停舟手书"岷江一束"四个大字，后来被寺庙僧人题刻于崖壁之上。

题刻位于王爷庙上方崖壁，坐北朝南，以行楷阴线双钩，自右向左横刻，体量较大，雕刻工整。由于年代久远，风化剥蚀严重，现仅存"岷江"二字。该题刻具有重要的历史和艺术价值，已经成为研究大渡口区宋代摩崖题刻艺术重要的考古资料。

猫儿峡以东是峡口，上有直插云端的金剑山，山上原有古刹金剑庙，据说曾经香火鼎盛，与金鳌寺、龟亭寺鼎足而立，为四方信众称信。如今庙虽然早已不复存在，但山上林木葳蕤，风光秀美，依然值得一去。

山河之美，往往见之于历代文人雅士宦游者的笔端，猫儿峡亦然。康熙十一年（1672），大文人王士祯奉命入川殿试，之后从成都出发，经峨眉、嘉定，由叙州至重庆，顺长江而下，沿途将所见所闻写成《蜀道驿程记》，其中有这样的记载："十月初八日，过猫儿峡。连峰叠嶂，亏蔽云日。一山突起，石棱刻露，其色青碧，曰青石尾。长年云，百般秋水涨，石尾没，则舟不敢行。"

江北区

◆ 铁山坪

被誉为"绿色明珠"的铁山坪森林公园,是重庆四大天然公园之一。铁山坪岭长25千米,主峰海拔584米,系华蓥山脉东部山系。这片长江铜锣峡边15平方千米的山林,被称为"重庆最美生态旅游地标""重庆十大新名片"。

铁山坪有长江主城段唯一峡谷,峡谷中既有磅礴大气的风光,也有亭台楼阁的婉约秀美。公园绿树成荫,百余种植物争奇斗艳,野趣横生。林中不但有温泉,还有罗汉洞、滴水岩、五朵石、鹰嘴岩等自然景观,旅游资源十分丰富。

铁山坪的人文景观也十分丰富。史载明初就有人在此居住,公园内有著名的历史古迹僧官寺遗址,有清代奉直大夫李庭秀墓等。铁山坪最广为人知的历史,据说与明末张献忠有关。当年为防张献忠率兵进犯重庆,明廷在这一带江面上布下锁链,阻止张部船舰入境。如今铁链早已不存,但固定铁链的凿孔依稀可见,让人想见当时战争的酷烈。

另一段历史，则与战时首都有关。为躲避日机轰炸，何香凝、廖承志、茅盾、曹禺、何鲁等一大批仁人志士来到了铁山坪。曹禺就在江边停泊的客轮上，改编出巴金原著《家》的同名话剧；创建于彭家祠堂的载英中学，则深刻体现出何鲁先生"江汉炳灵，世载其英"的育人大志。

铁山坪生态区如今已经恢复建成"铜锣朝天""僧官远钟""幽谷锣鸣""禅园听雨""铁山圣泉""铁桥锁江""花田觅香""云岭览胜""草野星空""松影江月"等铁山十景，让人们得以饱览历史文献中的人文景观。

僧官远钟：僧官寺始建于隋唐，千百年来香火鼎盛，后被毁。近年重建有山门殿、观音殿、大雄宝殿、五方财神殿、感应殿及钟鼓楼、大型壁画《说法图》和《金刚经》等。钟楼上有全市最大铜钟，钟声洪亮悠扬，远播四方。

僧官寺一墙之隔的禅意园，是一个以禅文化为主题的养生乐园，集素食餐厅、茶道坊以及专业禅修场所为一体，全国各地的

◆ 铁山坪
　　江北区铁山坪街道办事处　供图

高僧常常受邀来此讲禅。

幽谷锣鸣：位于铜锣峡谷半山腰，上镌"铜锣逸兴"四字。台上置铜锣一面，游人可以鸣锣祈福，涤荡身心，平添登山游谷之乐趣。

铜锣朝天：位于铜锣峡口崖顶，脚下峭壁陡险，林密雾涌，气象万千。驻足凭栏，近俯大江激流，远眺朝天云霓，为纵览渝州第一峡胜境最佳之所在。

铁山圣泉：为山道崖壁上的一汪清澈剔透、四时不绝的清泉。自古就有"饮泉一碗，幸运一生"之说。围绕主题，这里还设置了"一碗水"传说碑刻、九龙戏水浮雕和行旅路人歇息饮泉塑像等景观。

锁江遗址：位于铜锣峡岸壁坚石之上。传说锁江铁链为明末时为防张献忠部溯江犯境而设，铁链早已不存，现有铁链为现今添置，供后人凭吊，发思古之幽情。

松影江月：每当夜幕降临、皓月当空之时，铜锣峡中清辉飘洒，林涛阵阵，幽谷深峡呈现出一种松影江月的天籁之美。

铁山坪不但拥有丰富的自然和人文景观，更有数十家宾馆、山庄提供食宿及众多休闲娱乐项目。每到黄昏，我们在铁山坪就可以看到如下场景：餐桌上食客兴致勃勃品尝花椒鸡；星空下的露营基地传来吉他声声；蜿蜒山道上，山地车队、真人CS、山地马拉松赛，各种活动开展得如火如荼……

此外，三条总长20千米的健身步道，八条总长30千米的自驾道路，将景观、餐饮娱乐健身串联为一体，各种完善的配套设施，为休闲健身的市民提供了便利。有人说自驾铁山坪是低门槛的高级享受，的确如此，铁山坪道路的人性化设计，其舒适度便捷度，在重庆主城是绝无仅有的。

沙坪坝区

◆ 歌乐山

歌乐山，地跨重庆沙坪坝区中梁镇、歌乐山镇两镇，属大巴山系华蓥山脉的分支中梁山，中梁山向南延伸进入沙坪坝区后称为歌乐山。

歌乐山呈东北—西南走向，长22.6千米，宽4.6千米，海拔高度在500～700米之间，北起于尖坡顶，南止于望江台。主峰云顶寺为沙坪坝区至高点，海拔693米。

相传"大禹治水，会诸侯于涂山（今南山），宴宾客于歌乐山"，歌乐山因此闻名。后因国民党中美合作所监狱建于山上，重庆解放前夕，这里发生了国民党大肆杀害革命烈士的"11·27"大屠杀，歌乐山又以渣滓洞、白公馆、歌乐山烈士陵园而闻名。

关于歌乐山的名字来源还有一则民间传说，与修筑都江堰水利工程的李冰父子有关。民国《巴县志》沿用清志书为据，云："旧传李冰之子二郎佐父导水，驻节山上，异乐忽作，如闻钧天之音，故名歌乐。其说荒渺。或曰其上松杉翳日，清风倏来，则万

◆ 歌乐山
　沙坪坝区民政局　供图

籁齐鸣，胜于鼓吹。是为近之。"

在重庆民间，李冰次子二郎的传说被编撰成了一个具体的故事，说蜀丞李冰的次子二郎奉父命驻扎于歌乐山上，制伏了在嘉陵江里闹水患的孽龙。这事感动了天官葛萝仙子，仙子下凡降临歌乐山，奏起仙乐，以谢慰二郎。山下百姓都听到了仙乐的声音，于是称呼此山名为"歌乐山"。

清代时歌乐山有"歌乐灵音"之美誉，是当时的"巴渝十二景"之一。而歌乐灵音指的是什么声音则有好几种说法，分别为天籁说、岩石说和风铃说。

天籁说与神话传说相关，说是葛萝仙子美妙的仙乐演奏声。

岩石说则是与歌乐山的地质条件有关。歌乐山山体岩石主要为石灰岩，山中多处为喀斯特地貌，溶洞与地下水资源丰富，山体中出现空洞，滴水之声宛如仙乐弹奏，回荡山间形成灵音。

风铃说则源于山顶的云顶寺。云顶寺的前身据传为当地百姓为纪念李冰之子在山顶修建的二郎庙。明弘治、嘉靖年间两次重修此庙，更名为云顶寺。据考证，昔日的云顶寺大殿屋檐上挂着十二个铜铃，风一吹，铜铃就会发出清脆的声音，伴着阵阵松涛远播十里，动听之极。20世纪50年代，云顶寺因年久失修而被拆除，之后歌乐灵音便只余松涛，不闻铜铃。

尽管如此，歌乐灵音仍然风韵依然。每当山中静寂有风吹过之时，风小则灵音微弱，风劲则涛声大作；若遇暴风骤雨，则风松齐鸣，恍若水石相击，堪称大自然最为奇绝的交响乐演奏。清乾隆年间，巴知县王尔鉴曾为歌乐灵音作赋一篇，称："山上松杉翳日，遇风雨则万籁齐鸣，人以为上方仙乐。"

今天的歌乐山已经建成为森林公园，是市民登山、寻幽、休闲、康养的好去处。森林公园以山、水、林、泉、洞、云、雾等自然景观被誉为"山城绿宝石"，素有"天然大氧吧"的美誉，是重庆主城的"四大肺叶"之一。

在歌乐山凌云路有一条蜿蜒的山道，道路的起点处有一座石碑，上书"古道三百梯"几个字。歌乐山三百梯是川渝古道在歌

◆ 歌乐山森林公园

乐山上的一段石板梯道，起于步云桥，止于同善桥，是历史上商旅行人往返于川渝两地的必经之地，距今约有四百年历史。

由三百梯上山固然是登山之道，若是不想受攀爬之苦，也可乘坐索道登顶。歌乐山观光索道是重庆市第一条旅游观光索道，它全长九百余米，从山脚直接通向歌乐山主峰云顶峰。坐在索道缆车中，可观赏葱郁繁茂的森林风光，也可俯瞰嘉陵江及重庆城市景观。

歌乐山金刚坡九草岩下有一溶洞，洞口适合燕子筑巢，每天傍晚燕子归巢时场面十分壮观，当地人称之为"燕儿洞"。这里是陪都时期国民政府文官处的防空疏散地和临时办公地，林森、于右任等曾结庐洞外，多次入洞观景并于此躲避日本飞机的轰炸。

近年来，歌乐山作为沙坪坝区建设"绿色休闲长廊"的核心景观，大力发展田园观光旅游，山上各式农家乐兴起，带动了当地一道重庆美食"歌乐山辣子鸡"名扬天下。这道美食选用散养土仔公鸡为原料，现杀现烹，以多种不同产地的辣椒、花椒大量入料，麻辣酥香，诱人食欲，已经成为比歌乐山还更有名的重庆名菜。

九龙坡区

◆ 中梁山

中梁山位于重庆中心城区"四山"之间，森林覆盖率超过90%，是中心城区重要的生态屏障。它还汇集了中梁云峰、中温泉、中梁山煤矿、华岩寺、重庆佛学院等自然人文资源。

中梁山风景区位于中梁山街道和华岩镇区域，其中的中梁云岭森林公园原名尖刀山森林公园。如果你沿着登山步道向上攀爬，依次可以看到云凤山、插旗山、纱帽山等山峰。虽然山体整体不是很高大，海拔在500米左右，但连绵不断、起伏有致，是人们登高望远、爬山郊游的好去处。

温泉和矿泉水是中梁山的两大特产，中温泉和中梁山矿泉水都为重庆人民所熟知。中梁山山洞中的清泉，富含多种对人体有益的微量元素，富有广阔的开发前景。

坐落于中梁山麓的华岩寺始建年代无考，明清两代均有重大修复（见民国《华岩寺》），香火绵延至今四百余年，影响力遍及西南地区。因历史悠久，寺内收藏着许多珍贵文物和名人手迹，被称为"寺庙内的博物馆"。

历史上华岩寺周边曾经存在过二十多座寺院道观，只是因为各种原因，慢慢消失于历史风尘之中，不复得见。如中梁云峰上就有一座云峰寺（又名"云凤寺"），曾与华岩寺交相辉映，民国时期还有僧人驻锡。文献记载，云峰寺建于宋代，明清两代重修，距今超过七百年历史。寺内曾立有明成化年间任云南、山东监察御史刘规及其子刘春书写的石碑。

20世纪80年代以前，中梁山的治所一直在人和场，取天地人和之意。人和场的另一个名字或许更广为人知，那就是冷水场，明正德年间文渊阁大学士刘春，清乾嘉时期书画大家龚有融（字晴皋），民国大法官李肇甫，红军将领李肇棣等都是冷水场人。彼时的冷水场从南向北，依次分布着下街、中街、上街和老场，各式店铺和吊脚楼错落其间，属典型的巴渝古镇建筑风格。

人和场始建于明代，繁荣于清代，70年代逐渐衰落，2008年因城市建设被拆除。老一辈人或许还记得，人和场曾是原巴县规模最大的场镇之一，1938年5月至1941年8月，巴县政府机关曾迁驻冷水场过渡。每逢三六九日赶场天，附近居民都会赶来采买生活用品，或与亲朋好友相聚。

随着新一轮城市发展大潮的到来，未来中梁山风景区将大力开发中梁云峰、矿洞、温泉、矿泉等重要资源，以垂直640米、总长67千米的中梁山煤矿矿洞为核心，培育发展集生态、文化、康养、体验于一体的特色文旅品牌，打造"大城中梁，天下名山"国家5A级景区。

规划中的中梁山花博园项目位于中梁云峰，按照"龙盘中梁、花映山城"的总体定位,打造集花艺观赏、创意、体验为一体的中梁山花博园,建设"九大龙园",形成北有园博园、南有花博园的文旅格局。

原中梁山煤矿位于中梁山山腰,始开发于1955年。矿洞总长67千米,曾是全球最大的城市矿洞,中梁山风景区规划打造的"地心九龙",便以此为依托。由于煤矿矿洞内井底在海拔-20米以下,距井口落差超过600米,奇诡惊险,极具旅游开发价值。

中梁山"地心九龙"将向人们呈现"地心之旅"的独特魅力,游客将在几十千米长的矿洞里体验到从未有过的惊险刺激。该项

◆ 中梁山
陈林 摄

目将着力打造"矿洞极限"、"矿上休闲"、"平碉生活"三部分。其中"矿洞极限"为地下九龙矿洞探险，将打造为一个矿洞科技探险乐园；"矿上休闲"打造的是地上地下相联动的虚拟实景体验空间；"平碉生活"则着力复原原汁原味的煤矿生活，给游客提供别样体验。

此外煤矿遗址还将打造矿业时光城、煤炭博物馆、智慧九龙科技馆、民艺广场等主题博物馆和配套设施，为人们提供主题游乐、科技体验、剧场演艺等丰富内容，展现重庆独特厚重的地质历史、人文历史和工业历史，唤醒城市记忆，重塑工业遗存。

南岸区

◆ 涂山

涂山，又名真武山，现在统称南山。山脉海拔在400米至670米之间，景区面积约有7平方千米，美丽的自然风光与涂山寺、老君洞、大佛寺等古建筑相映生辉，让人流连忘返。

涂山之得名，来自于"禹娶涂山"的传说。

传说"涂山"是夏禹娶涂山氏为妻的地方。古时候，大禹继承父志，一路治水来到江州（今重庆市），与涂山氏结为夫妻。婚后不久，大禹就告别妻子外出治水，一去数年未归。涂山氏因为思念丈夫，常到山下长江之畔等待大禹回家，并哭泣不止。

据《巴县志》旧志记载，涂山原来有个庙宇叫"涂后祠"，朝天门长江中有块石名望夫石，也叫呼归石（时间长了讹传成"乌龟石"）。后来这块岩石又被称为鹡鸰石——清乾隆时期重修的《巴县志》记载："朝天门江心巨石，昔时鹡鸰多集其上，钩辀格磔，啼声到晓，一名鹡鸰堆，或曰本名遮夫堆，又名望夫石，涂后故迹也。"

在刻有"涂山"的石壁侧，曾经还有一口名为虎乳泉的泉水。民间传说，涂山氏在河边盼夫归来，久立不移，变成了石头，即朝天门对面那块"夫归石"。大禹疏浚了河流回到江州，才知道妻子已化为"夫归石"（呼归石），不由对着石头号啕大哭，大喊一声："启！"石头应声裂开，里头有个胖乎乎的男婴，禹于是给他取名"启"。

初生的启因没有母亲哺乳饿得哇哇直哭，大禹不得已把启放在石头上，去为他找吃的。启的哭声，引来山中神虎为启哺乳。虎乳流成泉，泉流成溪，后人便称溪为虎乳溪，岩石叫虎乳岩。

有了涂山，也就有了涂山寺。史载古人为纪念夏禹治水的功绩，在涂山上建成"禹王祠"，其后建禹王庙、真武寺。明万历九年（1581），与老君洞对换才开始成为佛教寺庙，明清时期，寺庙有所扩大，真武寺因与禹王祠旧址合并，故人们称为"涂山寺"。

据考证，涂山寺是重庆最古老的寺庙，始建于西汉年间，虽历经损毁，但还是保存下来，成为重庆香火鼎盛的名刹。涂山寺山势高耸，古树参天，禅意十足。寺内现有殿宇8重，房间100间，占地1万多平方米。主殿之内供有释迦牟尼像，另立有"禹王治水碑"，可称是佛道和睦共处的庙院。涂山寺曾有朝山盛会，每年正月初一到十五，游人如织，热闹非凡，清代名人王士祯曾为此写下"飞瀑落长虹，登临见禹功"的诗句。

历史上，涂山寺还因唐代大诗人白居易写的一首诗而广为人知。这首诗名为《涂山氏独游》：野径行无伴，僧房宿有期；涂山来去熟，唯是马蹄知。可见在1000多年前，涂山就已经很有名。

涂山石壁西边的老君坡上有个老君洞，从那里俯瞰，可见脚

◆ 涂山
　南岸区民政局　供图

下长江东去，气势雄伟。身后涂山洞府幽静，风光秀丽，洞顶镌有"涂洞参天"四个大字，笔画遒劲。山顶老君庙始建于唐，据《曹汴碑》所记，老君洞原来就是夏后涂山氏神庙，清咸丰十一年（1861）才修成祖师殿改奉真武祖师。

　　涂山镇境内人文历史丰富，除了有千佛寺、大佛寺、涂山寺、慈云寺、报恩塔、涂山宋代瓷窑等历史文化遗存，早期重庆中共地下党的期刊《挺进报》旧址也保存于此。

◆ 明月山

明月山为川东平行褶皱岭谷区的第三条山脉，全长232千米、宽4千米至6千米，平均海拔700米至1000米，属于重庆主城"四山"之一，是重庆都市区的天然氧吧。

作为区域内最重要的山脉之一，明月山为野生动物的栖息繁衍、迁徙活动提供了一条绿色走廊，是一个重要的亚热带生物资源基因库，是人们亲近自然、认识自然的理想场所，更是进行生物学、地理学、环境科学以及田野考察的天然博物馆。

明月山不但矿产资源丰富，有煤、天然气、石膏等宝贵矿藏，森林资源也十分丰富，森林植被以马尾松、杉木等人工林为主。在高山深谷中，还分布着史前孑遗植物桫椤。这种古生植物在第四纪冰川期濒于绝灭，而今世界罕见，所以被人们称为"生物活化石"，有重大的科研价值和旅游开发价值。

近年来，专家们还在明月山发现了亿万年前的木化石。两亿年前的三叠纪也正是古长江开始形成的时期，那时古中国大陆的地形东高西低，和今天的西高东低截然相反，古长江自东向西流淌，巫峡和西陵峡以西地区，包括青藏高原都是一片汪洋。因此，木化石能够证明远古时期明月山一带曾是繁茂森林，据此可推断深埋山中的木化石曾见证了古长江的诞生。

长江横切渝北区与巴南区之间的明月山，形成了明月峡，明月峡与上游铜锣峡、猫儿峡合称"重庆长江小三峡"。

明月峡人文历史积淀厚重。据《益州记》记载，"广阳州东七里，水南有遮要三堆石。石东二里，至明月峡，峡首南岸，壁高四十丈。其壁有孔，形如满月，因以为名"。

峡中曾有"雷劈石"，状如猴子，遥对河对岸的"师母滩"。传说文曲星为镇压祸害过往船只的妖猴，曾派出五雷劈开怪石。传说归传说，但厚厚的化石岩层耸立在明月沱两岸，形成一座"贝壳化石山"，却蔚为壮观。贝壳是距今约一亿八千万年的晚三叠纪产物，被长江切割开来，形成今天对峙两岸的形状，十分罕见。

诗经《陈风·月出》有云："月出皎兮，佼人僚兮。"明月峡独具巴峡山乡的瑰丽景观、风土民俗。唐朝诗人王维离开重庆顺长江东下，船过明月峡，心有感慨，留下《晓行巴峡》一诗："水国舟中市，山桥树杪行；登高万井出，眺迥二流明。"充分说明早在唐朝时期明月峡一带就人烟稠密。

在长江航运繁盛的民国时期，"重庆小三峡"是仅次于夔巫大三峡的著名峡谷和险滩，随着现代航运技术的高速发展，峡谷和险滩因不再对行船构成威胁而逐渐退出历史舞台，小三峡之名也逐渐被如日中天的大宁河小三峡取代，为人们所遗忘。

明月山不但拥有丰富的自然资源，更保存着悠久的历史人文传统。在明月山百里竹海北端，至今保存着一个个大山深处宁静的古村落。这些村落以其独具特色的自然生态和淳朴古雅的民俗民风，证明了人与自然和谐共处的生活的美好。

这些古村落中，还保存着北宋土法造纸技法、清乾隆年间指路碑、清光绪年间"乐善桥"指路碑、明代乐善桥、明代观音桥、明代漫水桥、明清建筑文家大院等众多历史文化遗存。其中清光绪年间修建的乐善桥指路碑和清乾隆年间指路碑，造型形似人形，风格独特，造型古朴，独具审美价值。

众多的文物古迹和风景名胜，体现出明月山古村落深厚的历史文化底蕴和自然神韵，非常值得人们前往游览观赏。

◆ 铜锣峡

铜锣峡位于重庆中心城区东边的长江之畔，一面是陡峻的南山，一面是巍峨的铁山坪。作为重庆"长江小三峡"之一，铜锣峡不仅拥有壮美的自然风光，更因军事价值而举足轻重。历史上无论哪一股势力要想溯长江进入重庆，铜锣峡都是必经之地，因而素有"东陲屏障"之称。

铜锣峡全长53千米，壁高513米，悬崖峭壁，夹江对峙。据《巴县志》载，"该峡悬崖临江下，有圆石如铜锣状，故此得名"。明朝进士曹学佺在其《蜀中名胜记》中则写道：铜锣峡以水声响似之，故名。

另据《华阳国志》载，当初大禹疏通九河，见一山拦住长江去路，即挥开山斧劈之，山裂处即为铜锣峡。

铜锣峡风景雄奇，峡谷中绿树成荫，空气清新，从山间俯瞰长江，黛绿的江水一望无际。自长江而仰望，则见山势巍峨峻峭，群峰云雾缭绕。峡中滔滔江水不分昼夜拍击岩石，轰隆隆的声音

◆ 铜锣峡

南岸区民政局　供图

好似万马奔腾，气象万千。

重庆人都知道有句老话叫"亏到唐家沱"，铜锣峡之下便是唐家沱。作为长江上游最著名的回水沱，此地江面平缓，水域宽阔，是一个天然良港，非常利于船舶停靠，据说早在唐代时就是远近闻名的港口。解放后唐家沱被辟为船舶制造基地，得以不断发展，著名的东风造船厂就落户于此。

铜锣峡畔的铁山坪森林公园，无疑是主城近郊最宜远足的地方。这里有临江而建的峡江步道，也有葱郁的林木、品类齐全的花草，更有设施齐全、服务周到的民宿宾馆……岁月远流，如今的铜锣峡已经被打造成供人们休闲娱乐的公园，但拨开时间的迷雾，我们似乎依然能够听见历史深处传来的兵戈声，那些大大小小的战争依然浮现眼前。

嘉熙三年（1239），蒙古军打算经重庆抵达夔州（今重庆奉节），从万州湖滩突破长江，取道施州（今湖北恩施），打通长江沿线消灭南宋的战略通道。危急时刻，播州安抚使杨价受命屯兵重庆长江铜锣峡，并派裨将赵暹率精兵于长江迎战，大败蒙古军，阻止了蒙军南进东下的步伐。

元至正十七年（1357），起义军将领明玉珍溯江而上，兵至铜锣峡。元朝行省右丞相连夜逃离重庆，参政仓皇出战，战败被擒，明玉珍于是占领重庆，并于六年后称帝，国号大夏。明洪武四年（1371），朱元璋派兵西进，命大将汤和、廖永忠率兵讨伐大夏。明玉珍之子明昇命丞相戴寿在瞿塘峡及铜锣峡等处凿崖壁、牵铁索、垒石置炮对抗明军。

眼见铜锣峡险峻难攻，正面无法突破，明将廖永忠便带领一支奇兵，抬着小船，从南岸白盐山顶密林中绕到敌后，出其不意从上下游同时夹击，突破了这道飞桥防线，逼使大夏增兵固守。几个月后，得知从陆路进攻重庆的汤和大军进抵境内，廖永忠便在铜锣峡向大夏军发起猛攻，突破长江防线，兵临重庆城下，大夏国宣告灭亡。

明崇祯十七年（1644）春，张献忠率农民起义军30余万、木船万余只，从湖北荆州入川，攻下夔门，夺取涪陵，进抵铜锣峡口，企图一举夺占重庆。四川巡抚、重庆知府等也早在铜锣峡重兵屯守，备下大量火炮滚木礌石，设置铁索封锁峡口江面。张献忠见明军防守甚严，且明月峡易守难攻，于是佯装将主力集于铜锣峡口与明军决一死战，暗中却抽调数千人自陆路攻占江津，夺舟顺江而下，占领重庆咽喉佛图关。明军腹背受敌，不得不调铜锣峡守军回城救援，以致铜锣峡防守薄弱。张献忠乘机发起猛攻，突破通远门的同时拿下铜锣峡，然后上下夹击，成功占领重庆城。

铜锣峡最后一次大战是在民国期间，当时四川军阀横行，为争夺地盘连年混战，军阀杨森与刘湘在铜锣峡摆开阵势开打，最后以杨森战败，刘湘统一全川而告终。

几百年过去，铜锣峡中历次战争架设的飞桥铁索早已不见，唯有悬崖上固定铁链的凿孔尚在，让人凭吊金戈铁马的匆匆岁月。

◆ 广阳岛

广阳岛位于铜锣山、明月山之间，面积6.44平方千米，海拔高度约200～281米，是重庆中心城区面积最大的江心绿岛，还是重庆独具特色的江河景观和自然生态资源，是光宇长江水域中不可多得的"生态宝岛"。

广阳岛不仅拥有优美的生态，更有着丰厚的历史人文积淀。

据《华阳国志》记载，广阳岛原名广德屿，因三国时期蜀国在其上游铜锣峡架设阳关，分别取"广""阳"二字，称其为广阳岛。

◆ 广阳岛
南岸区委宣传部 供图

关于广阳岛，还流传着大禹的传说，因为隔江相望的涂山就是大禹与涂山氏相遇的地方。神话传说不过是人类历史的一种折射，近年考古工作者在岛上发现了大量新石器时代原始人类活动的痕迹。石制工具、侧身屈肢墓葬以及陶片标本等遗存表明，岛很早就有渔猎文化的痕迹，堪称巴渝文明的繁衍之地。

远古时期，广阳岛这样的江心岛无疑是原始人类最理想的栖身地之一。因为周边水流环绕，陆地上的猛兽难以登岛，这种江心岛是原始人类天然的庇护所。加上广阳岛自然条件优越，足够为以渔猎为生的古巴人提供充足的生存资源。也因此可见，远古时代的重庆就因独特的自然条件，庇佑了原始人类的生存，为巴文明的诞生提供了一块福地。

广阳岛并不只有风景秀丽、生态优美的一面，她还承载了这座城市坚强不屈的英雄精神。20世纪30年代，在世界反法西斯同盟浴血奋战的时期，以广阳岛为基地，建立起了重庆重要的空中屏障。

重庆山峦重叠，广阳岛地势相对平坦、宽阔，具备修建飞机场的基础条件，更重要的是它处于两山之间，扼守长江，是重庆城区南大门空域的一把铁锁。

在保存下来的历史史料中，对广阳坝机场的描述是这样的：广阳坝机场始建于1929年，位于重庆市中心82度方向，距离15公里，坐落在长江中的小岛上，跑道方向为东北—西南向。该机场主要供军用，但在每年夏、秋两季，珊瑚坝机场被淹时，民航班机在此起降。

1929年，国民革命军第二十一军军长兼四川省主席刘湘在广阳岛建成当时西南地区第一个飞机场，时称"广阳坝机场"。随着抗战到来，广阳岛成为保护重庆的重要空军基地，驻防着中国空军第四大队，又名"志航大队"。

抗日战争期间，广阳岛上空发生过多次激烈空战。当时组建不久的中国空军虽然整体实力偏弱，但为了保家卫国，面对日军毫不畏惧、舍生忘死。如史料记载，1938年10月4日上午9点左右，27架敌机入侵四川，其中9架直奔重庆。当时的《国民公报》记载："在广阳坝（位于重庆）方向得到空袭警报时，当时我方立即警戒，我空军起飞迎击……"广阳坝机场在抗战中，充分体现了中国军民英勇不屈的意志。

历史上，广阳岛还先后驻扎过苏联援华飞行队和美国志愿援华航空队。保留至今的士兵营房、机场油库、美军招待所、发电房、库房、防空洞已被列为文物保护单位。

新中国成立后，广阳坝机场移交重庆市体育运动委员会航空俱乐部（也叫"航校"），后作为重庆的体育训练基地；1986年，中国曲棍球的第一个训练基地落户广阳岛。

作为长江流域内河第二大岛，广阳岛目前已经被规划为名树聚集岛、生态休闲岛、生活宜居岛，将分期建成极地海洋动物馆、南极村，今后市民在岛上游览时，将有机会观赏到企鹅，还可体验极地世界的自然风光。此外，"海盗村"、海兽馆、珊瑚馆、动物欢乐表演剧场、空中索道等娱乐设施也将陆续建成。

广阳岛周边有约2.6平方千米的区域江水消落带，这一带则会被打造成湿地公园，吸引野生动物入住，极大丰富重庆市区周边的自然生态，提高人们的生活品质。

北碚区

◆ 缙云山

在北碚区的嘉陵江段，有一个迷你的三峡，被叫作"嘉陵江小三峡"。小三峡的中段叫温塘峡，闻名遐迩的缙云山就矗立在温塘峡的岸边。

缙云山古名叫巴山，如李商隐的千古名作《夜雨寄北》诗言"巴山夜雨涨秋池"。至于后来为什么叫缙云山，一直以来有颇多的争论，总结起来较为流行的有以下四种说法。

第一种说法是缘自"缙"字。缙在古代指的是红色的丝织品。《重庆府志》引王尔鉴《缙岭云霞》诗序说："缙云山九峰争秀，色赤如霞。缙，赤色也。"意思是说缙云山上的云霞时常如火般绚丽，所以就以"缙云"为山名，意为如红色缎带般的云霞。

第二种说法和黄帝有关。说是黄帝时期，有缙云氏的后裔在这一带居住，故称缙云山。依据来自郡志上记载的《宋灵成侯庙碑》云，"此山出于禹别九州之前，黄帝时有缙云氏不才子曰混沌，高辛氏亦有不才子八人投于巴宾以御魑魅，名基于此"。所以得山名缙云山。

  第三种说法还是和黄帝以及缙云氏有关。远古时候，这一带居住着两个和睦相处的民族巴族和賨族。黄帝打败炎帝统一中原后，把一个掌管驱疫的臣子封为夏官，赐了他一个姓氏叫缙云氏。缙云氏一个名为荼的儿子因为涂炭生灵，即将被黄帝处以极刑。缙云氏为保儿子性命，就恳求让荼带兵到巴山一带为黄帝带回仙泉，将功赎罪。于是荼的军队和巴族、賨族展开生死大战。最后巴族和賨族只剩下九位年轻勇士退守到巴山上，他们喝了巴山的仙水，和荼大战多日，满山大火熄灭，九勇士化成九座山峰，这

◆ 缙云山
  爱心人士　供图

就是缙云九峰。从此巴山的云彩早晚都是赤色的，于是巴山就渐渐被称作缙云山了。

第四种说法是，黄帝曾在此山中炼丹，炼丹成功的那一天，天空出现非红非紫的祥云，于是黄帝把这座山命名为缙云山。

缙云山名字的来历虽然众说纷纭，但不外乎两点，一个是黄帝时期的缙云氏以及缙云山九座山峰的传说，一个就是红色的云霞。缙云山九峰耸立，从嘉陵江边拔地而起，气势壮阔。缙云山九座山峰中最高峰是狮子峰，狮子峰顶有一个览胜台，是一处视野极佳的观景台，可以望见群山连绵，以及山脚下嘉陵江浩荡地向远方流淌。

缙云山生态资源极为丰富和珍贵，1979年就建立了缙云山自然保护区，2001年更是成为国家级自然保护区。保护区总面积7600公顷，核心区1235公顷，缓冲区1505公顷，实验区4860公顷。缙云山的植物资源以常绿阔叶林为主，森林覆盖率高达96.6%。有多种具有代表性的生态系统，从一定程度上反映了亚热带森林生态系统的天然本底，让缙云山成为一个典型的亚热带常绿阔叶林的生态综合体物种基因库。保护区内保存有许多古老的分类上孤立的形态特殊的植物，其中国家级保护珍稀植物有珙桐、银杉、红豆杉、桫椤等51种。由于森林植被丰富，缙云山也成为野生动物的良好栖息地。在20世纪50年代，曾有虎豹等出没的记载。在缙云山丰富的野生动物资源中，有国家重点保护动物小灵猫、秃鹳、红隼等11种。

缙云山被开发上千年，遗留下众多珍贵人文景观，其中宗教文化景观尤其丰富。缙云山与四川青城山、峨眉山曾并称为"蜀中三大宗教名山"。山中的缙云寺是国内唯一的迦叶古佛道场，始建于南朝刘宋景平元年（423），至今已有近1600年的悠久历史，现存寺庙是在清康熙二十二年（1683）修缮的。山下的温泉寺和缙云寺建于同一年，古代的时候为缙云寺下院，后山的岩间刻摩崖佛像极为精美。1259年8月，蒙古帝国可汗蒙哥在攻打合川钓鱼城时身负炮伤，传说就死于温泉寺。

除缙云寺和温泉寺外，还有白云观、绍龙观、复兴寺、石华寺等，一共有八大古刹，此外晚唐时期的石照壁、明代石牌坊、宋代石刻等名胜古迹，都是缙云山丰富宗教景观的组成部分。另外，缙云山还有世界佛学苑汉藏教理院（成立于1932年）遗址和狮子峰寨、青龙寨等古寨遗迹。

缙云山是重庆的一张旅游名片，是一处观日出、览云海，眺望重庆美景的好去处，也是重庆传统的避暑胜地。

自缙云山建成国家级自然保护区后，保持了连续45年无森林火灾的纪录。但是，2022年的夏天，重庆遭遇了百年难遇的高温和旱灾。8月21日晚，缙云山突发火情。面对如此大火，森林消防员冲在了救火的第一线。但由于山高林密，救火队和基本保障物资难以抵达。一群骑着摩托车的后生崽儿，顶着40多度的高温，用背篓装满救灾物资运送到山上。不断有摩托车手从四面八方赶来。他们的行动和精神感动了重庆，也感动了中国。8月25日晚，缙云山山火的明火终于被扑灭。缙云山，见证了这座城市的凝聚力与血性。缙云山上的救火精神，也成为重庆的一张全新的"名片"。

◆ 观音峡

  重庆的北碚区虽然属于中心城区，但依山傍水，在现代都市中又透出亲近自然的独特气韵。长江上游的主要支流嘉陵江从西北向东南横贯北碚，在北碚全长45.1千米。其中，有27千米的江流经北碚和合川的小三峡，此处人文与自然景观相得益彰，有着丰富的旅游资源。嘉陵江小三峡上为沥鼻峡，主要在合川区盐井镇，全长3千米。中为温塘峡，在北碚缙云山段，全长2.7千米。下为观音峡，位于北碚城区东南方，西北起自朝阳桥，东南止于施家梁，全长3.7千米。

  观音峡最早叫文笔峡，是因为在峡口的岸边，屹立着一块巨型石头，形状很像古代大臣上朝时用的狭长板子笏，这块石头俗称文笔石，这条峡谷就被称为了文笔峡。而观音峡名字的由来，是因为在峡谷悬崖的高处曾经有一座古寺庙，名叫观音阁，观音峡的名字即由此而来。观音阁位于如今的观音峡国家森林公园张飞岭的南端西侧，观音峡上峡口北的悬崖之上。这是一座依着悬崖修建的石刻崖庙，神像也是岩刻。据清道光《江北厅志》记载，"观音阁，观音峡旁。岩隈作庙，上架危楼三层，上抵石岩，凭栏俯视，风樯之帆过眼迷离，此观音峡第一胜景也"。不过观音阁早就已经损毁，现仅存8龛14尊神像，还有残存在岩石上的檀椽孔眼以及一排青瓦。

  观音峡两岸为独特的喀斯特地貌，森林覆盖率高达91%，2005年被批准为国家级森林公园，名为观音峡国家森林公园。森

◆ 观音峡
　爱心人士　供图

　　林公园由张飞岭、鸡公岭和凤凰岭等景区组成，拥有十个自然景点和十一个人文景点。森林公园内动植物资源极为丰富，珍稀植物包括银杏、水杉、福建柏、厚朴、香樟、楠木、鹅掌楸、润楠等11种，并有猕猴、水獭、小麂、大灵猫、小灵猫等16种国家二级保护动物。

　　因为有着独特的喀斯特地貌，观音峡森林公园的巨石奇石众多。在凤凰岭主峰尖山子的山顶有一组怪石群，其中一块岩石很像是凤嘴，被叫作凤嘴石。尖山子南边的七鼋通灵石也很有名，石头像七只海龟一字排开，让人惊叹于大自然的鬼斧神工。森林公园内还有明万历年间大地主刘家东所建天府寨遗迹，位于张飞岭北端。

　　观音峡还有很多历史传说。话说三国时蜀国大将张飞在小三峡东岸开凿了一条行军便道，用以北上阆中。这道路被后人称为张飞大道。便道从观音峡上东阳镇开始，经另外两峡到达合川。

张飞大道在很长一段时间里，都是重庆到合川的交通要道。《江北厅志》记载："观音峡在厅西北九十里，两岸石壁万仞，沿江怪石嶙峋，水涨过石，舟不敢行。蜀汉时凿有匾路，险若栈道，大水则登岸由匾路出峡……"

在观音峡还可以看到现代建筑的奇观。那就是从温塘峡到观音峡不到三千米的江面上，修建了八座跨江大桥，这八座大桥分别是渝遂铁路桥、兰渝铁路桐子林铁路大桥、渝襄铁路钢架大桥、朝阳大桥、新朝阳大桥、北碚嘉陵江大桥（碚东嘉陵江大桥）、G75北碚嘉陵江高速公路大桥。其中，在观音峡靠近北碚城区一侧的一千米之内，就有五座大桥。这种密集程度在全世界都极为罕见，重庆的"桥都"称号名不虚传。

◆ 温塘峡

嘉陵江两岸素称"林木葱倩""秀丽若锦"，有丰富的植被资源。陈子昂诗中有"麇麌寒思晚，猿鸟暮声秋"的生动描述。著名的嘉陵江小三峡就处在森林最为茂密的重庆江段。嘉陵江横切华蓥山南延支脉九峰山、缙云山、中梁山后，形成风光绮丽的沥鼻、温塘、观音三个峡谷。温塘峡又名叫温汤峡，峡长2.7千米，是小三峡中最短也是最深最险的一个，因峡谷盛出温泉而得名，其中历史悠久且声名远播的就是北温泉。

温塘峡北岸名西山坪，南岸名东山坪，属缙云山脉。峡谷峻峭，泉如温汤，林木蓊蔚，风景幽绝。有一种说法，李商隐《夜雨寄北》一诗是在这里夜宿写下的："君问归期未有期，巴山夜雨涨秋池。何当共剪西窗烛，却话巴山夜雨时。"

身处他乡，正郁郁不得志，还是秋天、夜雨，够伤感的。尤其是"涨秋池"三字，秋雨绵绵，池水都涨满了，像极了雨中北温泉的意境。

南朝刘宋景平元年（423），温塘峡建造温泉寺后，历代游人不绝。唐代诗人司空图到此留诗，北宋理学家周濂溪曾多次来游，元宪宗蒙哥率兵攻打钓鱼城，中炮风，崩殂于寺中。但清代至民国初年，土匪却长期盘踞出没峡区，古刹古洞竟沦为土匪杀人弃尸的魔窟（这大概就是旁边有村子名为"强盗湾"的原因）。1927年5月，卢作孚出任北碚峡防局局长两个月后，决定在温塘峡创建北泉公园。他亲自设计园林，亲自指挥工程施工，用两年多时间，把温泉寺殿宇修葺一新，开辟了乳花洞、兰谷、小庚岭、爱莲池、戏鱼池等游览区；亭榭建筑除园内建起了菱亭、听泉亭、瓢亭外，还在后山修建了畅晚亭、白鸟亭、飞来阁。

卢作孚对北温泉、缙云山乃至整个北碚的改造意义非凡。1936年，黄炎培先生到四川考察时，为北碚之变惊艳，在《北碚之游》里写道："北碚两字名满天下，几乎说到四川，别的地名很少知道，就知道有北碚。"另据1931年5月24日《嘉陵江日报》载文，国内外人士评中国三大干净的地方：定县、济南和北碚。而北碚的改变与发展仅仅用了不到十年时间。

时至今日，人们流连于北温泉亭台楼榭之间，观赏其下幽深

◆ 温塘峡

北碚区文化和旅游发展委员会　供图

的温塘峡，也难免生出诗人般的情怀。

温塘峡的北岸，则是另一番景象。这里看似一片自然的丛林，其下却掩藏着一条极具历史的古道——张飞古道。

《北碚志》记载：张飞古道，在嘉陵江三峡中。传说三国时张飞北上阆中，在峡东岸凿一便道，穿峡而过，后人称为张飞道。古道从观音峡上东阳镇，经禅岩、西山坪、温塘峡，一路北上；台阶悬挂于江岸绝壁上，或在山壁上直接开凿，或用青石板铺就。部分路段早已毁损，保留下来的，是历史的沧桑、古人的足迹。

回顾这条古道曾经历过的战争，温塘峡也不再像它的对岸那般"温情脉脉"了。

《三国志》中说，刘备入益州，攻刘璋，张飞与诸葛亮等溯流而上。大军到江州（今合川）后生擒严颜并招降了他（史称"义释严颜"），然后张飞进军成都与刘备会师，被封为巴西太守，在今天的阆中镇守长达七年。如此看来，在古代没有车船的情况下，这条古道自然是张飞部队的必经之路。

后来，刘备命张飞从阆中起兵攻打东吴，为关羽报仇，于是他又沿着这条古道南下。可惜没走出多远，就被范强、张达所杀，割下头颅投奔东吴，"持其首，顺流而奔孙权"。也就是说，张飞曾两次路过温塘峡，不过第二次只是头颅"路过"而已。

◆ 北温泉

2005年，重庆提出打造"温泉之都"。2012年10月，全球七十多名专家将重庆评选为全球首个"世界温泉之都"，温泉也已成为重庆的四张"城市名片"之一。在重庆众多的温泉中，北温泉是最悠久、最有名的温泉。

北温泉风景区位于北碚区境内的缙云山下，在嘉陵江小三峡温塘峡的西岸。这里距离北碚城区仅五千米，距离重庆主城区也只有30～50千米的路程。

北温泉是世界上最早开发，且至今都还在使用的温泉之一。南朝刘宋景平元年（423），高僧慈应云游到缙云山，发现了山中一泓清泉极为温良滋润，就在此地建了一座温泉寺。温泉寺原是缙云寺的下院，自建成后香火不断。但北周武帝和唐武宗两度灭佛，寺庙损毁严重。唐贞宗时期，温泉寺恢复重建并开凿摩崖佛像。北宋景德四年（1007），温泉寺受封赐为崇胜禅院。明清是温泉寺最为辉煌的时期。明宣德七年（1432）庙宇重建。

温泉寺在世界历史视野下也是一个见证历史的地方。不可一世的"上帝之鞭"蒙古帝国大汗蒙哥，在攻打四川的战役中，于1259年8月死在了温泉寺。关于他的暴毙，历史上有多种说法，而在攻打合川钓鱼城时中炮后死于温泉寺，就是其中流传最广的一种。蒙哥的死让南宋多苟活了二十年，也导致蒙古军队从欧洲撤军，改变了世界历史。因此温泉寺也蒙上了一层历史的神秘色彩。

温泉寺内自下而上有四大殿：关圣殿、接引殿、大佛殿、观音殿。四大殿东有古香园、石刻园、观鱼池、荷花池，北有乳花洞、五潭映月等景点。深约70米的乳花洞洞内曲径深幽、石笋林立，激发了很多人的探险之情。

但是，到了清末，温泉寺被土匪霸占。1927年，中国近代史上杰出的实业家卢作孚见到杂草丛生的温泉寺，顿生修建公园的想法。于是，在他的倡导下，巴蜀各界名流募捐上万大洋，在温泉寺的基础上修建了嘉陵江温泉公园，增加了温泉游泳池和浴室，以及一些旅游设施。嘉陵江温泉公园是中国第一个平民公园，它建成没多久就改名叫温泉公园。1948年公园董事会被撤销，公园改名叫"重庆市北温泉公园"。重庆的温泉用"东南西北"温泉的方位区分。东温泉和南温泉都在巴南区，西温泉在铜梁县，北温泉就是原嘉陵江温泉公园了。这也是北温泉名字的由来。

北温泉有泉眼10个，年平均水温37.5℃，最高达39℃，最低30℃。日总流量4500~8500吨，为弱碱性硫酸型矿泉，对皮肤、关节、肠胃等疾病有一定疗效，水温在35~37℃之间。因为这里依山傍水，风景宜人，所以在20世纪二三十年代修了很多别墅，北温泉成为度假胜地。抗战期间国共两党要员冯玉祥、蒋介石、林森、周恩来夫妇等曾来此居住或暂住。新中国成立后，朱德、贺龙、董必武、邓小平、刘伯承等领导人都曾在此居住或小憩。在北温泉泡温泉和在温泉游泳池游泳，也是很多重庆市民的美好记忆。

　　1982年，北温泉风景区成为全国首批44个国家级风景名胜区。1985年10月，公园管理机构改名为"重庆市北泉风景区管理处"。1992年建成浴泳中心。2002年被评定为国家4A级风景区。2005年获中国最佳温泉度假胜地称号。

　　北温泉风景区在进入21世纪之后，进行了大规模的升级改造，特别是引入了具有世界一流管理和服务品质的温泉酒店品牌，但也引发了一些争议。为此，北碚在十里温泉城澄江运河核心片区，修建了一个高标准但属于大众消费水平的缙云大众温泉，成为重庆最大的公益性温泉。

◆ 北温泉
　　爱心人士　供图

渝北区

◆ 玉峰山

在环绕重庆城的众多名山中，玉峰山是一个独特的存在。它不仅可以休闲、健身，还能看到不一样的风景：如梦如幻的夜山城、流向天际的长江、起起落落的航班……但是耳中却没有喧嚣，有的只是眼前的鸟鸣。

玉峰山森林公园位于重庆市渝北区境东部的玉峰山林场，面积23.59平方千米。东邻渝北区龙兴镇、江北区鱼嘴镇，西至朝阳河东岸，南接江北区铁山坪林场。森林覆盖面积达18000多亩，以天然次生林和人工林为主；是集自然山水、人文、科普为一体的综合型森林公园。

玉峰山主峰海拔696.6米，属铜锣山脉，重峦叠嶂、雄险峻秀。铜锣山是重庆生态屏障"四山"（缙云山、中梁山、铜锣山、明月山）之一。沿玉峰山临崖步道拾级而上，一路可饱览风景。步道依山而建，蜿蜒于陡坡山林间；路旁古树众多，最"年长"者达五百岁；步道上视野时而开阔，可望见远处的山水、城市；

◆ 玉峰山
　　许可 摄

时而掩映于茂密森林之间，抬头望不见天空；一鼓作气登上山顶远眺，城市的繁华、乡村的炊烟、山峰的俊秀尽收眼底。

经玉峰山森林公园、玉峰山生态园、望炉台，一路上有乡村气息浓郁的田园房舍，也有明清时代遗留下来的天成寨、人和门遗迹。如果累了可以住下来，在林间游戏，在田园体验农事，在夜间坐在院坝上仰望星空。如果还嫌不够清静，就去离望炉台不远的永佛寺遗迹看一看。

永佛寺建于乾隆二十七年（1762）。据江北县志记载，永佛寺为当时旱土、石屏周边香客烧香拜佛的圣地，信男善女最多时达上万之众，常年络绎不绝。现永佛寺只留下一些石碑、香炉以及众多佛像的残肢断臂。周围与永佛寺相关的遗址有净瓶仙井、莲花池、杨柳潭。

而玉峰山最值得一提的遗址，却是矿山留下来的"伤疤"。当年采矿高峰时期，这里整日机器轰鸣，方圆十余公里内尘土飞扬，晴天一身灰、雨天一身泥，公路被大货车压得坑坑洼洼。

铜锣山石灰岩资源丰富，自20世纪70年代起，矿石开采活动极为活跃，至90年代开采企业达到上百家。大规模的露天采矿活动造成土地损毁，植被破坏，生态退化严重。2010年，当最后一处矿山关闭后，在这里留下了大小41个深坑。

大自然自我修复能力竟如此强大。不知何时，人们发现这些矿坑已然成为一个个碧绿无瑕的水潭，像是天神丢下的一块块玉佩。后来，渝北区也顺势进行了全面保护、自然修复。如今，"伤疤"已经脱胎换骨成为"网红打卡地"，人们还给这些矿坑取了很诗意的名字：如意潭、洗心海……

◆ 华蓥山

华蓥山，川中丘陵和川东平行岭谷的川渝天然界山。它突起于四川盆地底部，东北至西南绵延325千米，最高峰高登山海拔1704米。华蓥山与美洲的阿巴拉契亚、安第斯山并称世界三大褶皱山系。

华蓥山集雄、奇、险、雅、幽于一身，熔名山、名寺、名湖、名史于一炉，聚自然、人文景观于一体。渝北境内的华蓥山地区，大多处于茨竹镇境内，自然资源和文化资源富集。自然景观以奇峰石林、天坑溶洞、森林竹海、奇花异草为主；梨花海、席牛阁、牛滚凼、放牛坪等地，具有极其浓郁的山区乡村风情。

华蓥山古称华银山。古人称之为"川东之最，八邑之雄，可与蜀西峨嵋媲美"（清《华银山志》）。《诗经》《书经》《蜀都赋》里有关于賨人的记载，賨人和巴人过去长期在华蓥山一带聚居。賨人，历史上的西南少数民族，又称寅人、板楯蛮。賨人和巴人都是能歌善舞的民族，他们善跳巴渝舞。歌舞时，数人敲铜鼓，男男女女手拉着手一边唱歌，一边跳舞。跳到高潮时，铜鼓激越，众人劲歌，舞者手执"牟弩"，步伐整齐有力，作出向敌人进军的模样。现广为流传的"巴渝舞""云童舞"就保留了賨人、巴人遗风遗韵，至今华蓥山每年还举办民俗风情十足的"幺妹节"。其歌舞采华蓥山之灵气，古朴粗犷、气势磅礴、淳美动人、极富感染力。其中最具代表性的是"华蓥高腔"。华蓥高腔是在渝北华蓥山区广为流传的一种民间山歌，以开场歌、放牛歌、薅秧歌为主要内容形式世代传承，演唱风格高亢洪亮、灵活自由、语言生动、句式精练，不用乐器伴奏，完全靠"吼"。

　　賨人、巴人不仅能歌善舞，还骁勇善战。彪悍的民风曾经造就了一代为民主自由而战的革命先烈，其中尤以女性最为突出。小说《红岩》中的"双枪老太婆"，就是以华蓥山地区一大批女性革命先驱为原型塑造的形象，她们当中有陈联诗、刘隆华、邓惠中、向绍玉、李彦文、戴国惠、杨鉴秋、左绍英、李青林、胡芳玉、张静芳、彭灿碧等一大批女地下党员、女游击队员。

　　1931年，共产党员廖玉璧、刘汉民等组建华蓥山游击队，陈联诗就带领一批女同志参加了游击队，初步展示了华蓥山巾帼不畏强暴、敢于战斗的风采。

　　陈联诗，又名陈玉屏、陈曼诗，1901年出生于岳池县罗渡乡。她才貌双全，能文能武，是华蓥山区的传奇人物。1923年4月在南京考取东南大学教育系。1928年入党。不久，她随丈夫廖玉璧回到廖的老家华蓥山，练习枪法，从事地下工作，亲自参加过多次战斗。许多关于她的动人故事在华蓥山区传播，说她能双手用枪，弹无虚发，敌人一听到陈玉屏这个名字，就丧魂落魄。

到了20世纪40年代，华蓥山区的武装斗争风起云涌，上、下川东的地下党员根据朱德、任弼时的指示，在周恩来、钱瑛的领导下，开展了游击战争，扰乱了敌人的大后方，牵制了敌人的兵力，配合了人民解放军的大反攻。

1947年10月，中共川东临委成立，由王璞任书记，统一领导川东、川南和重庆地下党的工作，发动群众进行抗丁、抗粮、抗税斗争。

1948年4月，重庆市委《挺进报》被破坏，由于叛徒出卖，华蓥山区顿时笼罩在白色恐怖的阴霾之中。川东临委召开紧急会议，

◆ 华蓥山
　　许可 摄

决定提前在华蓥山周围的广、岳、武、渠、合、营等县举行联合起义。8月，分别举行代市观阁起义、三溪起义、伏龙起义、真静金子起义。起义队伍与敌人作战，辗转华蓥山，但在敌人的疯狂镇压下，起义很快陷入低潮。紧急情况下，上川东地工委决定，将上川东所辖各工委领导的武装力量，统一组成"西南民主联军川东纵队"，即"华蓥山游击纵队"。许多女党员参加了起义，参加了战斗，非常勇敢。

1949年11月27日，在国民党反动派实施的"中美特种技术合作所"大屠杀中，21名女性共产党员、游击队员牺牲。

今天的华蓥山，人们在观光、休闲、享受和平带来的幸福生活之时，望着眼前的莽莽群山、傲然耸立的巉岩，会油然而生缅怀之情。

◆ 御临河

御临河，长江的一级支流，发源于四川省大竹四方山系，一路伴随明月山、铜锣山流经邻水、长寿、渝北，最后在渝北洛碛镇与江北五宝镇之间注入长江，全长208.4公里，渝北区境71.5公里。其流域诸多支流，皆来自华蓥山、铜锣山、明月山三条平行山脉，是四川盆地—川东平行岭地理构造的结果。两岸森壁峰迥，山色苍翠，江流婉转，岩洞密布。

御临河是渝北以下河段的称呼，渝北区以上称为大洪河，再上称为西河。20世纪50年代，河里木船往来频繁，是上下游沿河居民往来及运送粮食、肥猪等农产品的主要交通方式，直到公路修好后才被汽车运输取代。

御临河古称太洪江。长江岸太洪岗、渝北太洪场（原太洪乡），都得名于此。后来，流亡皇帝朱允炆来此河一带避难，人们渐渐改口叫御临河。《明史纪事本末》有载，建文帝朱允炆由密道逃出南京后，曾"西游重庆，东到天台，转入祥符，侨居西粤"。这条美丽的河由此充满神秘色彩，其四十八个险滩六十六个沱湾，滩滩有故事，湾湾有传说。

相传建文帝一行逃出南京后，沿长江而上，东躲西藏，于1406年逃至重庆江北太洪岗，而后取道太洪江，一路受尽河滩激

◆ 御临河
　许多　摄

流的磨难。途中夜宿江北隆兴一小庙，黎明起身，行至桥边，察觉后有追兵，便返回小庙躲藏于神龛下的石洞中。小庙后来名为"龙藏寺"，扩建后更名为"龙藏宫"，而"隆兴场"也改名为"龙兴场"，即沿袭至今的龙兴镇。

到过渝北石船镇梅溪的人都知道，御临河上有一座建于清代的石桥，名叫梅溪小桥。桥的下方有个回水沱，曾经是个渡口，名叫黄葛渡，因悬崖上有一棵古黄桷树而得名。那树的树冠遮天蔽日，形同巨伞为来往坐船的人遮阴挡雨。

黄葛渡河湾中有一块巨石，平时被河水淹没，枯水季节才从水中冒出来，酷似一口箱子。关于箱子石的来历，当地流传的故事中，说是建文帝行船至此，突遇河水猛涨，只好将装满宝物的箱子弃于河中。据当地老人讲，在民国初年，还真有一名叫代三的年轻人潜入水中寻宝，久久未能上岸。待人们将他打捞上来，早断气了，但手中竟牢牢抓着一只金手镯。1973年，因为要铺设天然气管道，潜水员专门潜到箱子石底下一探究竟，结果当然是除了乱石头外，什么也没有发现。

建文帝的行踪是个谜，而御临河十步一景却是真的。过去，这条河有着许多古石桥、跳磴桥。河边杨柳依依，村庄炊烟袅袅，村姑村妇们常在河边洗衣淘菜、嬉笑打闹。

御临河沿岸风景中最为著名的就是统景温泉。统景温泉属于天然温泉，拥有天然泉眼25处，冷泉温度低至20℃，温泉区间温度35~62℃，日涌量达1.8万立方米，有涌沙泉、悬挂泉、珍珠泉、地质增生泉等多种类型。景区内常年轻烟笼罩、鹰飞猿跃，山、水、林、泉、峡、洞、瀑……各种景观令人应接不暇。

巴南区

◆ 云篆山

乾隆十六年（1751），王尔鉴转至重庆任巴县知县。诗人就是诗人，上任后，他的足迹几乎踏遍了老巴县的山山水水。对云篆山，他似乎情有独钟，在自己编修的《巴县志》卷一里对云篆山极尽赞美："形如鱼脊高耸，蟠曲旋转，绵亘二十余里。人行山脊，沿青林翠霭间，宛如云扶足下，随风荡扬……左俯大江，右窥深涧，觉置身青霄上，御风而行。"就在这本《巴县志》里，王尔鉴为云篆山的景致打上了"云篆风清"的烙印。

把县志写得如此超凡脱俗的，恐怕就他王尔鉴一人。如此这般还嫌不过瘾，他随即还赋诗赞叹："风送云为御，云盘山几重。"说到底，就是整个人都飘起来了，有腾云驾雾的感觉。

云篆山位于今巴南区鱼洞境内，距鱼洞城区7千米。它突起于鱼洞以南长江东岸，以山势秀耸曲折，蜿蜒如云篆而得名。其断崖如削、背靠大江，如泼墨一般潇洒游动，勾勒出九堡十三湾的生动景致。登山，可依次游览松林、云山湖、长清水、鸡公寨、云篆山寨、云篆寺、罗汉井、文昌宫、宝莲寺等几十处自然人文景观。

相传明朝初年，开国军师刘伯温路过云篆山，游览之后不由赞道："天下大乱，此地无忧；天下大旱，此地得半。"刘军师此言是有道理的，后来也被明末发生的战争验证。

据传张献忠大军攻入重庆后，大肆屠杀，云篆山一带居民深受其害，纷纷躲到云篆山顶据险坚守，以至于很多原住民躲过了这场灾难。后来，大约在清嘉庆八年（1803），人们在山顶建起了云篆山寨，成为当时巴县五大山寨之一。山寨地势开阔，有东、南、西、北四道古寨门。现仅存其中一道门。进门后沿着石阶而上，目之所及，满眼苍翠。

云篆寺始建于明成化九年（1473），早年香火旺盛、佛事繁忙、钟磬之声不绝于耳。20世纪70年代寺庙被毁，留存下来的清道光十年（1830）所刻的两块碑文中，详细记载了"云篆风清"

◆ 云篆山烟雨
刘金权 摄

曾列为"巴渝十二景"的史实。寺庙1999年重建后，在其韦驮殿内供有重建时出土的观音菩萨、药王菩萨和文殊菩萨造像。走进云缭雾绕中的寺院，顿觉云淡风轻，对正殿门柱上的楹联会更加心有感应："世间人，法无定法，然后知非法法也；天下事，了犹未了，何妨以不了了之。"

◆ 圣灯山

圣灯山位于重庆巴南区跳石镇境内，是少有的天然石头公园、避暑胜地。最高峰海拔1064米，四周悬崖峭壁、陡峭险峻，山上怪石林立、千姿百态，有舍身岩、舍命岩、棋盘石、灯盏石、猴头石、蛇脱壳、狗钻洞、铁门槛、玉米窝等，妙趣横生。

圣灯山森林茂密，植物种类繁多，有松科、杉科等一百二十余种，在成片的亚热带原生植被中，有树龄300~400年的楠木、古松，有珍稀树种穗花杉，有树龄五百多年的古银杏等。林中还有多种野生动物栖息繁衍，有斑鸠、竹鸡、野鸡、杜鹃、啄木鸟、豪猪、狐狸、松鼠、山羊、野猪、野兔等，还有被列入保护名录的珍稀动物獐子。

在老巴县的名山之中，圣灯山就如同它的名字，发着光，为迷路者指明方向，为迷茫者照亮内心。

关于圣灯山名字的由来，有三种说法。

第一种说法是因圣灯山地处有名的川东石油沟槽之巅，传说中的"圣灯"，其实是石油沟天然气的一种自燃现象。第二种说法，是传说明代建文帝曾在此结庐而居，明武宗皇帝朱厚照也曾游历到此，所以叫"圣登山"。第三种说法与山中古刹云豁寺相关。传云豁寺僧人常年将一巨型油灯置于山顶，夜间灵光万道，照亮四方，圣灯山由此得名。显然第三种说法靠谱得多，因为从前很多寺庙都有此习俗。

云豁寺位于西山顶茂密的树林中。据传寺庙始建于西晋泰始六年（270）。公元1世纪，汉明帝刘庄（28—75）正式倡导佛教，这是封建统治集团承认佛教地位的最早确凿记载。圣灯山地处偏僻之地，在这么短的时间内便传入佛教，难以想象。

据民国版《巴县志》载，云豁寺最初由渝州居士王世林捐资兴建，旧址在今东山老庙坪。王居士随后在本寺剃度出家，直至元康九年（299）圆寂，高寿一百零七岁。隋朝大业六年（610），云豁寺因缺水迁至西山玉皇顶下。此后，经声梵呗，香火兴盛不绝。建文帝避难滇蜀时拜云豁寺，正德六年（1511）武宗朱厚照曾亲临云豁寺拈香。云豁寺后在清朝道光十五年（1835）、同治四年（1865）两次重建。1966年被毁后，于2003年复建，但原先的遗址得以保留，供人凭吊。青山依旧，风月长存，那些已经长满苔藓的残破佛像，依然在散发圣光。

圣灯山以"奇"著称天下，清代一当地秀才游览圣灯山时题有"天下奇山"四个大字，古朴大方、苍劲有力。清乾隆《巴县志》记载了圣灯山千奇百怪的山体岩石："中峰高耸，遥瞩重山，有层灯佛江四大岩。"其中最出名的怪石就是"蛇脱壳"和"铁

◆ 圣灯山
　　巴南区圣灯山镇人民政府　供图

门槛"。

"蛇脱壳"是由巨石形成的一道狭长孔洞，是上山的必经之路，蛇过也要脱一层皮，游人欲过，必须掌握一些技巧，先出哪只脚，先伸哪只手，都有讲究，否则就过不了。出洞后向北，进入两面是万丈悬崖的高岭，中间有一豁口，往下一看，寒风飕飕、头昏目眩，这就是让人望而却步的"铁门槛"。过了这道门槛，才能极目万里，观云海苍茫。

◆ 方斗山

巴南区以1834.2平方千米的面积占到长江以南区域面积的87.4%，辽阔的巴南区境内分布了重庆都市区接近一半的山地。其

◆ 方斗山
戴斌 摄

中最高峰为区境东南与南川、綦江交界处的方斗山，海拔为1132米，屹立在起伏连绵的群山中，远远望去犹如巨型方斗，立于天地之间。《巴县志》称其"一山拔起，削成四方，妙似太华（即华山）"。

从石滩镇出发前往方斗山，只需15分钟车程即可到达山脚，但若要登上山顶，就得先向当地人询问路径。映入眼帘的首先是巨石、树林，山路藏于其中很难被发现。登山的过程是实实在在的"攀登"，少数路段得手脚并用，时不时还会出现一块硕大的岩石挡在前方，细看之下才会发现巨石之间的缝隙，可以勉强容纳一个人挤过去。

爬到半山腰，有一段在石梁上开凿出来的路，两边是悬崖，很多胆小的游人就此作罢，遗憾回头。一路奇峰怪石，步步险象环生，到了山顶，眼前却是一派田园风光：溪流、田园、房舍，以及悠闲自在的农人。

这里仿佛是一个没有惊扰过的世界，山崖上有明代石刻"法云长护斗山，佛梵遥临瀑岛"。一些岩石坑坑洼洼，内行一看便知是第四纪冰川活动遗留下来的冰臼群；其中有个叫"癞疤石"的地方，巨大的石峰"生出"许多石笋，传说是送子观音降给人间的生育石，先前当地久婚不育的妇女到此搬小块石笋回家，便能生儿育女，这就是它浑身长满"癞疤"的原因。石峰的形成是水对可溶性岩石进行长期溶蚀等作用的结果。水对可溶性岩石所进行的作用，统称为喀斯特作用，它以溶蚀作用为主，还包括流水的冲蚀、潜蚀以及坍陷等物理侵蚀过程，这种作用及其产生的现象统称为喀斯特。在方斗山随处可见的岩洞怪石，在亿万年的时间长河里大多经历了这一演进过程。

在位于巴南、綦江、南川三区交界的地方，立有一块三界碑，碑有三面，每面分别朝向巴南、綦江、南川，由三地时任县长题写县名。旧时方斗山过往行人多，建有五座古庙，游人香客不断，权属纷争也时有发生。为避免纷争，遂立界碑，象征着世代睦邻友好、友谊长存。

在方斗山最高峰的密林荒草中，隐藏着一座神秘的山寨，大约有三百多年的历史，残破的城墙几乎将整个山顶都包围起来。其间有一股常年不断的清泉涌出，甘洌清甜，当地人喜爱取此水泡茶。他们认为，在山顶也能见到泉水，说明这水并非来自于凡间，而是观音菩萨所赐。每逢雨后天晴，这里是观赏云海日出的最佳地点。待滚滚云海散去，极目远眺，竟能看见南川的金佛山；如果运气好，还能看见日照金山的壮观场景。

山下，孝子河蜿蜒流淌。河畔的石滩镇，至今流传着许多感人的孝道故事，还有让人醉意朦胧的石滩烤酒。石滩烤酒技艺源于古代巴人的清酒，其独特的香醇，会让人徒增几分乡愁。

◆ 花溪河

　　花溪河发源于重庆巴南区石岗乡碑垭岩口，流经石岗、南彭、界石、鹿角、南泉、土桥、李家沱，在花溪光明村注入长江。河流流经川东平行岭谷区，上游为界石浅丘平坎河谷区；中游在流经南泉镇虎啸口时，切穿华蓥山支脉真武山，河水陡然下降，形成以虎啸峡、奔雷峡、螃蟹峡为核心的南温泉风景区；下游地势较为平坦，河流蜿蜒曲折，从堤坝到石龙桥段九曲回肠，俗称"牛蹄塘"。

　　花溪河原系分段命名，在雁滩名雁滩河，在南泉名花滩溪。花溪河名是在南泉同心堤建成后，以"滩"易"河"而来，其得名或许是因为两岸花开四季，也或许是因为清代诗人赵御留有诗句"石知渔子能来否？强借桃花号此溪"。

　　在巴南人的心中，没有花溪河，就没有故乡。花溪河是巴南实实在在的母亲河，它的流程只有六十多千米，却孕育了巴南独有的精神、文化、品质，伴随巴南蹚过了数千年文明之河。

　　巴南前身是历史名邑巴县。商代时巴人就在此立郡建都，留下丰富的历史和文化。花溪河畔的每一条路、每一座桥、每一个

◆ 花溪河
　万承尧 摄

村庄，都在讲述巴南的故事。它孕育了绚丽多姿的民间文化和山水文化，汇聚了巴文化、抗战文化，涌现了英雄将军巴蔓子、"革命军中马前卒"邹容、辛亥革命志士杨沧白、新中国首任女大使丁雪松等。

花溪河流域民间文化极其丰富，其中民间音乐木洞山歌和接龙吹打被列入首批国家级非物质文化遗产名录。木洞山歌是当地民间广为传唱的一种古老民歌，品种繁多，曲调优美，主要有禾籁（高腔禾籁、矮腔禾籁、花禾籁和连八句等）、啰儿调、号子、情歌、盘歌、小调等品种，现记录有千余首；接龙吹打以唢呐、鼓、锣等为主要乐器，是巴渝地区吹打乐的代表之一，现有丫溪调、下河调、青山调、教仪调、昆词、将军锣鼓、伴舞锣鼓七大品种。

花溪被评为中国民间文化艺术之乡，现有秧歌、腰鼓、彩船、花灯、彩扇、碟子等艺术类别。姜家龙舞是源于巴人龙蛇图腾崇拜的民俗舞蹈，有说龙、唱龙、舞龙、祭龙等形式，有火龙、柑子龙、黄荆龙、虾子龙、萝卜龙等二十多个品种；小观梆鼓舞是以"击竹梆"表现的一种舞蹈，热情奔放，形式独特；在民间戏曲中，有接龙傩戏、麻柳荷叶等。麻柳荷叶由单人说唱故事，乐器叫"苏镲"，系上红绸，像手持荷花叶，讲述着民间的悲欢离合。

花溪河曾一度被污染过，但经过治理，现在不仅复见清清河水，还建起了湿地公园。巴滨路湿地公园以休闲漫步为主题，植有众多水杉、池杉、落羽杉、柳树、芦苇、蒲苇、芦竹，野鸟嬉戏，蜻蜓翻飞，鱼翔浅底；炒油场湿地公园则是以花溪河地域文化为主题，追溯花溪历史渊源，设置有游船码头、亲水平台、垂钓台，创造出自然亲水环境。

"彼泽之陂，有蒲与荷。有美一人，伤如之何？"一代代人的花溪河儿时记忆被唤醒。巴国曾经的金戈铁马、巴郡曾经的风云变幻，以及河畔桥头的浅唱低吟，依然随花溪河水在静静流淌。

◆ 南温泉

重庆是著名的温泉之都，昔日四大温泉巴南就占了东、南两个。结合地质构造与地貌分析，巴南最主要的温泉有南温泉、东温泉及桥口坝温泉,其形成都与当地的背斜构造密切相关,泉水大多发育在背斜山石灰岩地区,泉水溢出点多数分布在深切峡谷和深溶蚀槽谷中,出露处植被一般都很茂盛。

这些著名的温泉中,南泉得到人们的宠爱似乎历来要多一些。抗战期间,蒋介石、宋美龄、林森、孔祥熙等长期"泡"在这里,林森还在公园内建有专用浴室。新中国成立后,朱德、刘伯承、邓小平、黄炎培、张爱萍、杨尚昆等也先后到此游览。郭沫若来过多次,还诗兴大发:"浴罢温汤生趣满,花溪舟楫唤人回。"

南温泉景区开发始于明万历五年(1577),时始建温泉寺、立碑刻,这也是景区最早的建筑。光阴荏苒四百余年,直到清末,巴县教育家周文钦、重庆府熊克武、但懋辛等文人官吏,惜南温泉养在深闺人未识,著文张扬,规划筹款,开始建造浴室台榭。1924年建渝南温泉公园,景区初步成型。

1937年国民政府迁都重庆,南温泉划为迁建区,随即国民党部分军政机关纷纷迁往南温泉,如国民党军事委员会、中央政治大学、中央电台等等,单位达数十个。1938年2月国民政府主席林森游南温泉时,修订南温泉十二景名为:南塘温泳、弓桥泛月、五湖占雨、滟滪归舟、三峡奔雷、虎啸悬流、峭壁飞泉、花溪垂钓、小塘水滑、石洞探奇、建文遗址、仙女幽岩。抗战期间,林森在重庆居住了五年零八个月,与重庆美丽的山水结下深厚的情感,最喜欢去的两个地方一是歌乐山的林园,二就是南温泉的听泉楼,还亲笔题书"林界"。

新中国成立后,政府对南温泉景区进行了积极的开发建设,修建了烈士陵园、沿河长堤,完善了道路设施,培修了中心花园,铧园，并大量培植园林，使南温泉呈现出新貌。

南温泉硫黄质温泉出自涂山地下径流，周边为低山和岩溶槽谷地貌景观，山势起伏错落，花溪河蜿蜒曲折，形成峡谷风光；境内群山环绕、松柏遍布、藤萝垂蔓、峭壁飞泉。

南温泉十二景中的"南塘温泳"，指的是著名的温泉浴室，它位于公园正门左侧。因温泉附近有观音寺，所以被称为观音寺温泉。这里原本是热水泥塘，没有加以利用，温泉自然流失长达三百多年。出公园后门，沿着花溪河走几百步，便能见到"峭壁飞泉"了。这里是摄影家们抓拍彩虹的地方。

南温泉后面的山便是建禹山，传说是建文帝避难修行之处，因此又名建文峰。从前山顶有建文庙，庙中还有让皇殿，以及传说中建文帝用来煮茶的"玉泉"。如今庙已全部倒塌荒废，只剩下斑驳的基石。

◆ 南温泉
南温泉旅游景区　供图

这里有一个"村姑送桃，得道成仙"的民间传说。建文帝在此修行时，每天起床发现有一盘鲜桃，非常惊奇，后来得知是山下岩洞里一名村姑所送。村姑是当地一名童养媳，不堪丈夫虐待，逃到洞里。见流亡皇帝可怜，村姑于是每天摘桃送来，久而久之，皇帝不知去处，而村姑反而得道成仙。这便是"仙女古洞"的来历。

沿建文峰登山步道上山，漫山遍野都是常青松。"解放重庆主战场遗址"就位于这里。

1949年11月，中国人民解放军第二野战军十一军、十二军和四野四十七军在刘伯承、邓小平的指挥下，受命入川直捣重庆，并于24日攻占南川。11月25日，解放军一个团从南川神童坝抄小路，经界石、直抵南温泉，攻占建文峰。

此战异常激烈，整整持续了56个小时，是解放重庆战斗中持续时间最长、最激烈的一次，重创了国民党构筑的江南防线。战斗中，解放军一营副营长徐泉水等百余名指战员光荣牺牲。在牺牲的战士中，留下姓名的仅有43人，他们的名字被永远镌刻在纪念碑上，成为南温泉的历史记忆。

◆ 东温泉

重庆温泉历史文化可追溯到一千六百多年前。由于特殊的地质构造，温泉储量丰富，遍布峡谷、江畔、山间，且种类众多。其中东温泉地处巴南区东泉镇五布河畔，温泉水储量大，自然景观、人文景观资源丰富。1931年，当时中国最大的药业资本家汪代玺，因慕东泉水，用高价购买了周围大片土地，并鼓动陪都国民政府赈济委员会修路、建房、设战时疏散地，从而改写了这里"泡野泉"的历史。新中国成立后，曾在1963年成立了"巴县东温泉规划建设领导小组"并提出了宏伟设想，后因故未能如愿。改革开放后，当地有关部门对温泉做了大量的保护工作。1994年1月，有关部门对东泉景区进行考察论证后，将东泉景区列为巴南重点风景区予以开发。

在五布河穿过的背斜峡谷中，温泉分布甚广，现已查明出水点28处，有的在山腰，有的在低谷，有的在河底，有的在河滨，有的则在溶洞之中。这些温泉流量大、温度高，属硫碳型矿泉水且含多种矿物质。整个出水区地下溶洞众多，有72处，主要溶洞有古佛洞、仙女洞、热洞、冷洞等，地下泉流水势淙淙，滚流成瀑。

古佛洞为喀斯特作用形成的石灰岩溶洞，全长二百余米。据《巴县志》记载，"岩半结茅供佛，虚其下，临之眩目"。过去，洞内供有如来、观音、四大天王、十八罗汉等神像数十尊，气氛庄严肃穆，一年四季香客不断，香火不衰。抗战时期，古佛洞曾是国民政府一家兵工厂的车间，洞外也曾建有厂房、宿舍等。

东泉景区山峰林立，山势蜿蜒、峡谷幽深，有送子峰、慈云峰、飞鹰峰、仙女峰等。其间的历史文化遗址有白沙禅寺、沧白陵园、慈云楼等。

慈云楼依慈云峰，临五布河，左为常年白云缭绕的慈云岩，整个楼建在慈云岩伸出的一块突兀巨石上，悬空而立，式样简单、风格独特。墙、柱、栏、梁为红色，大门、窗棂为绿色，配以黄色的屋檐——要将红、黄、绿三种大俗的颜色搭配起来，需要多大勇气？但这样一来，慈云楼与周边的景致却意外地完全融为一体，理想中的中国式居住美学"高山流水琴音长"，竟被发挥得淋漓尽致。可见当初设计者的独具匠心。

五布河的得名，有两种说法。一是因河汇五溪，水色缥碧，如曳轻素，因此得名；二是乡民附会，说该乡曾有五个人做过布政使官，因此得名。五布河斗折蛇行，曲折有致。溪中时而是润滑的平滩，时而有突兀的怪石。泛舟其间，可悠然见青山。

◆ 东温泉：天体浴场
冯亚宏 摄

长寿区

◆ 菩提山

　　位于长寿区北部新城，菩提山像一座巍峨的金字塔突兀而起，耸立在现代化的城市边沿。每当夜晚来临，钟声响起的时候，圣灯的光芒洒向山下的人间尘世，人们仿佛置身于佛光中。

　　菩提山，长寿的文化圣山，传说因佛教禅宗祖师菩提达摩到此弘法而得名。菩提山孤峰耸峙，庙宇庄严，以源远流长的长寿文化为灵魂，集禅修礼佛、祝寿祈寿、休闲度假、登山健身于一体。景区中，菩提寺庙、菩提圣灯、菩提古镇三大景点尤为引人入胜。山顶中凹，似一盂仰置。山上筑寨，寨中有庙。寨上井水永不枯竭，其味甘美。北宋初叶，寺庙初创，至今已逾千年。菩提山的丛林，民国时期已砍伐殆尽。后山寨和庙宇拆除，重建后满山果树成荫，花香鸟语。

　　明代正德丁卯（1507）春二月，县进士戴锦认为"东则日出而光临曰晶（县东有晶山），西则日入而光射之曰畾。畾、晶二字实天造使然，若山名菩提，无其意义，应更名为畾山"。

从此，菩提山又名畠山。戴锦游山后赋诗一首，诗云：

天畔浮光结一山，山巅佳气动江关。

云牙漱雨寒仍碧，石发梳青老未斑。

策马拂烟寻胜迹，觅龙分水涤尘颜。

高名自应垂千古，岂在空门两字间？

相传达摩来此传法时，留下了"担子化三山"的传说：菩提老祖挑着担子路过此地，时值正午，于是放下担子，在黄桷树下摇扇歇息，留恋此地美景，决定长居此地，然后双手一挥，结果那副担子变成了三座山；扁担变成了黄草山，两个箩篼分别变成了菩提山和畠山。

明朝末期，有僧人立铁柱于山巅，燃灯于柱顶，昼夜通明，这就是后来的菩提圣灯。其灯柱虽早已废弃，却留下"灯杆堡"这一地名至今。2014年原址修建了一座巍峨的圣灯塔，塔顶由莲花宝座、宝瓶、牟尼珠构成，并依循佛礼，不畏艰辛，行程万里，从佛祖释迦牟尼诞生地尼泊尔蓝毗尼恭请圣火，将菩提圣灯重新点燃。迎来圣火的同时，还请来神圣的贝叶经永久供奉于山顶。贝叶经是在纸张发明之前刻写在贝多罗树叶上的经文。佛陀涅槃后，弟子举行了五次大规模的结集活动，把佛陀宣讲的教法刻在贝叶上，故称贝叶经。贝叶经完整记录了佛教原典，成为后来佛学的基础，也是研究古代东方哲学、艺术、历史的珍贵史料。

菩提寺位于菩提山顶，是一座始建于北宋前期的千年古刹，素有"达摩道场，禅宗真脉"之称，千百年来屡毁屡建。现庙宇面积4500平方米，全木结构，古制建筑，气势恢宏。寨门牌坊、山门殿、天王殿、钟楼、鼓楼、观音殿、地藏殿、大雄宝殿、藏

◆ 菩提山

长寿区民政局　供图

经楼、祖师殿等错落有致、交相辉映。

万寿天梯是菩提山的登山步道，共有1789级台阶。根据梯步排列的特点，结合人的生命过程，刻以19999个风格不同的寿字图案，诠释人类博大精深的养生文化。内容集中国养生长寿智慧之大成，分为增寿、祈寿、悟寿、尊寿、高寿五个篇章，融合哲学、文学、医学等众多学科门类，构思巧妙，寓意深远。人们还可一边登山，一边饱览晏济元、马识途、张海、星云大师等名家书写的匾额楹联。

古人根据不同年龄段的特点，创造了独具内涵的年龄雅称，如三十而立、四十不惑、五十知天命……万寿天梯从山脚到山顶的73梯，分成29段，将古人关于年龄的29个雅称，镌刻于台阶之间的平台之上，提醒和鼓励人们，登山如人生旅程，登得越高，人越长寿。

◆ 长寿湖

长寿湖地处长寿区境东部，距长寿城区18千米，位于川东平行岭明月山与黄草山之间的沟槽内，水域面积65.5平方千米。20世纪50年代狮子滩水电站建成后，形成了此湖泊。湖中有大小岛屿203个，全湖控制流域总长140千米，至今集防洪、发电、航运、灌溉、水产、果业、旅游七大功能为一体。

长寿湖风景优美，是国家4A级景区、国家级生态旅游度假区、重庆市新巴蜀十二景之一。

明末曹学佺《蜀中广记》援引《乐温志》，有这样一段记载：乐温山，下有乐温滩，在县南四十里。元时置涪陵巡检司，因唐县址也。地气常温，禾稼早熟，因之得名乐温山。《志》以此山人多耆耇（指六十岁以上的人，出自《凤翔八观·石鼓》），亦名长寿山。

据此，作为长寿得名依据的古长寿山，原名乐温山；山下有乐温滩，位于古乐温县城（今长寿区龙河镇灌滩寺，已沉入长寿湖底）以南约20千米。

按照这些记载，把古代的里程单位与现代的里程单位进行换算，则乐温山即古长寿山的位置，恰好在古乐温县城以南23千米和现长寿城内东北28千米的接壤地带——长寿湖狮子滩一带。通过历史记载与实地考察两相对照，长寿湖形成之前的安顺寨及其附近山峦就是当年的古长寿山，古乐温滩就是现在的狮子滩。

而现代意义上，长寿湖则是中国水电事业发展的里程碑，它开创了中国水电史上梯级开发的先河，为中国水电事业培养了第一批建设、管理人才，被誉为新中国水电专家的摇篮。

1937年1月，著名水电专家黄育贤率领测量队来龙溪河详测地形、研究水文，并由当时中央地质调查所熊永先负责地质调查，以资精密规划。同年6月，勘测工作完毕。根据勘测情况，黄育贤提出了在龙溪河下游狮子滩建立龙头水库，在狮子滩、上清渊洞、回龙寨、下清渊洞建立水电站的四级开发方案。

新中国成立后，狮子滩水电工程作为"一五"计划重点项目之一，于1953年进行全面查勘和研究，1954年完成初步设计。经过两年多施工，大坝基本建成蓄水并发电。当时西南地区第一大人工湖泊——长寿湖也由此诞生。

1958年3月5日，周恩来总理偕国务院副总理李富春、李先念一行来狮子滩电站和长寿湖视察。他们从武汉乘船而上，视察长江三峡水利资源，专程视察了龙溪河、长寿湖。视察结束后，周总理和二位副总理欣然提笔，为这项伟大的工程题词。题词后来被铭刻于大坝六角亭纪念碑上，成为珍贵的历史记忆。

1963年4月，中共中央副主席、全国人大常委会委员长朱德到长寿湖考察，离开重庆到成都时写下《长寿县》诗二首，其中一首为：

长江北岸长寿县，九十老人寻常见。

七十老人不稀罕，百岁老人仍康健。

在长寿湖西岸有一个炼丹场，是为纪念两千多年前一名长寿女企业家巴寡妇清而建。巴寡妇清本家姓怀，名清，因为是古巴国人，又是个寡妇，所以得了个巴寡妇清的名字。据司马迁《史记·货殖列传》:"清,穷乡寡妇,礼抗万乘,名显天下……"

《史记·货殖列传》是中国最早的经济史著作,所载春秋战国时期最有影响的企业家只有范蠡、子贡、白圭、猗顿、郭纵、乌氏倮、巴寡妇清七人,其财富不可计数,名闻天下。巴寡妇清以女子之身跻身春秋战国七大富豪之一,足以令人称奇。而她的早期发家史,就与在长寿湖一带炼取丹砂有关。作为中国历史上第一位女实业家,巴寡妇清精明能干,将家族企业发扬光大,保一方平安和谐,而且富有家国情怀,进贡丹砂、捐资修长城。巴寡妇清死后,秦始皇下令在她家乡筑怀清台,以示怀念。终秦始皇一生,筑台旌表他人德业者,仅此一例。

"水铸魂魄,山藏气韵,水滋而山润;鱼如阵行,果满林冈,鱼肥而果香。"这是当今长寿文人对长寿湖景致充满激情的歌赋。

◆ 长寿湖
长寿区民政局　供图

湖光山色，薄雾岛影，尤其是镶嵌于湖心的天然寿岛，由大小19个岛屿围合而成一个魏碑书风的巨型"寿"字，意象浑穆，气韵生动，令人叹为观止。岛上植被以亚热带常绿阔叶林与针叶林为主，主要树种有水杉、银杏、越桂、沙田柚和夏橙等。湖区内建有野生动物自然保护区，常年栖息鸟类有国家二级保护动物绿头鸭、凤头鸭、斑嘴鸭、秋沙鸭等。湖中鱼类除常见种类外，还有银鱼、鳜鱼、翘嘴红、赤眼鳟、乌鳢等濒危稀有鱼种，其上游建有稀有鱼种自然繁殖保护地。

狮子滩口的拦河大堤，高52米，长1014米，将奔流的龙溪河拦腰截断。在1952年筑坝基时，曾挖出一条6700万年前、20余米长的完整恐龙化石。坝门翠柏成行，花木繁茂；坝口两尊石狮盘踞，十分威武。站在拦河大坝眺望，远山含黛，近水如碧，湖光山色，尽收眼底，令人心旷神怡。

◆ 黄草峡

黄草山脉自垫江"出发"，绵延七十多千米后异峰突起，然后山势戛然而止，与长江相遇形成高深湍急的峡谷，这峡谷便是著名的"巴东三峡"之一的黄草峡。

据《长寿县志》载，黄草峡古名黄葛峡。北魏郦道元《水经注》称："江水又东经黄葛峡，山高险，无人居。"又《益州记·

涪陵》称："黄葛峡，今名黄草峡，山草多黄，故名。"

黄草峡战略位置十分重要，历史上，此起彼伏的峡谷争夺战几乎从未停止过。

其实，天下阳关，并非敦煌一处。远在丝绸之路上的阳关建立之前，春秋战国时期，长江上曾经就有一座军事重镇名叫阳关。唐初《括地志》记载："阳关，今涪州永安县治阳关城也。"涪州永安县即长寿。所谓阳关城，非城市之城，乃城堡之城，说明这里曾经有军事城堡。而北宋初《太平寰宇记》载："涪州界阳关。"南宋《舆地纪胜》则载："阳关，距乐温县（时长寿名）五十里，江口狭处，有栈道，遗俗传以为张王战地，其上屯戍旧其存焉。"

据此，"阳关"非黄草峡莫属了。它的存在有着深刻的历史背景，这就是古代秦、巴、楚之间的长期交战。

自巴人坐拥渝东地区盐泉之后，逐渐强大起来，但同时也成为争夺的目标。从周庄王八年（前689）巴、楚激战于那处（今湖北省荆门县东南）开始，巴、楚之战时断时续，几乎贯穿整个巴楚历史。《华阳国志·巴志》有这样一节记载：巴、楚数相攻伐，故置捍关、阳关及沔关。

捍关、阳关、沔关，是巴楚战争中的三道军事关防要地，设立于两国交界的险隘之处，往往设重兵防守。此三关中，捍关、沔关（当为弱关）均在三峡地区，而阳关即黄草峡。

巴楚三关，阳关为最。无论是巴楚之战，还是后来的秦楚之战，阳关一线，既是巴国防守楚国进攻的生命线，又是秦国对楚国发起进攻的前哨阵地，可见阳关的军事地位何等重要。

到了三国时代，这里更是长期处于你功我守的拉锯战中。其

◆ 黄草峡
　长寿区民政局　供图

下惊涛骇浪的"不语滩",成为无数征伐者的坟场。不语滩是著名的险滩,人们无论是行船,还是通过峭壁上的栈道,必须全神贯注,连大气都不敢出,更谈不上说话了,因而得名。当地人传张飞曾率兵过滩,竟历时三月未果,因而民间也称"张爷滩"。黄草峡旁建有桓侯宫,至今保留完整。《宋会要辑稿》礼二记载:"蜀将张飞祠在涪州乐温县,徽宗大观二年五月赐庙,额'雄威',封肃济侯。"很遗憾,这块牌匾早已消失。三峡库区尚未蓄水之前,保有丰富战争遗迹的不语滩和古栈道常年可见。石壁上,有清代"桓侯不语滩"摩崖石刻。

当地民间还有个传说。张献忠率兵进川途经黄草峡,过不了滩,于是放火烧山,不料却点燃了自己的兵营,赶紧扑灭大火;

转而行船，船又屡屡被巨浪打翻。忽见岸边一庙，进庙朝拜，发现是战神张飞的，于是在庙里发誓不妄杀当地百姓一人，江水即归于平静，船队得以顺利通过。《长寿县志》记载："明季张献忠过此，江水沸溢，舟不能进，张诣庙拜祷，不妄杀一人，舟乃进。"直到今天，黄草山一带的人特别敬重张飞，或许与此有关。

东汉末年，赤甲军曾在此驻兵，以防变乱，还依驻军名及此地土色，将黄草山更名为赤甲山。

1925年11月7日，美国商轮"美仁轮"从上海沿长江驶往重庆。当驶进黄草峡河段时，与正在江中航行的一艘满载乘客的长寿木船相遇。美仁轮凭借机动快速和船大气盛，将险象环生中的长寿木船浪翻，致27名乘客和船工无辜丧命。

今天的人们留恋于黄草峡的美景，或许还会联想到遥远的公元765年。那依然是个战乱的年头，流落至此的杜甫触景生情，想到此地历来绵延不断的烽火，及造成的民不聊生，悲从中来，写下了著名的诗歌《黄草峡》：

　　黄草峡西船不归，赤甲山下行人稀。
　　秦中驿使无消息，蜀道兵戈有是非。
　　万里秋风吹锦水，谁家别泪湿罗衣。
　　莫愁剑阁终堪据，闻道松州已被围。

江津区

◆ 四面山

四面山位于江津区四面山镇，距重庆中心城区、四川泸州、贵州遵义均100多千米。四面山面积213.37平方千米，平均海拔高度1300米。

四面山属云贵高原大娄山北延余脉，系地质学上的倒置山。倒置山是地表起伏与地质构造起伏相反的现象，也称逆地形。形成这种现象的原因是地质板块在运动中形成的背斜顶部存在较软弱岩层，经长期富含二氧化碳的河水的侵蚀而逐渐成为谷地；相反地，由于向斜的底部岩石相对较硬，抗蚀力强，本该成为谷地的向斜面最后会高于背斜面的轴部而成为向斜山。简单说，就是本应该隆起的地方被侵蚀而没有应有的高度，而本应该陷下去的地方因为岩石坚硬而相对隆起，因此形成四面环山的特征。四面山由此得名，并以喀斯特地貌和丹霞地貌的形式表现出来。重庆是世界上喀斯特地貌发育最丰富的地区之一。丹霞地貌，这个由中国人命名、出自曹丕"丹霞夹明月，华星出云间"的地质现象在重庆有特别的表现。远古时期，今天的綦江和江津为内陆湖盆环境，沉积了厚达千米的红土层，后红土层露出地表，在外力的作用下，便形成了丹霞地貌。

四面山在一系列河流水源的切割下，山水相间，形成一系列形态各异的瀑布，有千瀑之乡、千瀑千姿之美誉。其中望乡台瀑布以高158米，宽48米，为中国单级落差最大的宽幅瀑布，比黄果树瀑布高出一倍以上，被誉为华夏第一高瀑，是四面山标志性景点。望乡台瀑布周围环绕丹霞画壁，整体轮廓酷似心形，是全球最大的自然形成的瀑布类心形丹霞景观，被誉为"天下第一心"。

四面山地质运动一直在持续，并且塑造出新的地貌。1926年农历五月二十三日夜，头道河的山民们被一声巨响惊醒，惊恐之中，只见数万立方米的山石泥土自二台坪倾泻而下。小溪被滑落

◆ 四面山：望乡台瀑布
　　江津区四面山管委会　供图

的石头堵塞，形成了今天的堰塞湖——龙潭湖。龙潭湖周围耸立着四座奇峰，仿佛四扇画屏，因此被称为画屏山。

即便四面山地质构造复杂，但是大窝铺原始森林保护区是地球北纬28°仅存的面积最大、保护最完好的亚热带原始森林，森林覆盖率接近96%，保护区有许多珍稀濒危动物和国家重点保护动植物，如中华秋沙鸭、猕猴、中华大鲵、桫椤、中华双扇蕨、福建柏、楠木、秃杉、红豆杉等。其中中华秋沙鸭全球数量不足两千只，是比大熊猫数量还要少的珍稀物种。中华双扇蕨属于史前植物，桫椤是地球上唯一幸存的木本树蕨之一，被誉为植物"活化石"。

四面山的森林之中藏着一座千年古观——朝源观。朝源观为杨复庵于北宋建隆年间（960—963）修建，而后经明、清两次大修。朝源观的经堂依整块岩石凿刻而成，形成一个内嵌式殿堂，殿堂大门四周则由许多浮雕修饰。经堂的正上方便是道家太清、玉清、上清"三清"圣人塑像，该经堂与全国大多数道教经堂相比，有一个最大的区别是经堂内还供奉有释迦牟尼和孔子，一观集三教于一堂，体现出江津人的通达和人生智慧。

朝源观留下两副神奇的楹联。第一副刻在祖师殿拱门左右的石柱上："云朋朝朝朝朝朝朝夕朝，霞友观观观观观观夕观。"第二副在右门牌楼上："善茅长长长长长长夕长，习三乘乘乘乘乘乘夕乘。"这两副楹联不仅对仗工整，而且十分精妙，更重要的是，直到今天也没有人能把楹联的意思解释得令人心服口服。

在四面山这块神奇的地方，很早就留有人类活动的印迹。灰千岩崖画上有清晰可辨的牛、熊、鱼、山羊等动物图像10种40个。从刻画的手法上判断是新石器时代晚期的远古巴人凭借简单磨制的石器、骨器在峭壁悬崖上刻制而成。灰千岩摩崖壁画填补了巴渝地区摩崖壁画的空白，把重庆原始巴人的历史及巴蜀文化上推一千多年，而且是具有北方草原特征的刻制岩画。为什么在远古四面山会出现具有北方草原特征的岩画，现在还没有定论。

◆ 黑石山

　　黑石山位于江津区白沙镇南郊约三千米处。黑石山不高，但是这里有丰富的人文景观和深厚的历史底蕴。黑石山早在半个世纪前就已入选美国出版的《世界风景名胜辞典》，被列入《美国旅游辞典》。

　　黑石山得名于山上的黑色石头。黑石山上的黑石有五百余颗，大小不同，千姿百态。大者高十余米，可坐百余人，小的只有足球那么大。

　　这些黑石形成于约两亿至六千万年前，那时这一带是湖泊，湖底厚厚的泥沙随地壳造陆运动慢慢下降，经压力和胶结形成沉积岩，泥质的沉积岩叫页岩，砂质的叫砂岩。后地球板块移动，岩层被挤压破裂成小块，经岁月打磨，逐渐成为今天的圆形球石。不是所有的砂岩石都有条件打磨成圆形，所以黑石山这种独特的地质奇观实属难得。在风化岩石表层生长着绿色苔藓类植物，这类苔藓植物雨天颜色更深（黑），让这些圆石看起来呈黑色。这就

◆ 黑石山
　江津区白沙镇人民政府　供图

是黑石山的来历。

　　明代，黑石山上建有川主庙，用以祭祀治水有功的李冰父子。由于不少黑石外形像各种不同的动物，所以人们又给黑石的来源附会了神话传说。传说，古时候东海龙王的太子坐镇江津白沙东海沱。龙太子性情顽劣，常兴水患，造成无数船毁人亡的灾难。为了拯救百姓，蜀太守李冰之子二郎，决心用神鞭驱石填平东海沱，把龙太子赶回老家。二郎从贵州娄山关开山取石，并将这些石头幻化成各种动物，趁着夜色赶往东海沱。龙太子知道后，就学鸡叫，引得周围的公鸡都叫起来。二郎赶石头用的鞭子是蜈蚣石炼制的，蜈蚣怕鸡，听见鸡叫，鞭子失去神力，这些石头就伏在泥中一动不动了。二郎见功亏一篑，生气地跳下坐骑石，又猛地坐在另一尊石上，回身举鞭挥向坐骑石。留下臀印和鞭痕的黑石被称为"二郎石"。人们为了纪念他们父子，就在他的坐骑石上修建了一座川主庙。

黑石山上很多石头都有故事，石头上的刻字都有来历。鹰嘴石上刻有陈独秀在1940年写的"大德必寿"四个字，语出《中庸》："故大德必得其位，必得其禄，必得其名，必得其寿。"这年秋天，恰逢捐巨款兴办聚奎书院的邓鹤年七十寿庆，陈独秀特题写这四字相送。这四个字由教师谢禹言亲手刻于鹰嘴石上。"文革"中该刻字被毁，1983年集字补刻。

函谷石因两座巨石对峙，险窄如关口得名。"函"为古代装信件的扁匣子，函谷比喻关谷陡窄如函。函谷右石上刻的"函谷"二字原为清代乾隆贡生袁志沅题写，是黑石山最早的石刻。

函谷石旁有一座鉴止亭，其石刻为"鉴止"二字，语出《庄子》："人莫鉴于流水，而鉴于止水。"喻人看事物时一定要心平气和，心静如止水。鉴止亭畔是九曲池，周围有许多樟树，且兰、葡、桃、李环绕四周。数千白鹤以树为巢，翱翔其间，构成"六月飞雪"和"缘木求鱼"两大奇观。

黑石山上学校操场西坡下有一块巨大的《讨清檄文》石碑，碑上镌刻萧湘撰写的《聚奎学校为白沙首义布告全川父老文》。萧湘（1875—1918），四川荣县人。1904至1906年留学日本，加入同盟会。回乡后从事反清斗争，被清政府追捕，得同学邓鹤丹帮助，潜来聚奎书院执教，是吴芳吉文学道路的引路人。

黑石山的聚奎书院为中国五十大书院之一，为川渝两地仅存且保留最完好的清代书院。聚奎书院始建于同治十三年（1874），由当时的白沙团总张元富和盐商邓石泉等捐银三千六百两动工，后江津知县国璋出面劝募，得银五千余两继续修建，于光绪六年

（1880）建成。聚奎书院培养了许多人才，最著名的是聚奎三杰：白屋诗人吴芳吉、历史学家邓少琴和画家张采芹。聚奎书院抗日战争时期聚集了很多名流，陈独秀曾在聚奎书院讲学，冯玉祥在聚奎书院发表演说，周恩来邓颖超等也曾在聚奎书院留下足迹。

今天黑石山仍旧吸引着不少人前往，人们更多的是追寻山水之外的精神世界。

◆ 石笋山

石笋山属璧山区境内云雾山系，位于永川区何埂镇和江津区石门镇交界处，距永川市区29千米，距江津市区34千米。平均海拔约700米。

石笋山得名是因为江津境内的一座男石笋山和永川境内的一座女石笋山。也就是说石笋山一半在江津，一半是永川。这两座当地最高山峰，远看像突兀于众山之间的石笋，男石笋山雄伟粗犷，女石笋山纤巧秀丽。关于石笋山有一个传说，古时有一对情侣，女子是财主家的小姐，男子是财主家的放牛娃，他们的恋爱遭到家人的强烈反对，二人投水殉情后化为含情相望的两座山峰，这就是男石笋山和女石笋山的来历。

云雾坪是石笋山的核心景区，面积十平方千米，山坪上常年云雾缭绕，所以称云雾坪，又称云雾古寨。石笋山的云雾坪，四面悬崖地形险峻，山下是长江渡口，也是川黔渝滇的水陆交通要津，战略位置重要。据说汉朝伏波将军马援南征路过此地，筑寨驻兵于此。诸葛亮治蜀，也在云雾坪修建要塞。东晋时期，割据巴蜀的李特与东晋大将桓温在此决战。其后的时间里，云雾坪一直为兵家所争之地，或为土匪盘踞之所。

云雾坪古寨遗址分为外城和内寨。内寨就是云雾坪山寨，由4千米的寨墙和四个寨门围成。内寨是屯集粮草、兵器，保护老弱妇孺最重要的核心防御工事。石笋山外城在男石笋、女石笋外围，由六个依托山脉隘口地形修建的防御工事和寨墙、悬崖等组成第一道防线。

石笋山不仅景色优美，石笋山的神仙文化和宗教文化更让人瞩目，所谓山不在高，有仙则名。石笋山有道观和寺庙共二十多座，其中三教寺始建于清代，位于女石笋山西北腰，倚山修建，

◆ 石笋山
吴刚 摄

气势雄伟，寺内供奉孔子、佛祖及太上老君塑像，儒、佛、道三教集于一寺，故而名曰三教寺。

传说石笋山还是铁拐李得道成仙的地方。铁拐李又称李铁拐，姓李名玄，巴国津琨（现重庆市江津区石门镇李家坝）人，著名的道教仙人，传说中八仙之首。李玄幼年时就以聪慧闻名于巴国，李耳（太上老君）骑牛云游巴国时与幼年李玄相遇，惊为奇人并指点于他。公元前316年巴国为秦所灭，李玄看破红尘，离家出走，四处学道访仙。李玄晚年修道于石笋山。

一天，李玄神游华山赴太上老君之约，走之前他告诉徒儿如果七天之后他还没有醒来，就可以火化他的身体。然而这个徒儿因母亲生病急于回家，第六天就把他的身体火化了。第七日李玄神游回来而没有身体接纳他的魂魄，被迫附身于一具刚饿死的乞丐尸体上。复活过来的李玄蓬头垢面、袒腹跛足，行乞的竹杖也变为铁拐，故名铁拐李。今天山上仍有铁拐李坐化台、饿殍石等景点。某些古籍显示铁拐李于乾德四年（966）在石笋山邀请汉钟离、张果老、韩湘子、蓝采和、吕洞宾、何仙姑、曹国舅等到此聚会，从而产生八仙之说。

石笋山下的永安村是隋唐时星象大师袁天罡的故乡。袁天罡是隋末唐初天文学家、星象学家、风水大师。精通面相、六壬及五行等。著有《六壬课》《五行相书》《三世相法》等，相传他在石笋山遇仙人指点而从道。公元897年唐代道士赵归真曾两度来拜谒仙宗，在石壁留下"仙源"二字。

石笋山双凤村是牛郎织女故事的发源地，魏晋文学家、医学家皇甫谧所著的《兰轩沓记》记载：牛郎姓龚名季，恭州津琨双凤（今属重庆江津四面山双凤村）人，幼年失怙，随族叔生活。后与张女结理，乃后世之牛郎织女之原型。牛郎和织女的传说在石笋山神仙文化丰厚的背景下，自然演绎出惊天动地的爱情故事来。

石笋山不仅是道教圣地。峰顶还建有观音殿，观世音端坐于莲台，面含微笑。每逢农历二月十九、六月十九、九月十九观音生日之际，前往烧香朝拜的善男信女络绎不绝，热闹非凡。

◆ 笋溪河

笋溪河是江津区境内的三大河流之一，从南到北长约一百多千米，流域面积约占江津面积的三分之二。江津河流属于长江水系，长江横贯东西，各支流由南北两岸注入长江，形成散开的树枝形水系网络区域内，著名的支流有綦江、塘河、璧南河、笋溪河、临江河等。

笋溪河发源于贵州习水大坡乡蜈蚣坝。蜈蚣坝海拔1704米，地势南高北低，从海拔1700多米一路下降到180多米，逐渐从低山变成浅丘。笋溪河流域呈倒"几"字形流经四面山林海村，在丹霞绝壁上形成闻名遐迩的华夏第一高瀑——望乡台瀑布和土地岩瀑布，经龙潭湖在仁沱镇与綦江（羢溪）交汇，于江津仁沱镇王爷庙注入长江。笋溪河也是重庆市境内仅有的无任何工业、生态污染的河流。

笋溪河因为岸边多竹笋而得名，据《江津县地名录》记载，笋溪河两岸分布着黄竹、慈竹、斑竹、南竹、金竹等，春秋两季嫩笋破土而出，是难得的美味，笋溪河故而得名。竹笋长成新竹后高踞于林梢之上，挺拔摇曳，掩映河水，是别致的风景。

笋溪虽然不是大江大河，但却是渝黔交通重要航线，两岸物产丰富，盛产稻米、小麦、高粱和茶叶等农产品，因而形成一批重要的集镇，如中山古镇、四面山镇、凤场古镇、嘉平镇、李市镇等。

笋溪河畔的中山古镇历史悠久，早在新石器时代即有先民在此劳作生息，创造出早期巴文化，今天在支坪王爷庙、燕坝等遗址考古发掘出大批新石器时代的珍贵文物，在四面山灰千岩崖画上有清晰可辨的新石器时代壁画，即是最好的证明。南宋《清溪龙洞题名》碑刻记载中山古镇有史可考的时间为855年，距今已有一千多年。中山古镇是渝黔通道上重要的水码头，遗存了西南地区规模最大、保存最完好、最具有民族特色的明清商业老街。更为珍贵的是中山镇附近的古桫椤树群，桫椤树被许多国家列为一级保护的濒危植物，有植物"活化石"之称。

笋溪河与其他河流的不同之处在于它拥有特别的石头。在中山镇上游这一河段，横躺着不少巨石，巨石奇形怪状，中山古镇也是建筑在石头堡坎上的。当地人根据形状为石头取名"雷打石""马儿石""鞭打石""和尚石"等，而且还创作出与石头相关的神话故事。

雷打石是横亘在河道里的三块如刀斧切割过的巨石。据当地村民讲，以前在雷打石上晾晒谷子，晒一挑能收三挑，大家抓阄

◆ 笋溪河
江津区嘉平镇人民政府 供图

排队晒谷子，相安无事。有一天三弟兄同时在上面晾晒时，大家为抢地盘发生了争执，上天便把雷打石劈为三块，三兄弟一人一块。但是从那以后，此石便成为普通石头，晒一筐谷子还是一筐。

雷打石是李市镇龙吟村雕岩石的起点，雕岩石是2017年由加拿大蒙特利尔大学和重庆大学联合在野外地质考察时发现的，此前鲜有人知。雕岩石是一种陡立曲壁的狭窄峡谷地貌，峡谷和曲壁由湍急流水携带沙砾等沉积物对岩石中构造薄弱部位长期冲刷、磨蚀而成的。龙吟村的雕岩石长近两千米，石壁曲线柔滑，仿佛是人工雕琢一般，通常为圆形居多，又称壶穴。壶穴或彼此联通，或单个呈现，并以不同的形状构造出惊人的景致。

笋溪河流淌了上亿年，河里的岩石历经上亿年浸润形成品质上乘的河磨籽玉。明代的宋应星在《天工开物》中称河磨玉为千年璞。我国现在发现能产籽玉的河流屈指可数，其中能够规模化量产高等级籽玉的，除新疆和田玉龙喀什河外，重庆笋溪河是迄今发现的第二条河流。由于受地域地质条件的影响，笋溪玉有非常独特的玉质特征，富含硒元素。

笋溪河上中下游拥有不同的风貌。上游河道窄，多怪石。乡溪大坝截流蓄水，形成三十余千米常年通航湖泊，泛舟河上，两岸修竹摇曳，柑橘林、桃李园瓜果飘香。石龙峡峡谷幽深，可以攀岩、探险、漂流。江津柏林镇付家是笋溪河风景最美的一段，河流两岸竹林茂盛，有汉岩墓洞穴分布，又多原始森林。2021年，笋溪河畔白旋子大桥通车，笋溪河最后的摆渡人摆渡被记为历史。

合川区

◆ 渠江

我们知道,嘉陵江是长江最重要的支流之一,它的支流也非常多,渠江就是嘉陵江左岸最大的支流。渠江不仅流经合川区的五个区,还在合川的渠河嘴注入嘉陵江,因而成为承载着合川历史、人文、经济、旅游等的重要河流。

渠江也叫渠河,全长720千米,流域总面积4.05万平方千米。古时候渠江被称为潜水,又叫岩渠水,两晋的时候被称为巴江和巴水,宋朝后被正式定名为渠江,名字取自岩渠水的"渠"。而"岩渠"就是现四川省渠县的原名。《水经》记载:"潜水出巴郡宕渠县,南入(长)江。"渠江的河源是川陕交界的大巴山区的大小通江、州河和巴河,一般以巴河为正源,它们在渠县的三汇镇汇合后开始被称为渠江。渠江流经四川达州的渠县、广安市的广安区、华蓥市和岳池县。在岳池县赛龙乡顺梁寨村的单溪口流出四川,在合川区东北部流入重庆境内。渠江自大界溪至丹溪口,流经岳池和合川界边,成为四川省和重庆市的界河,长9.5公里。自

◆ 渠江
刘勇 摄

丹溪口完全进入合川，流经合川区的香龙、龙市、双槐、涞滩、小沔、官渡、狮滩、云门、双凤镇、草街及钓鱼城街道，在合川区城区上游的嘉渠口，俗称"渠河咀"汇入嘉陵江。

渠江在巴文化中有非常重要的位置，被称为巴文化的源头之河。远古时代，今天的渠江流域生活着古老的族群——巴人，是他们创造和繁衍了渠江流域的农耕文明。在渠江流域，至今还保存着原汁原味的巴族和巴文化的遗迹。

渠江在合川境内水量丰沛，风光宜人，孕育出众多人文与自然景观。位于渠江边的涞滩古镇，在宋朝就有了相当的规模，如今高低错落的明清民居与流过的渠江融为一体，清代修筑的瓮城是重庆仅有的一处保存完好的瓮城。涞滩古镇有众志成城、长岩巨洞、双塔迎舟、水月交辉、石室烟霞、独树东门、古榕驭蟾、断崖观鹭的"涞滩八景"，让人流连忘返。位于渠江边上的涞滩二佛寺摩崖造像，是全国重点文物保护单位。它始建于唐广明二年（881）之前，规模曾经仅次于乐山大佛，具有极高的艺术观赏和考古研究价值。另外，重庆的十大文化符号之一的合川钓鱼城，也是被嘉陵江、涪江和渠江环绕的国家级风景名胜区。从1259年起在此发生的长达36年的"钓鱼城之战"，创下了中外战争史上罕见的以弱胜强的战例，甚至改变了世界历史，因此被誉为"上帝折鞭处"。在陡峭险峻的钓鱼山上，就能远眺三江环绕的壮观景象。另外，渠江流过的云门山，是一处清幽的避暑胜地。从渠江大沔码头到龙滩桥的大沔溪峡谷，全长七千米，也是一处戏水游玩的好地方。

过去的渠江曾经洪水泛滥，如今的渠江在多年治理之下，成为了一条生态与景观并存的河流。在合川的三江汇合处，建成了合川三江国家湿地公园。公园规划总面积为3860.15公顷，其中湿地面积2585.86公顷，湿地率达到66.99%。公园还成为集湿地文化展示、科普宣教、游憩休闲、体验观光、科学研究、生态文明教育等于一体的湿地科普园。漫步在合川这座被大江大河环绕的城市，可以体会到水天一色、清雅宁静的慢生活况味。

◆ 沥鼻峡

重庆的嘉陵江小三峡中，位于最上游的就是合川区盐井镇境内的沥鼻峡了。沥鼻峡从巨梁滩起始，止于方家沱，全长三千米。

沥鼻峡的名字众多，在当地牛鼻峡这一名称使用更为广泛。沥鼻峡和牛鼻峡名字的由来，是因为峡中有一对石洞，两个洞口是并排的，之间的距离只一壁之遥。远远看去，两个洞口就好似牛的两个鼻孔，所以被当地百姓叫作牛鼻洞，进而峡谷也被叫作牛鼻峡。又因为洞口的泉水终年不绝地流到嘉陵江中，像是在给牛洗鼻子，因此就有了沥鼻峡这个名字。如今沥鼻峡之名被用在了较为正式的官方称谓中。

沥鼻峡的各处景点地名，有好些都和"牛"有关。比如上峡口有一个牯牛石，中峡则有牛背梁和牛脑壳等地名。说起牯牛石，还有一个有趣的传说。在合川盐井溪的麻柳坪，有一个回水沱，被叫作磨儿沱。传说很久以前，磨儿沱边有个财主，在大冬天逼着放牛娃出去放牛，却不给他吃的。放牛娃放牛饿了，就干脆把牛杀了煮来吃了。放牛娃吃了牛，才觉得闯了大祸。就把牛尾巴插到河边石缝里，把牛头藏到河边的岩洞里。当财主问放牛娃牛去哪儿了，放牛娃说牛钻到石头缝里去了。老板去看，果然牛像是卡在石头缝里一样，于是就亲自去穿牛鼻子，结果牛突然打喷嚏，流出的鼻涕让他滑得滚出了岩洞。之后，磨儿沱往上面走的峡口，就被叫作牛鼻峡。当然，用重庆话来发音是流鼻峡，后来又叫沥鼻峡。甚至在当地还有一首诗云："沩山一水牯，变相眠江头。全身不可见，鼻观涕无休。等闲牵未得，听牛且应牛。"说的也是这个牛鼻子流鼻涕的有趣传说。

沥鼻峡的风景壮奇雄美，两岸高山连绵高耸，怪石嶙峋。沥鼻峡的峡口巨梁滩，有一块很长的石头横亘在江心，周围水流湍急。因为地貌为石灰岩，因此沥鼻峡两岸的山崖上溶洞众多，有暗河的水流出溶洞注入嘉陵江，牛鼻洞就是典型的这类溶洞。此外，两岸还有狮子坟、笑和尚、矿山梁子、猴子石、磨子沱、虼蚤孔等景点。

在沥鼻峡峡口的左岸，有一座依山傍水的场镇叫麻柳坪，麻柳坪是一座有着水墨诗画韵味的小镇。麻柳坪小镇至今还铺着青石板，有打铁街、二坎街、纤滕街三条老街。早年因为煤矿业发达，麻柳坪的煤码头让这里曾经兴盛一时。如今虽然盛景早已不再，但当年的商贾云集的盛景依然有迹可寻。

另外，用沥鼻峡中石头打造的合川峡砚也非常有名。合川峡砚与金音石砚、夔砚并称为"巴渝三大名砚"，拥有数百年传统手工艺的传承。峡砚采用沥鼻峡段所产的天然黑玉石精雕细琢而成。这黑玉石的石质极为细腻，用它做出来的砚储墨可数日不干不腐，是深受书画名家喜爱的名砚。合川峡砚历史也很悠久，早在宋代就开始了雕刻制作，经历数百年的发展，现在已经发展出了近百个品种，并进入到"中国十大名砚"行列。

◆ 沥鼻峡
　　王中平 摄

永川区

◆ 箕山

永川多山，但都不算高山。境内有云雾山、巴岳山、英山、箕山、黄瓜山五条从东北到西南走向的条状低山山脉，其中的箕山就在永川城北边仅两三千米的地方。箕山的名字相当特别，因为箕山山脉的地形是前山高而后山低，恰似腾飞的巨龙。而这里的"箕"是星名，属四灵二十八宿中东方苍龙七宿之一，而七宿中的龙首则是"角宿"，传说中东方苍龙的龙尾就在永川。据说，箕山是由诸葛亮赐的名字。

箕山以茶文化闻名，境内有茶山竹海国家森林公园，面积有117平方千米，年平均气温14℃，森林覆盖率高达97%，空气质量为国家一级，堪称康养休闲避暑度假的理想之地。之所以叫"茶山竹海"，是因为这里三万亩茶园和五万亩竹林交织错落，茶园旁是竹林，竹林外是茶园，因而得名。

2004年，著名导演张艺谋在茶山竹海森林公园拍摄了古装大片《十面埋伏》，让永川的竹海一下子被世界看见。《十面埋伏》

的取景地，就在森林公园的扇子湾竹海。当年张艺谋导演来此勘景的时候，被拥有挺拔竹形的扇子湾竹海深深吸引，就在此拍摄了片中竹海的重要场景。如今此地立有一古香古色的牌坊建筑，上面书有《十面埋伏》的片名。

说到茶，据《永川县志》记载，箕山早在民国初年便是产茶地区，年产茶超过一万公斤。新中国成立后，1959年，四川省农科院茶叶研究所在永川培植出"四川秀芽"，并被朱德委员长大加赞赏，号召"向荒山要茶"。现在，箕山五角茶园旁边当年朱德品茶的小楼，被称为朱德品茶楼。1964年，著名茶学专家陈椽教授正式命名"永川秀芽"。而今，"永川秀芽"已经获得国家地理标志证明商标认证，成为中国优秀茶叶区域公用品牌，品牌价值评估居全市第一。

◆ 箕山
腾前进 摄

◆ 箕山

箕山山脉的最高峰薄刀岭也是永川一景。薄刀岭海拔1026米，是永川最高点，也是重庆西部的最高峰。这座高峰远看薄如刀锋，非常险峻，因此得名。

箕山具有代表性的人文景点是天子殿，天子殿原名千子殿，相传刘备带着爱将途经此地，诸葛亮夜观天象之后，认为此地是有天子气象的风水宝地，建议刘备建都于此，但刘备还是去了成都建都。除了天子殿，箕山目前现存的人文景点包括双府院、仙人洞、天堡寨、古墓等历史遗迹29处，其中光是道观寺庙遗址就有14座之多。箕山还有众多品赏茶文化的去处，包括茶圣陆羽浮雕艺术墙、重庆茶叶研究所、中华茶艺山庄等。

南川区

◆ 金佛山

　　南川区位于重庆的最南端，地处重庆和贵州的交界处，旅游资源非常丰富，被称为重庆市的生态后花园。重庆四大名山之一的金佛山以及国家级重点风景名胜区金佛山风景名胜区，就在南川区。2012年10月，金佛山与贵州施秉、荔波，广西桂林、环江一起，被国家确定为"中国南方喀斯特"第二期申报世界自然遗产提名地，也是"中国南方喀斯特"申遗项目最后一批申报地。2014年6月15日，金佛山景区顺利入选世界自然遗产，被列入世界遗产名录。不过，由于金佛山并非单独申遗，与武隆同属中国南方喀斯特的项目，所以重庆市的世界遗产数量并未改变。

　　金佛山古时被称为九递山，金佛山这个名字，来源于一首最早描写南川的宋代歌谣《望金佛山谣》："朝望金佛山，暮望金佛山。金佛何崔嵬，缥缈云霞间。"因为每年夏秋时节的晚上，夕阳的余晖将这里的山峦照耀得金碧辉煌，整个山峦好似一尊金光万丈的大佛，之后这里就被称为金佛山。

◆ 金佛山
陈荣森 摄

　　金佛山总面积高达1300平方千米，占了南川区总面积的一半。在整个南川区的南面，全部都是金佛山的地域范围。金佛山属于大娄山脉的一支，也是其北端的尽头。大娄山脉是属云贵高原的一脉，它西起贵州毕节，不仅是乌江水系和赤水河的分水岭，也是贵州高原与四川盆地的界山，所以金佛山就是云贵高原与四川盆地西南部的过渡地带。

　　金佛山风景名胜区的规划面积是441平方千米，核心景区面积66平方公里，由金佛、柏枝、箐坝三山组成，主峰凤凰岭（风吹岭）为金佛山最高峰，海拔2238米。其中的柏枝山位于南川区和贵州桐梓县的交界处，箐坝（箐坝山）位于贵州省桐梓县狮溪镇境内，金佛山则位于南川区境内。

　　金佛山属进入世界自然遗产名录的"中国南方喀斯特"地貌。金佛山的喀斯特地貌呈现出了两大类型：海拔1000米以上、相对高差500～1000米地段，是高峰林立、悬崖绝壁、奇峰异石的地貌；海拔800～1200米、相对高差500米以上，是独特的低山峡谷景观。因为有这样的地貌，金佛山的动植物资源也非常丰富。由于原始植被保存良好，金佛山的森林面积达560平方千米，海拔1400米以上地段植被覆盖率90%，植物资源达5097种，其中古生植物250种，被列为国家重点保护的298种，兰科植物更多达150种，属国家一级重点保护的16种，国家二级保护的260种，国家三级保护的22种。银杉、方竹、大叶茶、杜鹃王、古银杏被称为金佛山"五绝"。

金佛山境内属国家保护的珍禽异兽有36种，珍稀动物有华南虎、云豹、金钱豹、黑叶猴、龟纹豹、红腹角鸡、橙足鼯鼠、金佛山大蝴蝶等。

金佛山自然景观很多，其最有名的有清代南川八景之首"金佛晚霞"，水景有西麓的碧潭幽谷、龙岩飞瀑、十里画廊、卧龙潭、三泉等，山景有锦屏峰、鹰嘴峰、母子峰、石人峰、拇指山等。金佛山的溶洞奇观也相当多，包括古佛洞、仙女洞、金佛洞、烟云洞、老龙洞等。

◆ 金佛山

金佛山也有很多有名的人文景观，其中包括建于南宋宝祐三年（1255）用以抗击蒙古军队的龙崖城遗址，以及为进出蒋公馆而搭建的美龄桥。金佛山还有四大名寺，包括金佛寺、凤凰寺、铁瓦寺、莲花寺。

金佛山的早期开发始于民国二十七年（1938），当时组成了金佛山移垦区理事会，以修建山路设施和修葺寺庙等。新中国成立后，对金佛山的开发一直都在持续。1988年8月金佛山被审定为第二批国家级重点风景名胜区。1989年1月，金佛山风景名胜区管理处正式成立，金佛山景区开发的步伐加快。

2006年9月，重庆交旅集团获得景区50年的开发权、经营权和管理权，开发建设了天星度假区、碧潭幽谷景区、牵牛坪景区、南坡景区等12个景区。2009年5月1日，碧潭幽谷景区对外开放接待游客。同年7月，金佛山西坡索道建成。金佛山西、南、北旅游大环线全面贯通。2018年4月，国务院同意调整金佛山国家级自然保护区的范围。

◆ 楠竹山

位于重庆南大门的南川区，因为城区南面的世界自然遗产金佛山闻名遐迩。而距南川城区的东北方仅仅二十千米的楠竹山，则有着另外一种山的韵味。如果说金佛山有着博大、开阔的大气之美，那么楠竹山就是空灵、清脆的俊秀之美。楠竹山中，竹海涛声阵阵，鸟语花香，让人进入到一片绿意盎然的世界，这里就是楠竹山森林公园。金佛山和楠竹山这两座名山，一南一北，让南川的山丰富又多情，千姿百态，各有各的美。

楠竹山名字的由来是直接而干脆的，因为山中长满了高大翠绿的楠竹。楠竹是禾本科、刚竹属单轴散生型常绿乔木状竹类植物，又叫毛竹，是我国分布最广泛、栽种面积最大、历史最悠久的竹子品种。它的特点是竿形粗大，高度可达二十多米，粗也可以达到二十多厘米。因为竿形粗大，在经济上可以用作建筑的脚手架，也可以编成各种农用和生活用品，如筐、篮等。楠竹的叶子呈现为翠绿色，并且四季常青，千百年来也成为中国古典建筑以及寻常百姓房前屋后必栽的观赏植物。楠竹雅俗共赏，在中国的传统文化中，竹与松、梅一起被誉为"岁寒三友"。

楠竹山森林公园海拔591～900米，规划总面积为866.67公顷，旅游核心地段2456亩。楠竹山由纵横十六峰组成，它最大的看点就是竹海了。整个楠竹山拥有楠竹林491亩，楠竹蓄积量达1964吨。进入楠竹山，就仿佛来到了竹的世界、竹的海洋。因为楠竹资源非常丰富，竹产品成为南川的重要经济产品。比较有规模的就是竹子的精深加工产品，如竹帘、竹扇、香签、竹席等，其中竹席年产约十万件，远销全国及海外市场。所产的南川方竹笋是中国国家地理标志产品，为南川所独有的品种。南川方竹笋外形略呈方形，肉质丰厚，风味独特，营养价值极为丰富。

楠竹山除了丰富的楠竹资源，还有松林1893亩、橄榄园和百花园153亩，上百种花卉植物在这里争奇斗艳。由于植被覆盖率高，楠竹山森林公园兼具了"幽、秀、静"的特色，空气清新，气候宜人，已成为重庆人夏季避暑的目的地之一，被称为硕大的"天然空调"。楠竹山森林公园目前还处于初期开发中，由于潜力很大，被旅游专家誉为极有开发价值的森林公园，目前是重庆市新兴的旅游、观光、避暑、疗养目的地。

◆ 黎香溪

黎香溪并不是一条小溪，而是一条水量丰沛的河流，是直接注入长江的重要支流之一。黎香溪的正源发源于南川区北部的乾丰镇，另一个源头则是南川区土溪乡（现黎香溪镇）。黎香溪又可以分为龙潭河、游江河和梨香溪三段。涪陵区的一段为龙潭河，长39.9千米，落差280余米。涪陵区的游江河，全长61.3千米。龙潭河与游江河在两汇场汇合，其下游被称为梨香溪，长13.5千米，流到涪陵区蔺市镇注入长江。

黎香溪的名字有多个版本，比如梨香溪、黎乡溪、梨乡溪等，都和梨树有关。这个很美的名字源于河岸种植梨树，梨花的香味随风飘散，因而得名梨香溪，后来叫着叫着就成了黎香溪了。

黎香溪起始的南川段，有一座太平廊桥，位于太平场镇。廊桥修建于清光绪十二年（1886），虽经百年风雨，却因为稳定的桥基、厚实的桥墩，虽经黎香溪百年冲刷，却依然屹立不倒，保持

◆ 黎香溪
　陈荣森　摄

了当年的古典韵味。2016年，太平廊桥经历了一次修缮，又焕发了往日神采。

黎香溪的落差大，水能资源丰沛，可开发资源达2.67万千瓦，目前已建有多个梯级电站和水库，装机容量达到一万千瓦左右。

黎香溪的源头之一土溪镇，于2009年改名为黎香溪镇。位于土溪镇的土溪水库，也改名叫黎香湖。土溪水库从1958年开始修建，1973年加坝，于1976年建成，是国家中型水库，设计蓄水1780万立方米，常年蓄水1260万立方米，水面面积3348亩，设计灌面2.8万亩，有效灌面2.38万亩，保证灌面1.6万亩，主要承担大观、白沙、太平场、土溪等地的农业灌溉和防洪任务。2019年，这里正式建成为黎香湖国家湿地公园。公园总面积484.7公顷，湿地面积239.3公顷，有半岛和岛屿30余个，曲折的岸线长达60余千米，公园的水质纯净，风光优美。如今的黎香湖，融入了更多"渔"的元素，还打造了临湖观景台，依托水环境的提升，大力发展乡村休闲旅游，成为重庆新兴的休闲胜地。

綦江区

◆ 老瀛山

老瀛山位于綦江区东南部，距离綦江城区约十千米，距离重庆不到70千米。老瀛山介于华蓥山西南余脉与大娄山山脉北延之间，平均海拔900米，最高峰马脑山海拔1354米。

老瀛山的地质结构属四亿年前形成的中生代侏罗纪过渡地层，四亿年前的海水在山壁上形成的海陆更替线至今仍然清晰可见。老瀛山又遭众多河流切割，以至于沟深谷多，地形破碎，多孤立山体，而表现出来的地貌主要为喀斯特地貌和丹霞地貌两种特殊类型。在老瀛山，丹霞地貌呈现出各种形态，柱状、曲面状、三角状……几乎所有的丹霞地貌样式都能在此地找到，可谓丹霞地貌集大成者。2004年11月，全国高校地质研究协会野外考察团在綦江区三角镇，发现了三角镇老瀛山的红岩坪，红岩坪属典型的丹霞地貌，它是重庆地区首次发现的丹霞地貌，并以此称为"红肥巴儿"，命名"红岩村"。

老瀛山，简称瀛山，得名和山形气韵有关。《元和郡县图志》记载："瀛山在县西南三百七十里。以其高峻，像海中蓬瀛，故名。"蓬瀛即蓬莱、瀛洲二洲的合称，相传是渤海中仙人所居的两座仙山。老瀛山平畴突起，三支山脉像"爪"字形交汇于老瀛山主峰，形成众多峡谷，峡谷多深红色的岩石，陡峭险峻，云雾缭绕，故以此得名。

老瀛山有许多带仙气的传说故事。传说老子来到老瀛山，被山脉气象所打动，觉得老瀛山类似于蓬瀛，就留在此地修行成仙。据说今天的白云观即是老子当年修行之处。明朝嘉靖三十一年（1552），道士杨常符（号福庵，江西人），道游天下，行至老瀛山，也被这里的风景所打动，决定在此修建道观。人们在挖地基时，挖出一块石砚，石砚上刻有"白云"二字，故道观被命名为

◆ 老瀛山：白云观
綦江区民政局 供图

白云观。而白云观以及老瀛山却因此增加了神秘气息。

老瀛山曾经寺庙林立，有寺庙四十几所。老瀛山主峰上有座天神庙，天神庙即"天成大庙"。天神庙曾为川东南最大的庙宇，创建时代已经不可考，但是留下众多传说、掌故。民间有"天成大庙接雷霆，宏钟惊破万重山"之说。在天神庙废墟上，可以看见1.8米见方的石刻太极图和重两吨的石狮，还有长40米、宽25.7米的庙基等。天神庙毁于道光十四年火灾。

在天神庙对面山腰凸起边缘有一座芙蓉书院。芙蓉书院建于道光十八年（1838），由知名乡绅王介年、王用明叔侄捐建。王氏被推测为王阳明的后人，明代心学大师王阳明的玄孙王业泰为明末最后一任南明将军，后定居于綦江，葬于綦江金桥镇。书院建于山上，对学生来说的确不方便，书院看重的恐怕还是这里的灵气吧。

老瀛山有太多的仙佛故事，而其中一座山峰则是这些传说最好的注释。老瀛山有一处凸起的高达三十米的山峰，山峰从侧面看额头饱满，鼻梁挺直，轮廓清晰逼真，目光慈悲有神，宛若"如来"凝视远方，被称之为"老瀛如来"。

老瀛山喀斯特地貌成就了一座著名的山寨——莲花堡寨。莲花堡寨建在老瀛山的半山腰，充分利用了山形地貌，借助天然岩洞修筑了防御工事。从相关资料看，莲花堡寨早于南宋时期就已经存在，因为抗元而重新整修成为抗元的军事防御堡垒。它与合川的涞滩古寨、潼南的天保寨几乎是同一时期的建筑。此后，张献忠转战重庆、清代贵州土司反叛朝廷、清末白莲教起义等时期，莲花堡寨都成了百姓避险之地。

2003年，老瀛山又有新的发现，通过科考发现了西南地区白亚纪时期最大规模的恐龙足迹群，这些恐龙隶属于甲龙类、鸟脚类和兽脚类。由此可推断1.4亿年前，綦江老瀛山一带是一片广阔的湖泊。沧海桑田才形成今天的老瀛山等山脉。

2018年，由老瀛山、翠屏山、古剑山三个园区组成的，以木化石群、恐龙遗迹化石群以及丹霞地貌景观为主体的綦江国家地质公园成立。在地质公园内还有许多珍贵的植物，如红豆杉、桫椤、南川木菠萝、福建柏、润楠和香果树等。

◆ 横山

横山位于綦江区东北部，距綦江城区22千米，距重庆主城约70分钟车程，横山山梁连绵数千米，主体山梁平缓，海拔在900米至1000米，其中主峰天台山海拔1253米。

横山的得名没有准确的说法，大约和山的方向有关："横卧圣灯山前，山陈太公山侧，故为横山。"

綦江的山脉源头大约可以归为两类，一类是大娄山北延余脉，一类是川东平行岭西南余脉。这两大山系在綦江相交，形成綦江多山地丘陵的地貌特质。綦江可以说是一座小型山城，以山地为主，又遭河流切割，以至于沟深谷多，以喀斯特地貌和丹霞地貌为主。横山与老瀛山、古剑山围绕綦江城区三足鼎立，周边有丁山、凤凰山、大罗山、太公山、营盘山等大小山脉环绕，形成横山两沟夹一山的地理特点。横山年平均气温25℃，凉爽宜人。

横山系川东平行岭，由巴南区北来，经三角镇中坝村进入巨龙村，突起为天台山，南北走向。天台山孤峰耸立，与老瀛山相对。天台山夏季凉爽宜人，冬季大雪纷飞。植物种类丰富，已发现有国家保护植物红豆杉。清道光《綦江县志》载："天台山，在思里连山中，层层如盘，一峰特出，与瀛山对峙。"

天台山景色优美，建有寨子、寺庙等，有天星桥、盐巴洞、擂鼓坪、老庙、炮台、棋盘石、老龙洞、石笋等神奇的"天台山八景"。从天台山脚的巨龙场出发，可以从东南西三条古道上天台山，三条古道上今天还有寨门存留，不知道修建于何时。

◆ 横山
　　綦江区横山镇人民政府　供图

横山上的石门寺建于明代嘉靖年间（1522），规模宏大，占地三十余亩，有社殿九座，大雄宝殿三尊大佛，四大阿罗，十八罗汉，二十八宿，四大天王，各种神像共二百余座，还有香炉、宝塔、石狮、龙等塑像。石门寺原是四川省六大寺庙之一。石门寺得名于两块石头，这两块石头矗于大殿两旁，形成门望，故名石门寺。

石门寺的佛像石刻精美，工艺精湛，某些方面甚至超过大足石刻。石刻佛像由石门寺住持普济、普隆、普深、普足等募资，聘荣昌县匠师蔡万银、蔡万广、蔡万章兄弟三人，以及当地石匠柳应通、柳应齐、柳应会三兄弟完成的，一共有佛像约百尊。石门寺以后又不断修葺、增加佛像，名气越来越大。遗憾的是解放后部分庙宇被拆除，"十年动乱"期间，其庙宇神像部分被毁，寺庙主体建筑全面拆除，后来仅剩的十八罗汉以及多尊佛头也被盗走。

横山特殊的地理位置成就了横山大米的美名。据清道光六年（1826）《綦江县志》载，"横山治东三十华里，山势绵亘，基土多平田，甚产嘉谷"。横山大米主产于横山镇，此地海拔650~800米，气候较同海拔地区温暖，而比丘陵、平坝凉爽，昼夜温差较小，延长了水稻的灌浆、成熟期，使其大米糊精和支链淀粉含量增加，因此横山大米粒实饱满，色泽油润，清香可口。横山大米历史悠久，早在清朝时期就是进贡皇室的贡米。除了横山的大米，天台山的茶、蓝莓和金银花都是著名的物产。

独特的气候环境与物产还塑造了横山人的长寿密码。在横山，长寿老人比例超过"世界长寿之乡"指标40多倍。横山户籍人口仅1.5万余人，而80岁以上老人达440位之多，存世百岁老人达7位，横山因此也被誉为"百岁之乡"。

横山"九道拐"位于浸新公路綦江段的盘山路段上，沿着横山沟谷盘旋而上，总长14千米，最陡坡度达到32.5度，坡落差711米，连续九道坡道转弯，堪称重庆最美的盘山公路。山顶是横山镇中心的巨龙场。很多人喜欢在这里开车，挑战自我。这里也因为是刘德华主演电影《失孤》取景点而为大众所知。

站在山巅，群山只留下了剪影，远处的花仙谷如梦如幻。

◆ 古剑山

古剑山，距綦江城区10千米，古剑山最高峰海拔1156.2米。

古剑山系贵州境内的大娄山北延山脉，系亿万年前浩瀚海洋拔势而成的山脉，在地质运动中被富含二氧化碳的河水侵蚀，而土层中有较厚的红色岩层，因此古剑山喀斯特地貌和丹霞地貌两者兼具。中国是喀斯特地貌和丹霞地貌最丰富的地区之一，重庆古剑山的鸡公嘴就是这两种地貌的典型代表。鸡公嘴四周悬崖峭壁，突兀耸立，红色山体，如剑指云，其下为蜿蜒的清溪河。这一处于青年时期的重庆丹霞地貌记录了地球演化的一段痕迹，其美景也得到许多人的赞美。抗战时期，美国的史迪威将军、陈纳德将军，以及韩国政府的赵素昂、金学奎等都曾登上古剑山，留

◆ 古剑山
綦江区民政局　供图

下美誉。

　　古剑山是一座闻名巴渝的佛教圣地，原名龙王山。公元644年，即唐贞观十八年，人们在龙王山修建东岳庙时，无意中挖到一把古剑和一枚铜镜。宝剑出土时，仍寒光熠熠，削铁如泥。这柄古剑是在龙王山发现的，那时人们认为肯定和龙王有某种关系，于是大家便把这柄宝剑作为镇庙之宝高悬在东岳庙前。后来人们干脆就把龙王山改名为古剑山了。

　　今天三佛岩上方还存留着"古剑名山"四个大大的刻字，这几个字据说是明太祖朱元璋亲笔手书。大夏国投降以后，朱元璋曾经来到古剑山。他做过和尚，对古剑山以及静音寺颇有好感，就题写了这几个字，古剑也被悬挂在题词旁边，作为镇山之物。古剑山因为有皇帝加持，香火日益隆盛，成为佛门弟子和信众崇敬的佛教名山。后来人们又修建了土地庙、川主殿、龙王殿等，各路神仙、菩萨汇聚于此，盛极一时。到了清朝末年全山有大小庵堂118座，山上山下寺庙连环相接，佛音缭绕，香火不断。

静音寺修建于960年，由最初的东岳庙扩建而来。静音寺位于鸡公嘴顶上，鸡公嘴三面悬崖，地势险要，仅有一条782级的石径小道曲折蜿蜒，这条石径仿若通天石梯，故名"石径通天"，因为由綦江诸女士捐资而成，为纪念捐资女士的功德，又名"宝髻路"。由此可以想象时人拜佛的盛况。

后来，古剑在清朝雍正年间遗失，下落不明。出土的铜镜作为辟邪之用一直悬挂在玉皇殿门前，后来也下落不明。"文革"中，静音寺神像、殿堂遭到严重破坏。今天人们重修静音寺，恢复和修建了光明殿、药师殿、观音殿、金刚殿、大山门、综合楼等殿堂和建筑。

古剑山上有许多和佛教相关的遗迹，如佛塔、禅洞、僧人冢、菩提园、观自在、如意台等。僧人冢和静音寺一位住持相关，传说这位住持曾经是明朝一位将领，明朝灭亡后在此出家为僧，后被人举报，清廷派兵围剿寺庙，造成僧人死伤无数，附近信众和居民将此次遇难的僧人埋葬于此，故名僧人冢。

古剑山上的月亮湖流传着一个富有禅意的故事。很久以前，月亮湖边住着一位修行的禅师。一日晚上，禅师散步归来，看见自己的茅屋正遭到小偷光顾，禅师并没有大喊大叫，而是一直站在门口等待，并且把自己的外衣脱掉放在门口，说："你走老远的山路来探望我，总不能让你空手而归呀！夜深了，带上这件衣服走吧。"小偷不知所措，低着头把衣服拿走了。禅师看着小偷的背影消失在山林之中，不禁感慨地说："可怜的人啊，但愿我能送一轮明月给他，照亮他下山的路。"第二天，禅师醒来，看到他送给小偷的外衣被整齐地叠好，放在门口，禅师高兴地说："我终于送了他一轮明月！"月亮湖也由此而得名。

◆ 綦江

綦江既是重庆市下辖一个区县的名字，即綦江区，也是一条江的名字，即人们通常说的綦河，同时綦江还可指代綦河沿岸的疆域。

綦江是长江上游南岸支流。綦江河发源于贵州省桐梓县夜郎镇花坝火盆洞。綦江河全长231.3千米，流经贵州省桐梓县、习水县和重庆市綦江区、江津区、南川区、巴南区等六个区县，在江津区仁沱镇顺江村汇入长江。

綦江按河谷地貌及河道特征分为上游、中游、下游三段。河源至綦江赶水镇段为上游，又称松坎河；赶水至綦江区城为中游，赶水以下始称綦江。綦江水系发达，共有一级支流五条：笋溪河、清溪河、新站河、蒲河、藻渡河。其余各类支流共29条。

《綦江县志》记有宋代有"綦市"，綦江之名本于綦市，江以其名，县以江名。綦江因流经夜郎境内曾称夜郎溪，南齐时称僰溪，元代又称南江。

綦江因为河道蜿蜒曲折、坡陡流急、滩险多，船行困难，且

◆ 綦江
刁永华 摄

降雨分布较为集中在夏季，因此常有暴雨、洪灾发生。而綦江流域中下段处于四川盆地东部伏旱区，素有"十年九旱"的说法。因此綦江流域很早就开始了农田水利的开发利用。清代《重庆府志》《江津县志》均有明代洪武时期"修筑塘堰，蓄水保家"的记载。而到了抗日战争时期，綦江成为战时重庆南面的军事屏障，綦江和川黔、川湘公路共同构成抗战前线交通线上的重要节点，因此国民政府在綦江及其支流上计划投资修建20座大闸坝，还采用冯玉祥将军"中华常胜利，民族庆复兴，道德本忠义，公理生和平"一诗中的二十个字来命名大闸坝，如大中闸、大华闸、大常闸、大胜闸……每隔十几里就横跨一座水坝。由于各种原因，这二十座大闸坝最终只完成了十一座，这些大坝成为抗日战争时期物资流通的生命线,为抗日战争的胜利作出了巨大贡献。解放后随着公路桥梁的建成,这些大闸门渐渐失去了原有的作用。

綦江还是川盐入黔的四条重要通道之一。贵州不产食盐,食盐主要由四川输入。据考证,自元代起,贵州人就食用川盐,在清代中期,永、仁、綦、涪是清政府确立的四大盐运口岸。永岸由嘉定府(今乐山市)五通桥、犍为县等处起运。仁岸由自贡自流井起运,经泸州至合江,换船转赤水河。綦岸盐道,自重庆綦江运至贵州桐梓县属盖石峒的松坎起岸。涪岸起自涪陵县城,循乌江上运至贵州省的沿河和思南等地。

綦江河中下游段多滩险,平均约一公里有一滩险。其中有羊蹄峒和盖石峒两处特大险滩,其特点为上下游落差大,盖石峒河底高差更是达到7.5米。因为滩险所有的货物都需要盘滩,转换船只再起航,所以出现各种服务形式,因此在这些险滩之地形成了集镇和水码头。綦江上著名的集镇有东溪镇、松坎镇、盖石镇、赶水镇等。

东溪镇有1300年的历史,西汉时就成为盐运通道,现留存有明清吊脚楼、寺庙等文化遗存,是中国历史文化名镇。

松坎镇是红军长征途中经过的地方,红军从遵义、松坎、桐梓出发,与国民党军周旋,演绎出军事史上著名的四渡赤水战例。

盖石镇是綦岸水运道上的一个重要码头,自贡盐由綦江转运至盖石、羊蹄峒至松坎。当地人为了应付险滩,设计出一种由木板钉合的软板船,分别投放不同的水段。盖石镇上有一条由铁链铺设木板而成的甩甩桥,因刘德华主演的《失孤》而闻名。2020年盖石峒遭遇新中国成立以来最大的洪水,该桥被冲毁。

大足区

◆ 宝顶山

宝顶山位于大足城区东北约15千米处，海拔527.83米。宝顶山石刻是世界文化遗产——大足石刻最具代表性的组成部分，由宋代高僧赵智凤历时70年主持建造。南宋绍定二年（1229）成书的《舆地纪胜》一书中提到："宝峰山，在大足县东三十里，有龛岩，道者赵智凤修行之所。"

宝顶山石刻主要分为大佛湾、小佛湾、圣寿寺等，共有摩崖造像万余尊。

大佛湾数千尊造像题材不重复，整体石刻之间既有教义上的内在联系，又有形式上的相互衔接，形成一个完整的石窟道场。主要造像有"六道轮回""千手观音""释迦涅槃圣迹图""圆觉道场"等，形象逼真，寓意深刻。

作为石刻的代表性作品，千手观音是大足石刻一张重要的名片，也是目前我国最大的集雕刻、彩绘、贴金于一体的摩崖石刻造像，距今已有800多年的历史，是全球现存最大的千手千眼观音像。在88平方米的崖面上，千手观音高7.7米、宽12.5米，刻有800多只手。为了数清楚观音到底有多少只手，还颇费了一番功夫。之前一直有传言千手观音有1007只手。2008—2015年，历时8年，全国石质文物保护"一号工程"——千手观音修复完成，经过最先进技术检测，千手观音共有830只手。每只金手掌心中有一只眼睛，每只手持一种不同器物。修复后的千手观音像看起来大气磅礴、金碧辉煌。

宝顶山卧佛也被称为"释迦涅槃圣迹图"，是大足石刻最大的一尊造像，全长31米。卧佛头北脚南，膝部以下部分，没入岩石之中，两眼半开半闭，似睡非睡，恰到好处地表现出佛祖涅槃时的安详之态。在释迦半身像前，站立九身造像，居中的是释迦母

◆ 宝顶山
　　大足区宝顶镇人民政府　供图

亲摩耶夫人，左侧为释迦的姨母，右侧为释迦的发妻，三像两侧站立持花果、捧香炉的天女，长眉细腰、衣裙潇洒。还雕刻有一排半身的造像，为释迦弟子，这些弟子手中大多捧持器物，如金瓜、莲花、果盘、如意珠、经书等。释迦涅槃图整龛造像，设计独特，气势宏伟，布局丰富，意境深邃，见到的人不得不为其巧妙的构思、精湛的雕刻技艺所震撼。1940年，梁思成、刘敦桢等营造学社专家考察后认为"就崖石凿佛涅槃像一躯，真容伟巨，殆为国内首选"（梁思成《西南建筑图说》）。

小佛湾是赵智凤最早创刻的造像，是大佛湾造像的蓝本，原来规模相当宏伟，殿堂用石砌成，内四周上下满刻着佛、菩萨像。整个小佛湾的石刻，虽屡遭破坏，但仍不失为一座瑰丽多彩的古代艺术宝库。小佛湾造像主要有"父母恩重经变""十大明王""地狱变""柳本尊行化"及浮雕小像等。其中"父母恩重经变"再现了宋人家庭生活的一幕幕场景。从在佛前求子起，怀胎、临产、生子等，记录了父母为抚育子女成人所付出的艰辛。

宝顶山石刻是石窟艺术的集大成者，堪称中国石窟艺术民族化、生活化的典范。对儒家孝道思想的尊崇，对世俗市井生活的渲染，使得其成为石窟艺术的高峰。其造像慑服人心，激发信众的虔诚。在造像的手法上，通过装饰、布局、采光等方式，营造出令人折服的形式美、意境美。匠人们将表现佛法经典、世俗生活的造像刻在了宝顶山的险峻山崖上，这些绝无仅有、独一无二的石刻，以其艺术品质极高、题材丰富多变而闻名遐迩，吸引着世界各地的游客前来参观。

◆ 玉龙山

　　玉龙山，位于大足城区东南约23千米处，系华蓥山支脉巴岳山背斜地带。旅游资源蕴藏丰富，自然景观和人文景观交相辉映，奇峰异石、珍稀植物、宗教文化遗址等，形成了品种多样的旅游资源体系。在玉龙山国家森林公园，有森林景观桫椤园、地貌景观坛子石、人文景观三清洞等。

　　桫椤树，被称为"蕨类植物之王"，它非常古老，出现在3亿至2亿年之前，与恐龙同时代，被国家列为一级保护的濒危植物。该植物非常稀缺，并且是人类发现的唯一的木本蕨类植物，极其珍贵，堪称国宝。玉龙山国家森林公园里，就有数百棵桫椤树。

　　为保护为数不多的桫椤树，早在1999年，大足就设立了桫椤园县级自然保护区，禁止在保护区内进行一切开发建设活动。公园里还竖有"保护活化石——桫椤树，人人有责"的牌子。

　　玉龙山西边的山脊悬有巨石，形象酷似四川人家中泡菜用的坛子，当地人称坛子石。这里的山，山山相连，重峦叠嶂，森林茂密，独具特色。两边山沿途有竹海、松林，植物品种繁多，空气清新宜人，不少人登玉龙山把坛子石作为目的地。

　　在玉龙山的山顶，还有处称为三清寨的地方。三清寨原有四道寨门，不过目前只有安静门、德胜门两座石门。继续前行，就来到了三清洞。三清洞又名三仙洞，此洞为天然一体的石材凿出的洞穴，洞高2米、宽4米、进深10米。洞内供奉三清神像，三清指道教所尊的玉清、上清、太清三清胜境，也指居于三清胜境的玉清元始天尊、上清灵宝天尊、太清道德天尊三位尊神。三清神像均为石刻，人物神情自然流畅，线条饱满，成为玉龙山一景。

不过，在玉龙山脚下，还发生过解放军剿匪的故事。《大足县志》记载：1950年1月30日下午，人民解放军璧山军分区警卫连通讯排一行44人，在杨连长率领下前来支援大足剿匪。部队从永川三教场进入玉龙乡境内，到达玉龙老街。玉龙乡原来的乡长冷万方，他将解放军安排到街上住宿。谁知道他两面三刀，一边安排解放军住宿，一边安排人上山告知段西铭匪帮。土匪连夜集结，从坛子石、三清洞两个方向朝玉龙老街包抄。土匪将玉龙老街围得水泄不通，杨连长赶紧叫冷乡长带路突围。由于解放军不熟悉复杂的地形，被冷骗到狮子岩下面的人生塘陷阱，损失惨重，杨连长壮烈牺牲。另有8位解放军战士被土匪围困于高炉厂内，他们视死如归，绝不当俘虏，在弹尽援绝突围无望的情况下拒绝投降，选择壮烈牺牲，被称为"玉龙山八壮士"。只有3名解放军被当地

◆ 玉龙山
瞿波 摄

村民帮助隐蔽，成功转移。

玉龙山山体东南植被茂盛，西北陡斜，中部平缓。俯视玉龙山，云雾萦绕，犹如一条玉龙隐于山间。园内动植物种类繁多，形态逼真的山石，神秘莫测的三清洞，让人再一次为大自然的鬼斧神工和神态万千所吸引。

◆ 濑溪河

濑溪河是沱江左岸一级支流，发源于重庆市大足区中敖镇，流经荣昌、泸县，于泸州市龙马潭区胡市镇汇入沱江，干流河道全长195千米，大足境内71.4千米。

濑溪河被称为大足、荣昌的母亲河，是古代大足至荣昌、荣昌到泸州的主要水路交通运输通道。但古时濑溪河每隔一段就有石滩子阻断河道，故而这条河流只能部分河段通航，货物常须"盘滩"才可继续运输航行。

濑溪河发源于大足区西北部的中敖镇白云村与三角村，源头呈燕尾状分布，在大足的多座水库修建之前，河水水源补给主要为降水。因此造成上游河道狭窄弯曲，冬春季降水少时水流不畅，河道阻断；夏秋季降水频繁，常发洪灾。

关于濑溪河的得名来由，史料上并无详细记载。唐代时，濑溪河在大足境内的河段被称为"大足川"，在下游泸州境内则被称为"濑婆溪"。从明清时期至解放前，濑溪河又被称为"长桥河"。

1958年，濑溪河上游的大足建造了水库工程（即上游水库），取代燕尾状源头成为主源，上游水源补给稳定，濑溪河断流的情况得到根本改善，濑婆溪也正式更名为濑溪河。据此推测，濑溪河应是取濑婆溪的简称"濑溪"二字而得名的。

濑溪河蜿蜒曲折地从大足境内流过，河畔伫立着一座饱含"宋风宋韵"的历史文化古城——昌州古城。宋朝时，大足地区为古昌州治地，昌州古城因此而得名。古城依河而建，内设昌州府衙、国学馆、戏台、绣楼以及昌州城楼等景点，分为朱雀大街、雅集广场、长乐街、临泽街等四大主题商业街区。

在昌州古城内游玩，仿佛穿越千年，置身《清明上河图》的布景中。时而有骑着大马的衙役从身旁疾驰而过，呼喊着捉拿钦犯；时而听闻城墙上鼓声大作，抬头便看到壮美的烽火秀。到了夜晚，濑溪河的河水倒映着华美的灯光秀，水上实景演出与大型歌舞表演火热开场，真真是将千年前大宋的不夜繁华演绎得淋漓尽致。

与昌州古城隔河相对的是香霏街。作为重庆第一条婚恋主题街区，香霏街可谓是将浪漫做到了极致。这里不仅有网红地标河畔教堂、寻爱之路、挚爱广场、告白广场等超大型沉浸式美陈打卡点，让前来拍摄写真的青年男女迅速出片；还有植入了婚俗博物馆的大足民政局婚姻登记处，为每一对领证的新人提供仪式感十足的婚姻登记形式。

站在这里的濑溪河岸，不禁让人感到体验新奇，一侧是穿越千年的宋代古城，一侧是现代浪漫的网红打卡地，一时间竟不知身

濑溪河
瞿波 摄

在什么时空，也几乎忘了眼前的濑溪河曾有过一段不堪回首的岁月。

在大足民间流行一句俗语："凡是大足境内的水，最终都会流进濑溪河。"解放后水源得到补给的濑溪河流量增大，形成宽敞的河道，是不少大足老居民儿时下河游泳、捞鱼的记忆深刻之地。

到20世纪80年代初期，濑溪河已经成为大足城区居民生活用水的主要水源。那时的濑溪河水质清凉甘甜，人们口渴时，直接用手捧起河水喝，不会觉得有任何不适。

然而随着工业化、城镇化及农业规模化的发展，濑溪河污染日益严重。2017年10月，濑溪河因为污染问题突出，被重庆市挂牌督办，限期整改。

从2017年至2022年，在大足当地政府的领导下，各界人士积极参与母亲河的治污整改工作，通过改善水源引水设施、清理河道漂浮物、净化水质等生态治水方式，历时五年，终于让濑溪河有了河畅、水清、坡绿、岸美的城市新面貌。

如今的濑溪河，碧水蓝天与城市高楼交相辉映，河边古色古香的昌州古城、汇集时尚浪漫的香霏街、休闲舒适的百里沿河景观长廊正在构建大足的美丽新形象。

◆ 龙水湖

龙水湖位于大足区南部，坐落于巴岳山脉分水岭西侧，地跨玉龙镇、龙水镇、通桥街道。龙水湖水域面积5300亩，集雨面积16.5平方千米，总库容1640万立方米，是濑溪河、小安溪河的发源地之一。

龙水湖并非天然湖泊，而是修建于20世纪50年代末的一座中型水库。《大足县志》记载："大足地处涪沱两江分水岭上，降水偏丰，分配不均，丰枯悬殊，入境水少，为渝西贫水县之一。"

大足的地势像一个中间突起的盆底，虽然降水丰厚，但地面水入境不足，几乎有出无进。自宋朝以来，旱情便成为大足的各种自然灾害之首。大足这种特殊的自然地理环境，决定了水利设施建设的重要性。

1958年10月，大足动员组织十万劳动大军，掀起大修水库的高潮。当时在大足地区人们共修建了六座中型水库，龙水湖便是其中之一。

1958年12月，龙水湖在玉龙山下开始建设，次年7月竣工蓄水。1960年春灌，水库开始发挥效益，大大缓解了当地的旱情。如今，龙水湖已经成为了重庆双桥经开区生产生活及附近居民生活用水的主要来源。

龙水湖的水域面积和库容相当于四个杭州西湖，湖内港汊纵横，湖中散落108个小岛。因其坐落于西山脚下，延绵十余千米，形成山水辉映的独特景观，因此被誉为"重庆西湖"。

龙水湖有形态殊异的108个小岛，有的形如困牛，有的状如爬龟，还有的似若游龙；有的岛屿奇峰突兀，有的岛屿平坦如砥，有的岛屿绿地似毯。岛上或松林蔽日，或百花争艳，白鹤、野鸭、鸳鸯等二十多种珍禽栖息往来各岛，一派野趣盎然的山水相映风光。

从前的小岛上尚有居民居住，往来全凭一叶扁舟。后来龙水湖开发成了水利风景旅游景区，居民们才搬出了小岛。

松鹤岛是龙水湖的主要景区，位于湖心，环境幽古。从龙水湖景区大门处可登船上岛。岛上高处建有可观龙水湖全景的"松鹤楼"。环游小岛，可在松涛茶社品茗座谈，也可体验惊险刺激的穿越丛林、铁索吊桥和高空速滑。

◆ 龙水湖
瞿波 摄

龙水湖景区分为游艇区、帆船区、度假区、娱乐区、休闲区、儿童乐园等，游览观光主要有三种方式：一种是度假休闲游，找一家农家乐住下来，钓鱼休闲，品尝美食；一种是公园闲步游，乘船登岛，闲庭信步，喝喝茶、打打牌；一种是亲子互动游，乘船游湖，上岛体验各类亲子项目。

龙水湖湖边有一座如黛远山，那就是玉龙山，玉龙山是大足境内巴岳山的名称。玉龙山在龙水湖东面与湖水紧紧相连，是龙水湖的一面绿色屏障。玉龙山沿湖面绵延数十公里，奇峰耸立，满目叠翠。

玉龙山是国家级森林公园，山上生长着大量的松树、柏树、杉树、慈竹、南竹、苦竹和各类灌木，还有恐龙时代就已经存在的植物"活化石"桫椤树。不仅有芋头峰、坛子石等奇峰怪石景观，还有三清洞和禅乐寺等名胜。

2011年，大足组建"重庆市大足龙水湖国际旅游度假区"，以龙水湖国家级水利风景区和玉龙山国家级森林公园为核心，大力推进龙水湖景区提档升级。2015年，龙水湖国际旅游度假区开园迎客。

龙水湖旅游度假区还包括了龙水湖温泉水世界，主要由温泉中心、温泉泡池区、大型主题水上乐园三大部分构成。龙水湖温泉水世界是我国第一规模的湖滨全季节、双乐园水世界，打造出了"冬季泡温泉，夏季水游乐"的全年无间隙游乐模式。

未来的龙水湖国际旅游度假区将按照国家5A级旅游景区、国家级旅游度假区、国家级养生养老示范基地为标准，建成集温泉疗养、养生养老、生态度假、运动休闲、禅修养心、生态人居等六大体系于一体的中国休闲养生养老福地。

璧山区

◆ 云雾山

　　云雾山，顾名思义因为云雾而得名。中国有很多云雾山，其中名气比较大的云雾山有五个，它们分别位于广东省云浮县、宁夏固原县、武汉黄陂、贵州贵阳市和陕西汉中勉县。这五个云雾山都有各自的特点，比如广州的云雾山特点是"云浮翡翠"，云浮县因此得名。而璧山的云雾山真的因为多云雾而得名。重庆是著名的雾都，一年时间里有雾天是104天左右，英国的伦敦也是著名的雾都，一年有雾天是94天左右，而璧山一年有雾天多达204天，堪称世界之最，所以璧山的云雾山是名副其实的云雾山。

　　云雾山属于川东平行岭华蓥山西南余脉。华蓥山脉像一道爪子，延伸出云雾山、缙云山、中梁山、龙王洞山等支脉，构成重庆主城的山形地貌，云雾山和缙云山一东一西构成了璧山区的天然分界线。

　　川东平行岭谷包括今天重庆大部分与四川省东北部地区，是中国"东北—西南"走向山脉组合最密集的地区，是特征最显著的褶皱山地带，它与美洲的阿巴拉契亚山、安第斯—落基山并称世界三大褶皱山系。实际上这几道山岭发生皱褶时，产生了地质构造上的背斜和向斜，重庆的平行岭谷就是典型的背斜成山、向斜成谷的褶皱山系。云雾山因背斜而成，而在向斜凹下去的地方就形成了青龙湖、凤凰湖等湖泊，以及人工就势修建的三江水库、周家沟水库、凉水水库、青云水库、大林水库等二十多个水库，最终构成西南地区唯一的国家湿地公园——云雾山湿地公园。

云雾山整体海拔不高，它的最高峰是地处璧山、铜梁、永川区交界处的燃灯山，最高海拔886米。燃灯山因为山上的燃灯寺而得名。传说燃灯山上有燃灯古佛在此修行。元朝末期，朱元璋手下将领在燃灯山与元军交战，但是毫无进展，胶着之际，有一个白发长者送来一封信，里面除了有破敌的方法，还有几句偈语："燃遍神州终结束，灯光闪烁又一周，古往今来战乱事，佛法无边胜邪魔。"将军反复读诵偈词才恍然大悟，此乃燃灯古佛显圣也。靠着燃灯古佛的指点，最终义军取得了彻底胜利，元军全军覆没。

后来这位将军解甲出家，主持修建了燃灯寺，还在庙前立了一块石碑，将随他征战多年的宝剑埋在石碑之下，表达了停止征战，祈求和平的心愿。燃灯寺在清朝嘉庆年间被移建到山顶，就是现在寺庙所在的位置。燃灯寺里曾经立有一根高大的灯柱，相传燃灯寺点灯时，在重庆朝天门江中都可以看见灯影。"文化大革命"期间，古刹被夷为平地，现在的燃灯寺是后来新修建的。

云雾山从东北到西南横亘璧山境内，是璧北河的发源地。在璧山、北碚、合川交界的山上有一座狮子峰，这座山峰酷似人工雕刻的狮子，因而得名狮子峰，人们相信这石狮可以镇压邪恶、保护方圆十里内的村民，于是就产生了和这个石狮相关的一个民

◆ 云雾山
曾世雷 摄

间传说。很早以前，合川盐井南槽有一头凶猛狮子经常出来攻击村民，让村民苦不堪言。后来县衙派二十多个衙役前来捕捉狮子，衙役们在山里找到狮子，将狮子打伤，狮子负痛向山里跑去。众人循着血迹寻找狮子，来到一处山顶上，看到一座很像狮子的石头，石头上还有血迹，众人认为这头石狮子就是狮子的化身，于是把这里称为狮子峰。

云雾山的风垭口为璧山、合川、铜梁交界之处，清代为渝合十塘之八塘所在地。从垭口翻越云雾山，即到合川。

今天的云雾山有两个地方吸引了众多游客，一个是铁厂沟，另一个是樱桃谷。铁厂沟坐落在云雾山脉之下，以前这里有煤矿和钢铁厂，煤矿和铁矿停止开采之后，这里成了花的世界，每年梨花开过李花开，是出游的上好地方。樱桃谷与缙云山脉东西相望，樱桃种植面积近万亩，是重庆地区樱桃种植面积最大、樱桃品种最集中的区域，每年樱桃成熟的时候，漫山遍野都是采摘樱桃的市民。

铜梁区

◆ 巴岳山

出铜梁城区向南不远处，有一座雄伟又清秀的山体，名为巴岳山。巴岳山森林茂盛，为铜梁城区源源不断地供应着清新洁净的高质量空气，拥有"中国天然氧吧"之美誉。巴岳山不仅风景清丽、气候宜人，还有着厚重的历史文化渊源。巴岳山据传是道教的启蒙地之一，巴岳山中的三丰洞据说就是道教祖师爷张三丰练功修行之地。

巴岳山在很早的时候，就有人攀登甚至居住了，它在古时候被叫作奴昆山。在山的峰顶有一处巨石，外形颇似一尊香炉，所以古时又被叫作炉峰山。现在之所以叫巴岳山，其实和当年的巴川县密不可分。北宋的时候，这一带是合州（今合川区）属下的巴川县，巴川县城就是今天的铜梁城区。那时的炉峰山风景绮丽，远近闻名，而它又是地处巴川县城近郊的一座高山，所以就被取名为巴岳山，有巴川的高山之意，并沿用至今。

巴岳山是由巍巍三十五座山峰组成的，它的主峰就是由当年炉峰山山名演化而来的香炉峰。巴岳山脉三十五峰连绵曲折，蜿蜒地穿行于铜梁城的南边，从高空俯瞰，很像是一条游走的巨龙，因而被称为"中华第一龙山"，这一壮观的景色被称为"巴岳游龙"。1989年，由重庆市全社会推荐和投票，选出了"重庆小十景"，"巴岳游龙"名列其中，多年来一直为铜梁的标志性风景。1999年，巴岳山被重庆市人民政府命名为市级风景名胜区。

巴岳山的风景之美，美在它景色的清奇和多样性。因为这一带属于喀斯特地貌，因而产生了无数奇丽又俊秀的喀斯特地貌景致。比如喀斯特溶洞"昆仑三洞"，就相当幽美深邃。喀斯特地貌也产生出无数怪石嶙峋的奇特山体，比如飞来奇石、天灯石和棋盘石等。另外，天灯照海、黄桷门奇观等景色也让人叹为观止。

巴岳山的茶文化也是闻名遐迩、源远流长。这里是我国的古茶区之一，也是我国最早的贡茶——水南茶的产地。水南茶与广汉的"赵坡"、峨眉的"白牙"、雅安的"蒙顶"并称蜀茶四大珍

◆ 巴岳山
　　铜梁区文化和旅游发展委员会　供图

品，已有长达九百年的历史，早在明朝永乐年间，就被定为蜀王贡茶。三百年前，在巴岳山的玄天宫建立了茶坊，开始了系统的制茶产业。今天的巴岳山依然保持着种植茶叶的传统，生产多种茶叶品种。另外，巴岳茶厂也深度延续了水南茶的传统制茶工艺，保存了曾经蜀中四宝几百年延续的茶香滋味。如今，巴岳山山上山下错落有致地遍布着茶园，不仅成为当地群众增收致富的"法宝"，也成为巴岳山一道翠绿的风景线。

◆ 毓青山

位于铜梁区东南部的永嘉镇、安溪镇和华兴镇一带，有一处规划总面积达2366.53公顷、林地面积达2345.38公顷的国家森林公园——毓青山国家森林公园。这个国家森林公园很年轻，于2015年12月经国家林业局批复成立。当地人称呼它叫东山，属大巴山系华蓥山山脉。"毓"是孕育的意思，"毓青"就是孕育绿色之意，光是从名字上看，毓青山就已充满了水墨画般的绿意了。

毓青山国家森林公园的森林覆盖率高达88.75%，公园里重峦叠嶂，植被茂盛，物种多样，鸟语花香，一派苍翠盎然的景象。公园中四季都有绝美的景致：春天山花竞艳，夏日山谷滴翠，秋来层林尽染，冬季又是一派"北国风光"，美不胜收。这里的植被类型极为丰富，经统计共有7个植被类型、13个群系组、16个主

◆ 毓青山
铜梁区华兴镇人民政府 供图

要群系。其中珍稀濒危国家重点保护的野生植物达10科10属13种，其中濒危植物包括了桫椤、楠木和黄檗，珍稀植物为银杏、水杉和杜仲。植被主要以暖性针叶林和落叶阔叶林分布为主，其次是常绿阔叶林和竹林。公园里有重庆地区规模较大的桫椤群落，面积约有20亩，数量多达2000株，形成了独特又壮观的古桫椤景观。另外还有80余公顷非常壮观的楠木群落。

在毓青山国家森林公园内，遍布着各种古树名木，有两百年树龄的黄桷树和银杏、一百年树龄的香樟，甚至还有五百年树龄的楠木。森林公园范围内的安溪镇、华兴镇、土桥镇、福果镇、南城街道共五个镇街，分别建立有植物观察点，为游客观赏桫椤、楠木、银杏、罗汉松和古黄桷树等珍稀植物提供了场所，甚至有学校把学生们的自然课堂和研学基地搬到了青山翠谷间。

毓青山最具有旅游价值的就是茶山竹海了。公园内分布有多达一千余亩的茶园，是重庆最主要的特早名优茶基地，年产茶叶达万担。除了在西南地区很有名的毓青山绿茶外，1996年，有茶农在毓青山上发现了野生的白茶苗，并成功栽种，目前白茶产业已成为毓青山茶叶的一支新生的生力军。这里还有曾经的新胜茶场的老基地遗址，具有茶文化的开发价值。公园内的竹海面积达100公顷，竹海风景秀丽，吸引了远近众多游人纷至沓来。近年来每年春天的"春笋节"也人气旺盛。

由于毓青山国家森林公园紧邻着安居国家湿地公园，水资源非常丰沛，吸引了大量候鸟前来栖息，成为重要的候鸟迁徙地，约有鸟类80种，其中不乏国家二级重点保护鸟类如雀鹰、黑耳鸢、红隼等，这里也成为鸟的乐园、鸟的"天堂"。除鸟类外，公园内的动物种类也很丰富，其中脊椎动物有39种。

公园中的地质景观也相当有看头，比如明月大峡谷、灯杆坡群峰、"八阵图"、天尖山等山体自然景观，以及雷打石、莲花石、乌龟石等奇岩景观，有龙洞漕、天洞、万家洞等穴洞景观，大自然的鬼斧神工，构成让人叹为观止的山、林、石、洞景观。

除了自然景观，森林公园内还有著名的千年古刹燃灯寺，暮鼓晨钟，香客如云，让毓青山平添了深厚的人文氛围。

毓青山国家森林公园已有生物景观、水文景观、地文景观、天象景观、人文景观、可借景观这六大类景观，并形成了每年接待五十万人次的游客接待能力，已成为重庆生态乡村游、短期度假和避暑的热门目的地。

◆ 小安溪

在地域广阔的巴山蜀水，有一条水能充沛的大江，名叫涪江。涪江是长江重要支流嘉陵江右岸最大的支流，全长700千米，流域面积达3.64万平方千米。它发源于川西北岷山的主峰雪宝顶，向南流经四川省绵阳市和遂宁市，从潼南玉溪镇西进入重庆市境内，流经合川区、铜梁区，最后在合川城南钓鱼城下汇入嘉陵江。在涪江和嘉陵江汇合口上游三千米，它接纳了最后一条支流，这条支流名叫小安溪。

小安溪又叫临渡河，清乾隆年间的《合州志》第三卷"职方志河记"载："临渡河，州南二十里，入涪江。"临渡河因为临近渡口的临渡场而得名。小安溪发源于永川区巴岳山东麓永兴乡的白龙洞，据唐朝的地理志《元和郡县志》卷三十三"巴川县"记载，"小安南溪，源出县南巴山中"。宋朝的地理志《太平寰宇记》卷一三六"巴川县"记载，"小安溪源出县南巴山中，北流经县理南，入东北合侯溪水"。巴川县在北宋的时候为合州属县，元代初期废县，并入了铜梁县。小安溪的名字，对应于大安溪这个古水名。大安溪现在的名字叫琼江，也是涪江的一级支流。古时除了叫大安溪之外，还叫关溅河、安居河、安居溪等。

小安溪全长170千米，是长江的三级支流，嘉陵江的二级支流，涪江右岸一级支流。小安溪流经重庆的永川、大足、铜梁、合川四个县区，总流域面积1720平方千米。在铜梁区境内流经永嘉、安溪、华兴、虎峰、蒲吕、二坪、旧县等多个镇街，流域面

◆ 小安溪
铜梁区安溪镇人民政府 供图

积达800多平方千米,被称为铜梁的"母亲河"。小安溪流量丰沛,多年平均径流总量4.8亿立方米。由于历史原因,小安溪流曾一度是涪江流域水资源污染最严重的支流。但经过精准治理,如今的小安溪生态有了根本性改观,颇有"世外桃源,梦里水乡"的诗意与清丽。小安溪的河面平缓如镜面,非常有特色的是,两岸竹林苍翠,形成一幅动人的国画长轴画卷。

小安溪的自然与人文旅游资源也极为丰富。在铜梁区二坪镇狮子村的小安溪河面,河水静谧流淌,突然听见阵阵"咆哮"声,好像是猛虎在长啸。然后就可发现一道壮观的瀑布,这就是小安溪上的老虎滩瀑布。老虎滩瀑布在夏季丰水期更加磅礴壮阔,荡气回肠。形成这一壮观景象的原因,是1965年修建高坑电站的大坝,大坝下长约千米、宽100多米的河床露出,丰水期的时候水流猛烈，就形成多叠瀑布的奇景。老虎滩瀑布还被誉为西南的"小壶口"。

老虎滩附近的桥也值得一看。在瀑布上游一千米，矗立着一座建于晚清的六孔石桥——众志桥。当年这座桥在当地乡绅主持下集资修建，修建历时长达两年，并在南桥头建造了石牌坊，为桥取名"众志桥"，有众志成城之意。石牌坊为仿木结构的红砂石雕造的歇山式楼顶，顶上斗拱、雀替、抱鼓等雕刻相当精美传神。石牌坊上的枋心，还刻有花鸟神兽浮雕和数组人物故事。在众志桥的下游，还有一座金瓯大桥，又名瓯滩桥。金瓯大桥建成于清光绪三年（1877），是铜梁境内最为壮观美丽的一座石桥。桥身立面各孔的拱圈上有"（虫八）蝮"石刻龙造型装饰，桥面有0.73米高的条石斗龙栏杆，展现了当时造桥的高超技艺。这两座桥是小安溪上最有代表性的桥梁，被列入了重庆古名桥。小安溪上有几十座桥，其中的旧县大桥、司马桥、乐善大桥、庆隆桥上桥、安溪大桥、小井桥、华兴桥等，都具有相当的历史研究和旅游打卡价值。

◆ 玄天湖

在铜梁城区的南面，如一条巨龙蜿蜒起伏的巴岳山，从玄天湖畔开始，一路风光旖旎、重峦叠嶂，绵延到大足境内。巴岳山和玄天湖，很好地诠释了"湖光山色"的美好意境。而玄天湖就好似镶嵌在铜梁这个中国天然氧吧的蓝宝石一般，展现出它静谧又壮阔的一面。在中国的古籍中，"玄天"这个词既有"北方之天"的意思，也可泛指天空。比如《庄子·在宥》中就有"乱天之经，逆物之情，玄天弗成"的字句。玄天湖的名字也有"与天空相接的湖水"之意。

玄天湖并不是天然湖泊，而是一座集农业灌溉、防洪及环境生态保护功能为一体的中型水库。新世纪之后，重庆市开展了旨在保护水土与生态环境的"泽渝工程"，玄天湖就是这个工程的项目之一。玄天湖并不大，面积为一平方千米，总库容1056万立方米，长约3.5千米，湖面最宽处800多米。它的最大坝高是29.69米，正常蓄水位282米。在湖上有大小岛屿共七个，其中与陆地相连的半岛五个，独立岛屿两个。

"祈福巴岳山，养生玄天湖"，巴岳山和玄天湖是连接在一起的山水风光景区，铜梁也将它们合在一起打造。秀美的玄天湖与巍峨的巴岳山交相辉映，连绵的远山，壮阔的湖面，连绵的港湾，神秘的湖心小岛，湖光山色，分外迷人。

玄天湖如今属巴岳山玄天湖旅游度假区，度假区面积约72平方千米。在著名的巴岳山—西温泉风景名胜区约8千米的玄天湖畔，修建了一处"中华龙温泉"。这个温泉属硫酸钙镁型优质医疗热矿水，富含硫化氢、锶和氟，是对养生保健都有裨益的优质温泉。中华龙温泉常年恒温42℃，日涌水量5000立方米。以其水温、水质、水量以及地理位置优势，被专家誉为西南地区最具开发价值的温泉。

◆ 玄天湖
铜梁区文化和旅游发展委员会　供图

　　由于距离重庆主城区仅70千米左右，玄天湖已成为重庆短途度假休闲的热门目的地之一。沿湖还打造了10千米左右的骑行道路，成为重庆骑行爱好者的优质目的地，未来也有举行自行车赛、马拉松及铁人三项赛的潜力。玄天湖不仅可以环湖骑行或徒步，还可以直接穿行位于湖面上的水上龙桥，这座龙桥直穿湖的中间，是老年人健走徒步的绝佳线路。

　　未来的玄天湖，将打造成集康养、休闲、度假、避暑、户外运动、会议、居住等功能为一体的西部一流的综合性生态旅游胜地，成为重庆的"后花园"。

潼南区

◆ 马鞍山

潼南区境内有五大山，分别是龙马山、天台山、罗盘山、五桂山及马鞍山。马鞍山距离潼南县城32千米，海拔417米，森林面积81.8公顷，森林公园规划面积300公顷。公园里原始林、天然次生林、人工林融为一体。

马鞍山这个名字的由来，还有一段神话传说。相传，很久以前，这里是一块平地。有一天，玉皇大帝和如来佛相约，骑马坐莲邀请元始天尊共商三界大事，经过此地，看到地貌平整，一览无余，玉皇大帝以所骑马匹上的马鞍为形，施展法术，刹那间，平地起高山，一座形似马鞍的山体就此形成。因为山形形似马鞍，所以大家一直称其为马鞍山。

马鞍山植物种类极为丰富，可分为乔木、灌木、草本三类。以柏木、麻栎、香樟等乔木为代表性植物，树高常达30～40米。

林业专家在对其植物进行考察的过程中，发现400多株珍贵的川黔紫薇，最大树围已超1.2米。川黔紫薇是千屈菜科紫薇属落叶大乔木，高可达30米，树皮灰褐色，呈薄片状剥落。4月开花，7月结果，分布于中国贵州、重庆、湖北，常生于海拔1200～2000米的山谷密林中。因川黔紫薇具有极高的经济价值，被我国部分省市列入重点保护野生植物名录。

青山绿水，最离不开的就是护林人。在马鞍山的山脚下，一家五代护林人，换来了满山的青翠。出生在马鞍山山脚下的郑隆明，从小便和这片山林结下了不解之缘。爷爷郑吉山是家里的第一代"守山人"，后来年纪大了，把"接力棒"交给了郑隆明的父亲郑德川。1966年，12岁的郑隆明开始跟随父亲一起守山，一坚持就是56年。巡山的路呈环形，上山下山一趟大约4公里，一天下来要走上12公里山路。儿子郑林长大后，一有时间就陪父亲郑隆明巡山。如今郑隆明的孙子郑浩也加入了巡山护林的队伍。

20世纪70年代，住在马鞍山周围的群众做饭以烧柴为主，经常上山偷树，为了劝说乡亲们不要砍伐树木，郑隆明白天山里巡

◆ 马鞍山
　　李屈　摄

逻，晚上住在山里。20世纪90年代后，随着经济社会的发展，偷砍树木的人少了，山林长得越发茂盛。在郑隆明的号召下，周边的村民们和志愿者们自发组成了一支护林志愿队，提醒游客不要带火种进山，以消除安全隐患。

在马鞍山升级成为重庆市级森林公园后，吸引了周边的人前来游玩，每年人流量超过三万人次。旅游的发展也创造了就业岗位，不少村民不再外出务工，而是选择在家就业，办起了农家乐，卖起了土特产，深受游客欢迎，人均收入大幅提升。

来到马鞍山，不得不品尝的美食，有马鞍山老腊肉、竹笋、鸡枞菌。马鞍山老腊肉精选只吃农家粮食的黑猪，经过柏树、陈皮、八角一起"熏烤"，地道的老腊肉就制作完成。

马鞍山的竹笋纯野生。竹笋富含纤维素，能促进肠道蠕动、帮助消化、消除积食；从中医的角度来看，竹笋性味甘寒，具有滋阴凉血、清热化痰、解渴除烦的功效。由于新鲜，吃起来口感极佳，可搭配本地产的老腊肉或盐肉清炒，味道绝佳。马鞍山出产白鸡枞菌，六七月是出产高峰期。鸡枞菌越嫩越好吃，其滋味鲜美，为菌中之冠。

近年来，潼南深入践行"绿水青山就是金山银山"理念，仅2018—2020年，潼南就造林42.6万亩，每年植树造林参与人数达1.5万余人，植树91万余株。

◆ 涪江

涪江，长江支流嘉陵江右岸的最大支流，发源于四川省松潘县与平武县之间的岷山主峰雪宝顶。流经四川省平武、绵阳、遂宁后，进入重庆潼南。涪江潼南段，沿江而下，左岸有双坝蔬菜基地、金福岛生态公园、时光长廊等，右岸有滨江湿地公园、大佛寺、双江古镇等。

潼南涪江国家湿地公园，以涪江、三块石运河、库塘、稻田、自然河流等自然与人工复合湿地系统为主体。在建设过程中，结合涪江两岸的风景，将潼南本地的历史、文化、民俗等融入其中，将湿地的保护与修复、海绵城市的建设与居住环境的提升融为一体，打造国家级湿地公园。以涪江河流湿地为主要保护对象，规划总面积1011.81公顷，湿地面积728.54公顷，2017年，重庆涪江国家湿地公园通过验收，正式成为"国家湿地公园"。

位于潼南西郊一千米处的涪江江畔的潼南大佛寺，历史悠久。古称"南禅寺""南禅院"，始建于唐咸通年间，有庙三层。北宋时，赐名"定明院"，俗称"大佛寺"。寺内的金佛是我国迄今为止保存最为完好的第一大摩崖饰金佛，世界第七大佛。大佛高18.43米、头长4.3米、耳长2.74米，为唐弥勒佛标准坐姿造型。

景区内保存着1400年以来陆续建造雕刻的佛、道摩崖造像近千尊。在大佛寺庙陡峭的岩壁上，保存有开凿于隋朝的道教造像，是重庆最早的摩崖石刻造像。

最神奇的要数寺庙内我国四大回音建筑之一的"石磴琴声"。

◆ 涪江
　李屈　摄

"石琴"傍寺面江,处大佛阁右侧25米,为一个凿自江岸陡峻高峭完整无缝之岩壁的石洞,古称"大佛洞"。人们沿着洞口石阶缓步而登,便会有奇妙的回音。石磴之音高亦稍有变化,或低沉浑厚或高亢铿锵,甚是奇异。

在潼南大佛寺,还有许多留存下来的洪水题刻,它也是整个涪江流域洪水记录最为完整的,对于涪江流域的洪水灾害的研究有着极高的价值。

沿着涪江,距离潼南八千米之外,有著名的双江古镇。古镇始建于明末清初,距今已经有四百多年的历史。双江古镇是清代民居建筑群,这是双江古镇的特色。明末清初,客家人杨氏举家搬迁至此，建造了一大批豪宅大院。这些宅院历经数百年风霜，还保留着当年的建筑风貌，现存有中街、东街、南街、北街、水巷子等街道。游走在古镇上，青砖灰瓦的深宅大院，四合院天井花园的设计，雕刻精美的图案，带着百年的历史韵味扑面而来。

这里历史文化遗存丰富，现存有杨闇公旧居、禹王宫、源泰和大院、杨氏民居等二十余座大型清代建筑群。最特别的建筑当属杨氏民居。它是清朝双江首富、族长杨守鲁的住宅，始建于1878年。宅院占地5400平方米、建筑面积2060平方米，院中有大小房厅51间共108门，雕饰精美。整个布局，七间三进组成，每进均有天井、栏杆、回廊、花台，宅后还有花园，巧妙的园林设计，彰显着深厚的文化底蕴，梁思成称它是"民族瑰宝"。

涪江中下游人口众多，城镇密集，沿江的古镇、村落，各具特色。涪江在潼南流经玉溪镇、安兴乡村、桂林镇等，秀丽的众多名胜古迹，点缀得涪江多姿多彩。

◆ 琼江

琼江为涪江的一级支流。发源于四川境内，流经资阳、遂宁、潼南，至铜梁汇入涪江。流域全长233千米，其中潼南段82.4千米。琼江给两岸村镇带来了灌溉水源，两岸农业得到很好的发展，尤其是在潼南的崇龛镇。

崇龛镇人杰地灵，文化底蕴浓厚，建置于公元583年，迄今已有一千四百多年历史。公元616年，隆龛镇升建为隆龛县，712年因避唐玄宗李隆基名讳，改名崇龛县。后几经易名，2000年由光辉镇更名为崇龛镇。

清澈的琼江穿境而过，每年的三月，迎来万亩油菜花开，入眼是金黄色的花海，吸引众多的游客前来拍照打卡。行至花深处，搭乘复古小火车还能观赏长达4千米的粉色桃林。市民登陈抟山，可鸟瞰由油菜和小麦共同组成的巨幅太极图、彩色油菜花组成的3D太极图案以及羽化轻飞的仙鹤图案等。可通过直升机、摩托艇、快艇、高空滑索、热气球等观光工具，欣赏油菜花海。油菜花盛开期间，游人如织，柠檬、蜂蜜、土鸡鸭、腊肉、折耳根、菜薹等农货，深受游客欢迎。一朵朵小小的油菜花，带领周围的农民增收致富，为乡村振兴提供了新动力。

崇龛镇也是道家创始人之一陈抟老祖的出生地。在五代宋初时期，陈抟老祖受到王公贵族乃至皇帝的赏识，被誉为"扶摇子"，是道教的传奇人物。在崇龛镇陈抟山上，特邀四川美术学院专家精心设计，打造了一尊36.9米高的陈抟老祖雕像。游客可进入雕像内部，行至观景台，俯瞰万亩油菜花田。

尤其是合潼安高速、成资渝高速两条新高速贯通后，打通了成渝两地直达景区的快捷旅游交通路线，吸引着更多的游客前来旅游。

不过，美丽的琼江也面临着生态环境恶化的问题。守住青山绿水，才能掌握致富密码。川渝一家同饮琼江水，联防联治共护琼江美。近年来，川渝各级管理部门，对琼江水生态保护高度重

◆ 琼江
李屈 摄

视，建立起跨界联防联控机制，下大力气解决突出环境问题，基本形成了齐抓共管的良好格局。尤其是潼南区以河长制为抓手，建立健全跨界河流联防联控联治机制；重庆铜梁区、合川区，四川省遂宁市、资阳市等相邻市区建立了生态环保及河长制管理协调机制，协同推进涪琼两江流域水污染防治、水旱灾害防御、水资源共同保护开发，开启了川渝跨界河流共治同防的良好局面。同时，潼南、铜梁、遂宁、资阳四地生态环境部门、水利部门等对跨界河流开展联合巡查，发现并整改突出环保问题，琼江流域水质状况有了很大改善。同时，多举措进一步恢复琼江水生生物资源、维护琼江生物多样性，改善琼江流域生态环境，共建安居乐业的水源环境。

琼江，像母亲河一样，滋养着潼南两岸的人民，为潼南的经济社会发展提供了宝贵资源。

荣昌区

◆ 螺罐山

螺罐山位于荣昌区昌元街道螺罐村，距荣昌主城四千米，紧靠城区。螺罐山系川东平行岭西南余脉，为川东平行岭谷向川中丘陵地形过渡的交界地带，地势不高，平均海拔380米。因为荣昌主城相对平坦，所以螺罐山看起来壁立峭耸，有"南来岭嶂千层回，北望京都万里遥"的感觉。

螺罐山得名是因为山形盘旋似螺。《荣昌县志》记载：螺罐山别名螺灌山，"螺灌"，其山之别名。秀出一峰，壁立峭耸。而林木荟蔚，为诸景首称。今人称螺罐山乃螺灌山之同音误读。螺罐山因为穿径盘曲，由下至岭数百步，山形似螺，故称之。

螺罐山上林木繁茂、琳宫梵宇，因为山上的云峰寺而闻名，所谓山不在高，有寺则名。

螺罐山上的云峰寺是一座历史悠久、远近闻名的寺庙。云峰寺始建于南宋绍兴十二年，即公元1142年，当时是一座结构简单的小寺庙。明朝正统年间，僧人应广扩建庙宇。明成化元年

(1465)僧人无二、静安继修前殿,镶石鼎、香炉及罗汉、诸天。今天云峰寺的主体建筑由中兴祖师照普法师于1995年开始建设,现建有大雄宝殿、圆通殿、天王殿、念佛堂、卧佛殿、藏经楼、佛殿、五观堂、居士楼、僧人寮等,是一所佛教建筑齐全的寺院。其中千手观音的手最多,堪称西南第一。

真正让云峰寺名气大增的是一则和建文帝相关的传闻。传说燕王朱棣攻入京城(今南京),建文帝乔装成僧人,云游避难。建文帝一行避难来到重庆,所以今天重庆很多地名都和建文帝有关,比如箭沱湾、龙兴、印盒、黄印村等。旧时荣昌地处交通要道,又远离主城,是避难的首选之地。建文皇帝一行来到云峰寺,留下题壁诗四首,由此云峰寺笼罩了一层神秘的面纱,吸引了众多香客。

◆ 螺罐山
　荣昌之窗　供图

云峰寺三仙殿的传说和"湖广填四川"移民有关。传说有湖北张姓三兄弟接到命令要求移入四川，但是故土难离，他们尤其舍不得门前那棵大树，三兄弟商量着把大树挖出来锯成三段，每人带上一段。说来也怪，三段木头背在身上也不觉得重。有一天，三兄弟走到螺罐山下，突然觉得身上的木头重了，怎么也背不动了，于是三兄弟决定就此安居，那三段木头也就地栽下。后来三段木头生根发芽，长成和以前一样的大树，人们都很惊讶，认为此树有神灵庇护，于是对树许愿，多灵验，故称呼这三棵树分别为"大神仙""二神仙""三神仙"，还修建了一座庙宇供奉三棵树，这就是云峰寺三仙殿的来历。

　　螺罐山主峰燕子岩在荣昌、隆昌的交界处，是螺罐山脉的最高峰，海拔665.8米。燕子岩山顶平坦，有农田菜畦。但是岩边却是另外一番景色，燕子岩北侧有一巨石突出岩畔丈许，形如飞燕，故名"燕岩凌飞"，岩上有群燕栖息。西侧山路旁有一巨石，形似荣昌白猪体形，浑然天成，人称"猪石岩"。螺罐山后山有五座小山、三块巨石，这五座小山看起来像是从三块巨石延伸出去的，人们称之为"五马归槽"。对这三块巨石，当地也有一个传说，原来这三块巨石本来堵在濑溪河，造成洪水泛滥，当地百姓深受其害，土地神就把这三块巨石从濑溪河中捞起来放到山上，疏浚了河水。

　　今天站在螺罐山云峰寺俯瞰荣昌城，远处是高楼大厦，近处是块块田畦，溪水蜿蜒其中。其中最有特色的是螺罐村种植的大片脆桃，这里是重庆脆桃基地。阳春三月，桃花盛开，游人如织；六月桃子成熟，也是游人如织。

◆ 古佛山

　　古佛山位于荣昌区南部清升镇，北边与螺罐山、鸦屿山相对峙，属于川东平行岭余脉区。主峰三层岩海拔711.3米，是全区最高的山峰。川东平行岭谷包括今天重庆大部分与四川省东北部地区，是中国东北—西南走向山脉组合最密集的地区，是特征显著的褶皱山地带，实际上这几道山岭发生皱褶时，产生了地质构造上的背斜和向斜，形成山水相间的地貌特征。

　　古佛山因为处于川东平行岭余脉，故而海拔不高，在500～700米之间。从地形上看，古佛山形似一个巨大的匍匐着的睡佛，上半身在荣昌的清升镇，下半身在四川泸县，古佛山因此得名。

　　古佛山附近曾经有个罗汉寺，罗汉寺周围竹木林立，风景如画。罗汉寺建于唐朝天宝年间，距今已有一千二百多年历史，曾是荣昌最大的佛教古刹，一度香火鼎盛。有碑文记载："吾里罗汉寺，创自唐朝天宝年间。"《荣昌县志》记载："清升镇罗汉寺为县内最大的佛教古刹。旧有九楼十八殿，三千七百磉。"罗汉寺在繁盛时，寺庙从松林坡到罗汉滩，建筑东西绵延三千米，并建有许多地洞用于供佛，地洞也叫罗汉洞。后经历明末兵燹后，仅存正殿四座，虽然经过清代两次大的修补、塑像，但是规模和影响已不及从前。解放后罗汉寺里的大量经文、书卷被当废品卖掉，寺庙被改为一所小学。"文革"期间，寺内残存的佛像、塔殿也被彻底拆去，罗汉洞被堵上。从此这座有千年历史的寺庙不复存在，唯有寺庙外建于明万历年间的山门石牌坊仅存。相传，唐僧西天

◆ 螺罐山
荣昌之窗　供图

取经归来时到过此地，此牌坊是为纪念玄奘而建。石牌坊造型典雅庄重，横题"西来第一禅林"。今天石牌坊作为罗汉寺给世人留下的最后遗迹，已被列为市级文物保护单位。罗汉寺附近有个村子名为罗汉寺村，也算是对那段历史的铭记吧。

　　古佛山不仅有奇特的地貌，在主峰三层岩还遗留有特别的印记，比如犀牛脚印和大仙脚印。犀牛的两个脚印相隔约两千米，左脚印在山上的万古桥下一块硬石头地面上，犀牛的右脚印在间隔两公里的老厂湾，这个脚印也是深深印在坚硬的石头上。在圣泉山庄下面，也有一对脚印，这个脚印的形状和人的没两样，大仙的左脚在山腰上，右脚却在一千米外的山脚下，而且是左右对称，于是被当地农民称作大仙脚印。自古仙佛一家，古佛山因此越发神秘起来。

古佛山现在建有一个百佛园，百佛园中有许多天然的巨型石头遍布山间，这些石头都来历不凡，属于三亿年前三叠纪遗留的组砂岩。为了更立体地打造古佛山的佛教文化，人们在百佛园的石头上刻了九十九个形态各异的"佛"字，这些"佛"字与周围环境相得益彰，成为山中一道奇异风景。有人难免会有疑问：九十九个"佛"字怎么叫百佛园呢？少掉的那个"佛"字去哪里了？佛曰：世人皆有佛缘、佛心，每个人心中都有一个佛，"吾心即佛"。所以这个少掉的"佛"在每个人的心里。百佛园周边种植了许多树木花草，最具观赏性的就是桐子花了。三月，如云似雪的白色桐花铺满山间，清新淡雅，与色彩艳丽的"佛"字相辅相成，让人流连忘返。

古佛山下有金龙湖。金龙湖建有两个大坝和五座桥，金龙湖因蜿蜒流淌的湖水在日暮黄昏的晕染下似一条闪闪金龙而得名。在金龙湖两岸种植有银杏树和格桑花，湖面种植有睡莲、荷花等水生植物，如镜的湖面倒映着苍翠的古佛山，又是一处游玩的好地方。

今天古佛山以旅游与产业融合的业态，打造出"古佛恩桃""古佛禅茶""古佛香油""古佛硒米"等生态农产品，先后成功举办了三届古佛山"恩桃"采摘节。

◆ 铜鼓山

铜鼓山位于荣昌区东北部，与大足、安岳毗邻。

荣昌南有古佛山，中有螺罐山，北面是铜鼓山。螺罐山是中北部丘陵区和南部岭谷区的界山，铜鼓山是荣昌、大足两地的界山。

铜鼓山在地质构造上属川中皱褶带。有关机构按照重庆地貌的成因、区域特点，大地构造标志等原则将重庆的地貌划分成四个区域，即西部方山丘陵区、中部平行岭谷区、东部盆周山地区、大娄山中山区。铜鼓山属于方山丘陵区的水平构造台状低山。

铜鼓山得名和山形有关，《图经》："在昌元县东十里。其山顶脚皆平，中心狭，状如铜鼓。绝顶有祠号铜鼓大王。"

铜鼓山独特的形状演绎出许多传奇故事。铜鼓大王和宋朝一个叫杨明的将军有关。朝廷派杨明挂帅平叛，杨明在歇凉坪陷入叛军包围圈，血战后被冷箭射中，但杨明死而不倒，众人以之为奇。后人因而将此地取名为"血凉坪"，皇帝为此封杨明为显灵大王，诏令立庙并特赐铜鼓一面为镇庙之宝。杨明因此被称为铜鼓大王，其庙为铜鼓大王庙。光绪《荣昌县志》才将"血凉坪"改为"歇凉坪"。

铜鼓山海拔不到六百米，然而周围地势平坦，相对高度突出，峰峦起伏，古树参天。铜鼓山上有铜鼓山寨，又名天全寨，最初建成于嘉庆五年（1800），咸丰十一年（1861）重建，设东安、南治、西吉、北清四大寨门。山寨依山就势，于绝壁上自成一体，

◆ 铜鼓山
荣昌区铜鼓镇人民政府 供图

成了人们躲避战乱的地方。以"胜境雄疆锁钥地，危岩峻岭金汤门"著称渝西诸地。铜鼓山腰有口龙王井，史载"井泉喷溢不绝，池水澄碧，清醇甘洌"，可供山寨之人饮用。

在1950年前后，荣昌人郭铸组成匪"永荣泸边游击纵队"，纠集近千人集聚铜鼓山寨。他们勾结地方反动势力和国民党溃军、惯匪破坏交通，袭扰军政驻地和枪杀军政工作人员，给新建立的人民政权带来许多困扰。解放军二野三十五师师长李德生（后曾任党中央副主席、中央军委副主席）奉命歼灭了盘踞铜鼓山地区的土匪。

铜鼓山剿匪战斗是西南剿匪战役中一次著名的战斗，在此次战斗中，有刘骥连长，曹长有、刘拴兔排长等十名战士英勇献身。后来人们在山顶为烈士们建了纪念碑，雕刻有刘骥和曹长有、刘拴兔三位英烈持枪的英姿。有一个叫刘骥的村庄就是为缅怀在剿匪中牺牲的解放军连长刘骥而改名的，铜鼓山也成了重庆市青少年教育基地，荣昌区爱国主义教育基地，荣昌区文联、荣昌区作家协会文艺创作基地。

铜鼓山寨西吉门外有宋代接引遗址。该寺庙因地处峭壁，只筑三面墙垣，又被称"半边寺"。半边寺现存摩崖造像主体共四龛，分别是一尊阿弥陀佛立像，两旁分别是两尊菩萨坐莲台，合在一起，可以识读为西方三圣。另有孤立的一龛，为一尊面目毁损较重的菩萨。主尊阿弥陀佛像左手置于胸前，右手垂放于下，掌心向外，五指伸展，做接引状。"接引"一词为佛教用语，根据佛教传说，在释迦牟尼未出世前，世间已有佛出现，这个佛就是释迦牟尼前世的佛祖，也是"接引道人"，接引亡灵去往西天极乐世界。

当年半边寺香火旺盛，主要原因是寺里雕刻有一尊九子太婆摩崖佛像。史传张献忠崇祯十三年（1640）和崇祯十七年（1644）两次入川，血洗巴蜀大地，致巴蜀人口锐减，明末清初"湖广填四川"仍难满足巴蜀人口需求。南海观世音菩萨托梦给从湖北迁移到荣昌路孔的赵姓族长，要求其铸造一尊九子太婆摩崖佛像，并说求子者携妻共拜可得九个子女。于是求子者众。后来山体分裂，九子太婆摩崖石刻佛像"滚"落至半山腰，却屹立不倒。

今天铜鼓山种了上万亩的映山红、桃树、柚子、花椒，养殖黑山羊，践行人与自然和谐共存的理念。

开州区

◆ 雪宝山

　　雪宝山，位于开州区境东北部，系大巴山南麓的主要支脉，最高海拔2626米，最低海拔460米，总面积31902.5公顷，其中无人区面积达18600公顷。距离开州73千米，距离重庆330千米。东邻巫溪县，南接万州区，西邻四川宣汉县，北与城口大巴山国家级自然保护区相连，因其绚丽多彩的自然景观、众多的野生动植物、神秘的无人区、独有的地貌特征，被称为"巴山明珠"。

　　雪宝山植物资源丰富，目前已发现4300多种，其中珍稀植物170种，包括崖柏、红豆杉、黄杨木等。崖柏属植物起源于恐龙时代，诞生于三亿年前，十分古老，目前全世界仅中国独有。1892年，法国人法吉斯在雪宝山山脉北坡首次发现崖柏。1998年，世界自然保护联盟将崖柏列为已灭绝的三种中国特有植物之一。不过，到了1999年10月，崖柏在重庆被重新发现。

　　这里还是不少珍稀动物生长的乐园，现已发现的动物有野驴、獐子、麂子、野猪、豹子、狗熊、野猫等，在这里还曾发现过华

◆ 雪宝山
开州区文化和旅游发展委员会　供图

南虎的踪迹。

雪宝山国家森林公园原来所在地名白泉乡，2019年撤乡设镇，正式改名为雪宝山镇。在漫长的历史岁月中，雪宝山是巴地和秦地的必然通道，2003年，考古雪宝山发掘出了一座面积方圆几公里的唐宋集镇遗迹，还发现了手工作坊遗址。

第一次到雪宝山，往往会被奇山怪石震撼。主峰萧动岩，单峰绝壁，像刀削斧凿一般，笔直地矗立在山腰，怪石嶙峋，孤峰突起，远看像骆驼，让人叹为观止。在骆驼峰的背后有一个叫"神缝鬼孔"的地方，是骆驼峰背面的一个低洼处形成的天然裂缝。石缝长约20米，宽窄不均，有人说是神用斧子劈成的，所以叫"神缝"；前面有一条潺潺的小溪缓缓注入洞内，因此叫"鬼孔"。石缝深不见底，增添了不少神秘色彩。

车场坝是雪宝山三大高山草场之一，它曾是城口、开县、巫溪三地交通要冲，古时曾建有商铺、旅馆，过往商人、游人都在此打尖住宿。现在虽然因为交通的变化，此地已经非常少人活动，但是风景依然优美。此地群山环绕，十里坪草场、赵家坪草场、车场坝草场等相连而形成了约十五万亩的草甸。这也是南方保存得最原始、最完美的亚高山草甸之一。

最著名的景点当属雪宝山山顶的万亩草甸。草甸上有一"睡佛"全长数千米，面向天空，双脚并拢，惟妙惟肖，尽显大自然的鬼斧神工。

丰富的森林生态群落，造就了雪宝山美丽的四季风光。春天，在经历了漫长冬季之后，无数鲜花野草绽放，春风中生机无限，赏心悦目。

到了秋天，秋风一吹，把整个山林装扮得色彩斑斓，红的、黄的、棕色，一片片树叶像被颜料盘泼洒过一样，造就出一派秋日童话。特别是雨后放晴，漫漫云海围绕着雪宝山，仿佛仙境。

再到冬季，银装素裹，纷纷扬扬的雪花压弯了树枝，宛如来到了北方的冰天雪地。长达四个月的积雪期，毛茸茸的雪花包裹着野枝野蔓，可以赏雪景、打雪仗、看雾凇、滑雪、徒步，打开雪宝山的"冬日模式"。

如今的雪宝山森林公园，以其辽阔的面积、神秘的无人区、种类繁多的动植物、美丽的自然风光、神奇的泉瀑，吸引着越来越多的人前来探险，开发潜力巨大。重庆雪宝山国家森林公园建成后，将共有74个景点，仅特级景点就有2个，二级景点22个，相信不久的将来，经过开发的雪宝山，必将是一大旅游胜地，与巫溪红池坝、城口亢谷、宣汉巴山大峡谷，共同组成一个旅游带，助力开州的发展。

小江

小江又叫"彭溪河"，河长180多千米，地跨重庆市开州、云阳、梁平、万州和四川省开江县，是川江中自乌江汇合口以下流域面积最大的一级支流。

小江发源于开州区白泉乡，于云阳汇入长江。据《开县地名录》的记载，西晋时期开始叫彭溪河，"因其为彭人迁住之地而得名"。《水经注》："水源出西北巴渠县东北巴岭南獠中，即巴渠水也。西南流至其县，又西入峡，檀井溪水出焉。又西出峡，至汉丰县东而西注彭溪，谓之清水口。彭溪水又南，迳朐忍县西六十里，南流注于江，谓之彭溪口。"《清史稿》记载："彭溪，一名开江，亦名临江，自开入云阳。"很多史料记载显示，是"彭溪"而

◆ 小江
　开州区渠江镇人民政府　供图

不是今天所写的"澎溪"。不过，因小江主要有东河、南河、浦里河、桃溪河等支流，众多支流汇集，让小江水势汹涌澎湃，水流落差高达1600米，故被称为"澎溪河"。

小江上游位的大巴山南坡，呈高山深丘地貌。下游处于川东平行岭谷地带，呈低山丘陵地貌，间有河谷平坝，地势北高南低。特殊的地形地貌，造成流域内洪旱灾害频繁，暴雨洪灾严重。开州洪涝灾害一般五六年一遇，大灾一般20年一遇。最严重的当属2004年的洪涝灾害，当年老县城全部被淹，最大淹没区水深近10米，全县受灾人口80万多人，60人遇难，直接经济损失13.1亿元。

秦岭、大巴山、大别山山系是我国南方和北方重要的自然地理分界线。澎溪河流域地处大巴山余脉、三峡库区的后部边缘。三峡水库冬季175米蓄水时，位于开州的澎溪河流域地势较低的消落区会被淹没在水下二三十米处。如果没有缓冲区，高处污染物直接流入澎溪河，水体就会受到污染。这就需要一个植被缓冲区，为此，在开州澎溪河流域的平缓地带挖出数千个水塘，种植荷花等耐水淹的水生植物，构建出一个更为稳定、更高效更优美的生态系统。

在小江与长江的交汇处上游一千米左右的岸边，有一座被称为"万里长江第一寨"的磨盘寨。磨盘寨又被称为磐石城，是一处独立的山体，山顶主体面积约3.5万平方米，最高海拔541米，与山脚的最大高差约150米，四面绝壁，前后仅两个寨门。

磐石城的建设缘起于对蒙古军队的防御。南宋淳祐二年（1242），余玠受任四川安抚制置使，指挥四川军民抵抗蒙古军入侵。磐石城作为抗蒙山城体系的重要组成部分，"因山为垒，四周悬崖峭壁"，余玠派部将吕师夔驻守于此，对蒙古军进行了有效防御，磐石城名声大振。南宋德祐元年（1275），元将杨文安攻陷了坚守三十余年的磐石城。清代《磐石城记》题刻记载："考之宋世，有吕将军者，屯兵于此，战守有备，人民乂安。"现为重庆市重点文物保护单位。

两岸的经济文化随着小江而兴而发展，近年来随着生态环境保护力度的加大，小江又恢复了以往的清澈，滋养着两岸的人民，形成了安居乐业的生活环境。

◆ 汉丰湖

汉丰湖位于开州城区，汉丰湖东西跨度12.51千米，南北跨度5.86千米，拥有30多个湖湾、41个岛屿，是一个因三峡工程建设而形成的人工湖。

三峡大坝建成后，水位维持在145米到175米之间，在开州形成了水位差高达30米的消落区。为了解决落差问题，开州修建了一个调节水位的"水库"，这就是汉丰湖。枯水区关闸蓄水，汛期开闸泄洪，使汉丰湖保持了水位的相对稳定。

汉丰湖的建设，使得开州成为一座拥山享"湖"的城市。2015年汉丰湖被国家林业局确定为21个全国重点建设的湿地公园之一，后被评为"新三峡30佳旅游新景观"。湖边景点丰富，刘伯承同志纪念馆、开州故城、文峰塔、水位调节坝、风雨廊桥等悉数连成一片,四季如画,成为了游览胜地,来自全国乃至世界各地的游客络绎不绝。

除了红色历史文化,在汉丰湖一年四季吸引着人前来游玩的,莫过于四季的美景。春天的汉丰湖,春花烂漫。全长40千米的滨湖公园里,海棠花、樱花、玉兰争相绽放。

水位调节坝风雨廊桥,依势建起具有明清风格的仿古长亭。站在风雨廊桥上,一侧是宽阔的汉丰湖面,另一侧是狭长的澎溪河,水位落差达数十米,带来了无比的视觉震撼。

◆ 汉丰湖
　开州区文化和旅游发展委员会　供图

而生态环境优美的汉丰湖，每年还吸引着众多动物前来过冬。每到秋冬季，二十余种万余只雁鸭类候鸟，从祖国北方或西伯利亚地区，不远万里，到汉丰湖国家湿地公园"聚会"。而这时也是汉丰湖观鸟的最佳时节，吸引了不少观鸟人前来观看。

到了秋天，霜染树林，汉丰湖国家湿地公园内的落羽杉、中山杉、池杉、乌桕、杨树、秋华柳等耐淹树种，树叶也逐渐转黄露红，美如童话。

湖上赛事也精彩纷呈。城市钓鱼对抗赛、国际摩托艇公开赛、国际半程马拉松……盛大的体育赛事接连不断。皮划艇、龙舟、水上摩托等水上运动，使这里成为了全民休闲娱乐中心。

为了保护汉丰湖的生态环境，开州相关单位筛选种植40余种耐淹植物，建立了适应水位变动和冬季深水淹没的消落带适生植物资源库，对54万平方米的范围展开了生态修复工程，同时还创新实施了集水质净化、景观美化、水土保持、生物多样性提升等功能于一体的工程，维持了汉丰湖湿地生态系统的健康和稳定。

与山水相亲，与文旅做伴。在这里，是历史与现代的碰撞，是人工与自然的融合，是休闲旅游与日常生活的碰撞。依托汉丰湖的自然资源，将红色文化、人文精神、移民文化等元素凝聚于此，彰显出开州无限的魅力，而开州人民也展开了"山水相伴，城湖共生"的美丽生活画卷。

梁平区

◆ 梁山

梁山位于重庆市梁平区。梁山县建置于西魏元钦二年（553），以山为县名，1400年来一直名为梁山县，直到1952年改名，是中国历史上使用时间最长的行政地名。

梁山之得名，据顾祖禹《读史方舆纪要》载，"本名良山，汉梁孝王常游猎于此，遂名梁山"。由于同山东的梁山县重名，因此在1952年梁山县以县内有川东地区较大的平坝而改名梁平，一直沿用至今。

梁平地貌呈"三山五岭，两槽一坝，丘陵起伏，六水外流"的自然景观，形成山、丘、坝兼有而以山区为主的特殊地貌，其境内有东山、西山和中山。

东山和西山呈"一山两岭一槽"的地形。中山为"一山一岭"型。三山之间分布着许多起伏不平的丘陵，县境中部，东、西两山之间，有一块由古代湖泊沉积而成的平坝，地势平坦而开阔，被称为川东第一大坝，即梁平坝子。

◆ 梁山
　梁平区民政局　供图

　　梁山自然资源丰富，风景秀丽，如东山国家森林公园、百里竹海景区，尤其是广达35万亩天然竹林的百里竹海，拥有竹类品种37个，负氧离子含量为世界卫生组织公布的清新空气标准的5.2倍，被誉为"中国森林氧吧"。

　　百里竹海景区集竹林、山水、人文于一体，不但有明月湖、百竹园、观音洞、天星塘、白莲教古墓群、竹丰天池、小峨眉山、猫儿寨、狐狸嘴等50余个景点，还保存着20世纪二三十年代四川工农红军第一路军、第三路游击队在这里进行游击战斗的诸多历史遗迹。"竹文化"和人文景观的结合，是梁平独有的旅游资源。

　　梁平双桂堂享誉西南禅林，由明末高僧、被称为"小释迦"的破山海明禅师于清顺治十年（1653）创建，迄今已有三百多年的历史。寺院占地120亩，寺内殿堂林立，布局严谨，规模宏大，蔚为壮观。各重大殿排列均匀而对称，回廊曲巷，长亭短榭，廊巷紧连，婉转幽深，引人入胜。

双桂堂历史悠久、文化底蕴深厚，其建筑艺术、造像艺术、绘画艺术、诗文艺术体现了佛学和民间艺术的完美融合，堪称梁平的地方文化宝库。

距双桂堂两千米的金城寨，是明军将领姚玉麟驻营之地，破山禅师曾至此开坛说法。这里山形奇特，浓荫遍地，山顶视野开阔。5千米外的双桂湖，自然风光旖旎、恬静幽雅，是人们追求回归自然及乡野情绪、放松愉悦之场所。

梁山民间文化十分丰富，列入非遗名录的"梁平四绝"更是享誉中外。

梁山灯戏是梁平独有的戏剧剧种，起源于明正德年间（1506—1521），综合了梁平民间戏班"玩灯"的舞蹈动作与"秧歌戏"的说唱表演形式——外地人称"梁山调"，本地人叫"端公调""包头戏"。2006年5月，经国务院批准列入中国国家级非物质文化遗产名录。

梁平木版年画是为庆贺年节而绘制的一种年画，是中国民间美术的一种表现形式，具有深厚的文化价值、历史价值和学术价值。

梁山竹帘早在北宋年间就已是皇家贡品，被称为"天下第一帘"。《辞海》载：竹帘画，在细竹丝编织的帘子上加上画的工艺品，产于四川省梁山县（今重庆市梁平县）。因制作工艺传承上千年而被列入中国国家级非物质文化遗产名录。

梁平癞子锣鼓是梁平境内流传的一种汉族民间器乐，国家级非物质文化遗产之一。确切起源年代已不可考,据清代文人蓝逸清的《竹枝词》记载,梁平癞子锣鼓应该在明清之际就已广为流传。梁平癞子锣鼓具有声音洪亮、耐人寻味等特点,常在节日盛会、婚丧嫁娶等民俗活动中演奏,深受当地人民的喜爱。

◆ 双桂湖

双桂湖位于梁平区境内,距西南佛教祖庭双桂堂5千米,因堂得名。总面积7365亩,周围峰峦起伏,潺潺溪水汇入湖中。湖的四周林木葱茂,风光秀丽,被誉为"三峡风景眼·重庆生态湖"。

2015年,双桂湖开始国家湿地公园试点建设,2017年通过验收获国家湿地公园称号。双桂湖属于河流、湖泊、稻田等构成的复合型湿地生态系统,具有水源涵养、气候调节、雨洪调蓄、维护生物多样性等多种功能。

公园内生物资源丰富多样,有数百种植物包括苏铁、水杉等国家级保护植物;还有上百种动物包括鸳鸯、红隼、斑头鸺鹠等国家重点保护野生动物。每到冬季,成群结队的雁鸭类候鸟从寒冷的远方飞到双桂湖越冬,湖面上鸟雀云集,上下飞舞,鸣声清越,在城市里构成了一道迷人的生态风景。

双桂湖可以说是一个天然的珍贵鸟类"博物馆",《世界自然保护联盟濒危物种红色名录》中提到的"极危"物种——青头潜鸭，于2018年首次在湖中发现；阔别重庆39年的灰雁也在此重现踪迹；来自西伯利亚的精灵红嘴鸥则在湖面成群嬉戏，把这里当成了自己的家乡。

"关关雎鸠，在河之洲。窈窕淑女，君子好逑。参差荇菜，左右流之。窈窕淑女，寤寐求之。"古老《诗经》中提到的荇菜，也在双桂湖内安了家。荇菜也被称为"水境草"，其对生长的环境有着极高要求，古云"荇菜所居，清水缭绕；污秽之地，荇菜无痕"，可见双桂湖的水质多么好。如今双桂湖内生长的荇菜总面积已达500亩，有10多个荇菜群落。荇菜是湖中衍生的大量水鸟喜

◆ 双桂湖
　　梁平区民政局　供图

欢的食物，不但能充分满足双桂湖湿地越冬水鸟的觅食需求，更能不断净化水质，形成自然生态的良性循环。

公园还利用湖泊浅丘地形特点，创新性营建了环湖小微湿地景观群，建成了西岸丘区小微湿地群、东岸城市小微湿地群、南岸稻田小微湿地群、北岸滨湖小微湿地群，将湿地元素与农耕、水利、历史、人文等文化元素有机结合。

湖区还先后修复了都梁飞雪、垂云北观、梁山草甸、三峡竹博园、梁平生态展览厅、三峡自然学校等公共景观与空间，并以环湖路、巡湖步道及慢行系统，将自然景观、水、湿地和休憩空间相互连接，成功地将公园打造成梁平第一个"山水入画，竹韵柚香"的湖滨生态景观。

优良的自然环境，带来的是人与自然的高度和谐。

如今的双桂湖国家湿地公园，与城市水乳交融，湖、塘、溪流、稻田等湿地元素交错分布，生态序列分明，景观层次优美，生物多样性丰富，与湖周丘陵和城区构成了一幅"山水林田湖草城"生命共同体的优美画卷，带来了城市与湿地协同共生，大大提高了城市人民生活品质。

武隆区

◆ 仙女山

在中国渝、鄂、湘、黔交界之处，盘踞着一座秀丽多姿的山脉——武陵山脉。武陵山原属云贵高原云雾山的东延部分，呈东北至西南走向，是新华夏构造隆起地带。在地理意义上，人们通常将武陵山脉盘踞的这几处地域称为"武陵山区"，其中就包括著名的旅游景区张家界，也包括重庆境内最为有名的旅游风景区仙女山。

仙女山是武陵山脉的南支脉之一，地处乌江北岸，跨境重庆涪陵、武隆、丰都三个区县，距涪陵城区约70千米，距武隆城区约30千米，距丰都城区约50千米。

仙女山海拔高度约为1400~2000米，属亚热带湿润季风气候，四季分明、气候温和、雨量充沛，冬季有降雪，夏季气温清凉，生态环境良好，动植物资源丰富。

仙女山森林覆盖率高，拥有丰富的自然资源。既有武陵山区常有的喀斯特地貌如：武隆天生三桥、芙蓉洞等，又有重庆不可多见的高山草甸如：仙女山国家森林公园、武陵山国家森林公园等，还有静若处子的高山湖泊如蓝天湖、仙女湖等。

仙女山一名，源于山上有一座形似翩跹起舞的仙女的山峰。每当白云缭绕之时，山峰若隐若现，飘飘渺渺，好似一位身披薄纱的仙女，含羞玉立。据清同治《重修涪州志》记载："（仙女山）山半石洞幽邃，相传有仙女住此，飞升不复见。"

关于这座仙女峰，在当地民间流传着一个动人的传说。相传从前，仙女山上有一个穷苦的牧童，为还父债成天给财主放牛割草。一天他放牧来到一个叫作清水塘的地方，捡到一件华丽的衣衫。这时出现了一位妙龄女子，羞涩地称衣衫是她遗失的。牧童将衣衫归还给女子，二人一见钟情。女子后来与牧童成亲，二人以山中石洞为家，过上了幸福的小日子。

◆ 仙女山
王德强 摄

不久，财主得知牧童有位美丽的妻子，起了歹念想霸占女子为妻。谁料女子原是仙女下凡，她巧施妙计斗败了恶毒的财主，随后化为了一座山峰，屹立于悬崖之巅，成为千百年来扶正祛邪的象征。

国家 5A 级景区仙女山国家森林公园就坐落在这座美丽的山上。仙女山国家森林公园的主要景点有：大草原、通天塔、仙女湖等。

仙女山大草原是重庆难得一见的高山草甸，春夏可以赏奇花异草、放马奔驰，秋冬可以滑雪、烤羊；累了可以钻进茫茫林海中，听高山大风送来的阵阵松涛。

通天塔是仙女山的最高峰，相传是铁拐李邀请众仙同游之地。早先仙女山林场在这里建有监测瞭望台，登瞭望台远眺，茫茫林海无边无际。

仙女湖藏于深山之中，四周被险峻山峰、茂密森林所包围，碧绿幽蓝、宁静美丽，像极了仙女们秘密的洗浴场所。

仙女山国家森林公园最令人心动的是冬天的雪景：林海和草原被大雪覆盖，满眼的圣洁。每年这个时候山上便要举办声势浩大的冰雪童话节。

离仙女湖不远处，还有一处在仙女山上保留完整的传统古村落——犀牛寨。寨子四面环山、植被茂密，隐藏在峡谷森林间。依山而建的土家族吊脚木楼、翘角飞檐、修竹掩映、流水潺潺。寨子里的人们依然保持着传统的土家生活习性，民俗风情与自然风景相得益彰。

在犀牛寨地底下，有五个天然溶洞，分别是寨洞、犀洞、无底洞、泉口洞、黑漆洞。洞内景观奇特，石钟乳和石笋遍布，暗河中还生长着濒临灭绝的珍稀鱼类。

从2014年开始，重庆市开始谋划部署"大仙女山"旅游概念，着手将仙女山旅游跨境联合开发建设，仙女山形成了以武陵山国家森林公园、大木花谷、仙女山国家森林公园、武隆天坑、天生三桥、南天湖等各大板块组成的全方位旅游度假区。

2015年10月，仙女山旅游度假区正式被国家旅游局命名为"全国首批国家级旅游度假区"。2016年7月31日，仙女山国家森林公园被国家质量监督检验检疫总局列为"全国知名品牌创建示范区"。

◆ 白马山

白马山位于武隆区境中南部，为大娄山脉鸡笼山西北翼，南与贵州省道真县毗邻，西与重庆南川区接壤。白马山海拔在1154至1951米之间，面积454平方千米，国道319线穿越其间。

白马山与仙女山分处乌江两岸，远远望去两山隔江呼应，恰似一匹飞驰于天地之间的骏马，当地人便将它称为"白马山"。

白马山地形是典型的山地地貌，时而悬崖峭壁、峡谷深沟，时而山势延绵、岗峦起伏。山上有重岩、铜鼓岩、豹岩、倒挂龙、老熊岩、九重岩、杨狮岩和乌江峡等重要景观。

白马山保留着丰富的生态资源。从前人烟稀少，从山脚下的乌江码头小镇羊角镇出发，沿着川湘古道一路翻山越岭，随时会碰上真正的豺狼虎豹。今天的白马山已经成为武隆重要的生态旅游区，大型凶猛动物不再多见，但幸存与保留下来的亚热带森林动植物种类也极其丰富。

在白马山林区，光是进入保护名录的植物就多达361种，有荷叶铁线蕨、水杉、银杉、鹅掌楸、珙桐、杜仲、银杏、水青树、厚朴、兰果杜鹃、天麻等。其中松杉林面积达17万亩，被誉为活化石的银杉多达450棵，主要分布于海拔1500米左右的三重坡、香火坡、水口庙、太白岩、向家湾、山虎关一带；森林中各种动物共有160多种，其中稀有动物32种，并有关于华南虎、小熊猫的目击记录。

◆ 白马山
　　王德强　摄

林区中有一条著名的"抗战路"——老川湘公路（后来被319国道。取代），公路直通白马山山顶。这条翻越白马山的公路在半个世纪前，曾见证了刘邓大军解放重庆的一场重要战役。

1949年11月，刘伯承、邓小平率领解放军二野主力入川、黔作战，拉开了解放大西南的序幕。11月中旬，蒋介石飞抵重庆坐镇指挥，企图负隅顽抗，并派长子蒋经国到前线"督励"守将宋希濂，要求其守住彭水，布防白马山。

白马山东北面是山路崎岖的悬崖峭壁，山下有乌江天险，是蒋介石拱卫重庆外围的最后一道屏障。宋希濂将所有本钱全砸在白马山，投放了四个军的兵力，沿川湘公路设下五道防线，妄图凭借其易守难攻之势阻止人民解放军前进。

11月21日，由刘伯承、邓小平率领的解放军二野部队主力攻克江口，解放了武隆县城，并为进攻白马山作了重要军事部署。22日拂晓，二野部队主力到达白马山防线，与早已到达的四野部队顺利会师。

凌晨，解放军八万将士开始进攻白马山。时近严冬，雨雪交加。二野第十一军、十二军先后沿公路、小路直取第三道防线，将守军阵地拦腰截断；与此同时四野一四一师强渡乌江，由碑垭展开进攻。一时间，白马山从山脚到山顶六十多公里的战线上枪声大作，战斗进行到23日，以解放军大胜告终。

在这场战斗中，解放军总计毙敌三千余人，俘获一万二千余人，并顺势解放了蒲板、车盘、凉水、赵家、土坎、羊角等，为解放重庆及西南地区打开了通道。

在白马山牺牲的解放军战士，除少数此后收殓入武隆烈士陵园以外，大多安眠在白马山上。如今，在这每一寸土地都浸染着烈士鲜血的山上，百花盛开、群峰耸立。今天的白马山依托良好的生态环境、独特的人文历史，已经成为武隆继仙女山后重点开发建设的一处旅游度假胜地。

白马山旅游度假区设立于2016年，是武隆区打造的重点旅游项目。完好的森林覆盖面积、丰富的植被物种、悠久的盐茶古道存遗，更有白马王子和茶仙女的动人传说，让白马山集自然生态与人文主题为一体，呈现出一种多元且饱满的山水浪漫气息。

天尺情缘景区是白马山旅游度假区的首个项目，也是国家4A级景区。景区以白马与仙女的爱情故事为依托，开创了爱情故事体验地为文化脉络的主题景区。景区拥有悬崖、茶山、石林等自然景观，同时还有白马仙街、浪漫天街、真爱礼堂、爱情魔方、飞天索桥、琴台茶寮、野奢茶庄等文化景观，是游客旅游观光、婚恋会议、亲子娱乐、运动休闲和康养度假的好去处。

◆ 芙蓉江

芙蓉江发源于贵州省绥阳县枧坝镇大娄山脉东麓一个叫石瓮子的地方，全长231千米（重庆段35千米），是乌江最大的支流。芙蓉江古名濡水，又名盘古河，因与乌江交汇处的江口镇沿岸多芙蓉树，故称芙蓉江。

◆ 芙蓉江
武隆区江口镇人民政府　供图

　　说芙蓉江是一条"从天而降"的河流一点不过分。其短短的流程，落差竟达1100米，流域内河道多流经深山峡谷，险滩栉比。在江口电站没有截流之前，芙蓉江是远近闻名的漂流胜地；而居住在两岸的人们，也是从小听着它轰隆隆的激流声长大的。

　　武隆喀斯特自然风景区由芙蓉洞、天生三桥和仙女山三个喀斯特片区组成，如果将三个地方结合起来看，则可发现喀斯特洞穴演化在各个阶段的不同特征在这里应有尽有，特色鲜明。

　　芙蓉江为深切峡谷型河流，在地壳抬升的过程中，水流对山体的切割作用相当强烈。随着江水下切，峡谷地下水流也急剧响应，形成深达600米的竖井通道。之后地壳抬升停顿，地下水运动由垂直切割转为地表径流，芙蓉洞等水平洞穴系统也就此形成。在湿热气候条件下，岩层早已千疮百孔，形成众多的漏斗和落水洞，也造就了芙蓉江千变万化的自然景观：江水绿如碧玉，静不见波纹，怒可掀磐石；山峰倒映于水面，筏舟江上，可见鱼翔浅底；峡谷巍然耸立、飞流高挂，两岸万丈峭壁绵亘十余里而不绝。

在芙蓉江深处的浩口乡，古老的仡佬族聚居在这里。他们的山寨叫田家寨，历经三百多年的历史而风貌依旧。寨子四面环山，十几户人家依山而居。他们的祖先原居住于贵州黔北高原一带，明末清初时，被当作"蛮子"被官府追赶出来，历经苦难，沿芙蓉江顺流而下在此重建家园。

至今，田家寨村民在每年的农历三月三，都要面对芙蓉江举行"祭树"活动。"祭树"又被称为"喂树"或"拜树"，起源于仡佬族的古树崇拜。古寨附近山林中最古老的树常会被作为神树来祭祀和崇拜，神树一旦被选定后，则禁止任何砍伐伤害行为。他们的祖先长期生活在崇山峻岭中，衣食住行与山林息息相关，产生了万物有灵的观念，信奉山神。

◆ 天生三桥

天生三桥地处四川盆地东南边缘与大娄山的过渡地带，因境内不同时代的石灰岩广泛出露，在构造抬升背景下，流水和喀斯特作用形成了丰富多样的地表和地下喀斯特地貌。

天生三桥与仙女山、芙蓉洞一起，共同组成了国家5A级旅游区——武隆喀斯特旅游区。2007年，天生三桥与芙蓉洞、后坪箐口天坑景区一起被列入世界自然遗产名录，成为中国第6个世界自然遗产和重庆第一个世界自然遗产。

天生三桥由三座天然形成的石拱桥组成，故而称为"天生三桥"，三桥分别为天龙桥、青龙桥和黑龙桥。天生三桥以其"亚洲最大的天生桥群"著称于世，是喀斯特发育最强烈、最古老的典型代表，其观赏价值和地质研究价值巨大，是世界自然文化遗产中不可多得的瑰宝。

天生三桥是世界规模最大、最高的串珠式天生桥群。三座平均高度300米以上的天然石拱桥呈纵向排列，其规模宏大、气势磅礴，在不足1200米的范围内平行横跨在羊水河峡谷之上，将两岸山体连在一起。三座天然石拱桥之间有天龙天坑、神鹰天坑两个天坑，形成了"三硚夹两坑"的世界奇特景观。

天生三桥的形成是大自然鬼斧神工的"杰作"。数百万年前，这里的山体还高高隆起，山体中布满洞穴，洞穴中流淌着奔腾的地下河。后来随着河水常年累月地侵蚀，岩层开始大面积坍塌，形成天坑。山体部分没有坍塌的地方就自然形成了今天的天然石拱桥。

天龙桥顶天立地，桥高200米，跨度300米，因位居三桥第一，犹如飞龙在天，故而得名"天龙"。天龙桥下另有天生坑，坑内又生洞，且洞洞相连恍如克里特岛上的米诺斯迷宫，令人倍感神奇。

青龙桥位居第二，是三桥之中垂直落差最大的一座。桥高350米，跨度400米。桥身青翠，藤蔓缠绕，完美地展现了多层次亚热

◆ 天生三桥
武隆区旅游产业（集团）公司　供图

带深切峡谷喀斯特景观，远观正似一条青龙欲飞冲天。

黑龙桥位居最后，桥色深暗，正如一条黑龙横卧于此。同时，黑龙桥还暗含各式清泉，"三迭泉"、"一线泉"、"珍珠泉"等不仅名字雅致好听，而且风光也是惹人心醉。泉水绕三桥，大大增强了三桥的灵动美感，令人心旷神怡。

在下方三桥拱卫的巨大"厅堂"内，有一处清幽古韵的建筑——天福官驿。天福官驿又名"天福驿站"，始建于唐代武德二年（619），是古涪州和古黔州之间的重要驿站之一，后毁于兵燹。电影《满城尽带黄金甲》在这里拍摄取景时，进行了复建。

实际上，这一带早先居住了不少土家、苗家居民，他们大多生活在山区，喜居吊脚楼，屋基前低后高，部分房屋悬空出来。房屋为干栏式全木结构，底楼作畜舍或搁置农具，楼上住人。天福官驿继承了这一风格，基本恢复了驿站被毁之前的风貌。

独特的地质地貌，使得天生三桥风景区成为了电影、电视剧的热门取景地。2006年，张艺谋的电影作品《满城尽带黄金甲》曾在这里取景；2014年，好莱坞大片《变形金刚4：灭绝的年代》也在天生三桥取景，今天在景区内仍可看到一个擎天柱的模型；2016年，热播电视剧《三生三世十里桃花》中的多个场景皆出自天生三桥。

2022年12月31日，天生三桥景区修建的悬崖360度旋转电梯——天龙旋梯，正式投入试运营。天龙旋梯是从德国引进的，垂直高度135.85米，运行高度115米，采用三台双层全景观光电梯并列分体运行，运行速度为每秒3米。电梯在运行过程中呈360度自动缓慢旋转，游客可以从不同角度欣赏世界自然遗产重庆武隆天生三桥的喀斯特自然风光。

今天的天生三桥早已经声名在外、游人如织，游客进入景区后，可以乘坐观光电梯下到谷底的天坑中，再沿着坑底幽静的小道步行游览。一路走来，环顾四周满目苍翠，耳中溪水缓缓流淌，抬头仰望悬崖万丈，眼里山泉飞泻而下，好一派自然奇观景象。

城口县

◆ 九重山

　　九重山位于大巴山脉南麓，城口县庙坝镇境内，距城口县城22千米，最高海拔2471米。

　　大巴山脉是陕西、四川、湖北三省交界地区山地的总称，北临汉水，南近长江，东西绵延五百多千米，故称千里巴山。九重山属于大巴山弧形断褶带的边缘部分，由一系列西北—东南走向的雁列式和冲断层组成，褶皱紧密，断层密集，呈现出中间低、周边高的地貌特点。

　　九重山因为山峦起伏，重重叠叠而得名。"九"在这里表示数量多的意思。九重山得名还有一个传说，城口以前有九条河，河水经常泛滥，让百姓苦不堪言，女娲娘娘命令九条河中的九条龙协助大禹治水。治水成功后，这九条龙就变化成了紧密相连的九座山，因此被称为九重山。

　　九重山因为独特的地质构造造就了许多特别的景观。九重山有一个鱼泉，每年三月，有大量的阳鱼（裂胸鱼）随地下泉水喷涌而出，像一道道银光划过，每次喷涌出来的鱼多则上万斤，少则也有几千斤。阳鱼由于生长在不见阳光的地下河中，属于冷水鱼类，全身无鳞，眼睛退化，由于没有外界的侵扰，所以得以恣意繁殖生长，个体肥大，而且肉质细嫩鲜美。

九重山有樱桃溪和崩溪河两条姊妹河流。一条东南流向，一条西北流向。两条河的景色全然不同，樱桃溪长约7千米，四周高山大树遮天蔽日，奇峰怪石栩栩如生。崩溪河也是7千米，溪内龙洞瀑布飞流而下，震耳欲聋，溪如其名。走进溪谷中只见农舍点点，溪流潺潺，山花争艳。

九重山山顶有四十多个小山包，山包形成了四十八个大小不一的草塘，四十八个塘中有水塘、有旱塘。最奇特的有两个水塘，无论天晴落雨，两池塘的水都是清者自清，浊者自浊，当地人俗

◆ 九重山
　　城口县民政局　供图

称阴阳塘。所以常有游客在此驻足，以池水感悟人生。

九重山顶的卧龙草原面积达万亩，清澈见底的白沙河横穿草原。附近森林曾经是前河林场所在地，现在退耕还林，林场撤销，只有护林员还坚守着岗位，但是工作性质和以前大不一样。卧龙草场属于高山草甸，以前因为交通不便，游人稀少，生态得以保护，现在卧龙草场野花飘香，蝴蝶飞舞，夕阳下金色的阳光晕染在山峰，美不胜收。

九重山森林覆盖率达85%，气候温和，雨量充沛，日照充足，是同纬度地带生物多样性最显著的地区之一。九重山以连绵起伏的山峦、浩瀚的森林、广袤的草场、珍稀的花草、种类繁多的野生动植物独树一帜。

九重山野生动物共248种，属国家一级保护的有林麝、豹、金雕3种，属国家二级保护的有黑熊、斑羚、红腹锦鸡、大鲵、中华虎凤蝶等19种。九重山有野生植物177种，属国家一级保护的有银杏、红豆杉、水杉、巴山水青冈等4种，属国家二级保护的有秦岭冷杉、巴山榧等45种。九重山还有种类丰富的中药材，如药细辛、银柴胡、天麻等，多达200种。九重山花卉植物种类繁多，以杜鹃最为有名。九重山顶上有一株千年杜鹃王，树冠呈半球状，树干需十五人才能合围，满树都是数不尽的白色、粉色花朵，蔚为壮观。而不远处的寒冰洞却是另外一副模样，洞内四处冰柱林立，奇形怪状。每当夏季酷暑洞外炎热，洞内却寒冰不化，清爽宜人；而在寒冷的冬季，却觉得洞内温暖如春。

九重山不仅有独特的自然风光，其人文遗存也有许多。山下庙坝镇庙坝小学有红三十三军师、团指挥部庙坝前沿指挥所旧址。

1934年7月，红三十三军二九七团夺取庙坝后，在此设立了前沿指挥所。红三十三军军长王维舟、副军长罗南辉及二九七团团长王波曾在此居住。庙坝还有红军战斗过的木竹垭空壳洞遗址、庙坝曹家坝公路旁老鹰洞战斗遗址以及崩溪河庙坝二乡苏维埃旧址等红色遗迹，城口是唯一一个成建制建立了县、区、乡、村四级苏维埃政权的革命老区。

◆ 黄安坝

黄安坝坐落在大巴山之巅，地处城口县东安乡，与陕西省岚皋县、平利县、镇坪县交界处，平均海拔2300米。

广义的大巴山东西绵延五百多千米，东端与神农架、巫山相连，西与摩天岭相接。大巴山多向斜尖顶山，属于负地形，简单地说就是在风化和流水侵蚀的作用下，本该隆起的区域被削平成了山谷，而最初的谷地区域则保留成了山峰，形成了与地质作用力相反的地形。黄安坝就是这样形成的，西南地区称平地或平原为坝，黄安坝名为坝，实为山巅起伏不大的缓山。黄安坝区域是许多河流的源头，这些河流对黄安坝的塑造功不可没。

黄安坝得名和一则传说有关。自盘古开天辟地以后，大巴山的马桑树历经数万年的生长越来越高，以至长到了玉皇大帝的云霄殿。一天，齐天大圣孙悟空顺着马桑树爬到了天宫，他掀翻天河水造成了人间洪水泛滥。在洪水肆虐之时，玉皇大帝派他的贴身大臣黄安下来治水。黄安来到大巴山麓，便使出开山大斧劈山开河。他劈开一山又一山，一共劈开了九座大山。现在人们看到从黄安坝流下来的河水和沿河的九道峡口，就是黄安用斧头劈开的遗迹。治理了洪水，玉皇大帝封黄安为"泽灵侯"，又命名水患后的山川平地为"黄安坝"。黄安来到黄安坝，为防止孙悟空再爬大树，即让马桑树"三尺弯腰"，所以现在就没有那种直冲云霄的马桑树了。黄安坝燕河流域有一块石头，酷似人形，人们认为这就是黄安的化身，于是称呼这块石头为"石圣人"，"石圣人"矗立的湾就被称为石人湾。石人湾沟深林茂，峡谷幽长，流水潺潺，清泉如玉，景色宜人。

◆ 黄安坝
  城口县民政局　供图

黄安坝原有个玉皇庙，现在已没有寺庙，却留下了玉皇庙镇和玉皇庙村的地名，传说是因为先有玉皇庙，才有后来的村镇。这玉皇庙得名会不会和黄安坝得名的传说相关呢？如今无法考证。今天从玉皇庙出发，溯横道河11千米就到黄安坝了。

黄安坝方圆数十里，绿茵连绵，牛羊成群，仿佛一块巨大的"天上牧场"，是国家南方草山草坡示范开发区，拥有草场面积达30.6万亩，被称为"重庆的香格里拉"。草场是世界植物资源中覆盖面积最大、数量最多、更新速度最快的，草本植物根系主要都是直径小于一毫米的须根根系，具有强大的固结土壤的能力，其固结土壤的能力超过木本植物。草场还是我国一些重要河流的水源地，黄安坝草场就是横道河的发源地，横道河是城口重要河流仁河的支流。由黄安坝发源出来的河流有四条，分别是正河、亢河、黄溪河、迷彩河，它们最后汇聚于青龙峡。青龙峡是亢谷风景区内一条特别适合玩漂流的峡谷。黄安坝冬季积雪期长达四个月，冬季最低温度为零下20℃，为重庆市内所罕见，这样的气候，既为游客提供了冬季赏雪的旅游资源，也为当地水土涵养提供了保障。

黄安坝山下有一条燕子河，河边岩山经常有许多燕子，因此也叫燕河，旁边有一个燕河村。燕河村有一块岩石叫镜子岩，据说以前是村中妇女梳妆的地方。传说远古有熊氏去西北经商，将妻子留在寨子里。妻子思念丈夫，站在山坡上遥望，发现旁边岩石光可鉴人，就经常来此地梳妆。此后这里的村民也常常在这里梳头，所以这块岩石就被人们叫作镜子岩，寨子被叫作梳头寨了。据说梳头寨的女子都很漂亮，后来人们也把燕河村叫作美女村了。

即使在黄安坝这样偏僻的地方，也不能避免战争的骚扰。《清史稿》记载，清廷大臣额勒登褒和德楞泰率数万官兵与白莲教首领张汉潮激战城口，白莲教一支残部在黄安坝驻营，清嘉庆六年（1801）元月被官兵发现，黄安坝因此变成了厮杀搏斗的古战场。现在黄安坝草场深处还有零星的坟堆。

◆ 亢谷

亢谷坐落在大巴山腹地，位于重庆市城口县东部，距县城约三十九千米。亢谷起于高观镇龙峡口，止于与巫溪县交界的寒风垭，大部分山峰海拔在两千米以上。

大巴山脉在地质上受到富含二氧化碳的河流切割强烈，落差高达800~1200米。大巴山脉多为向斜尖顶山，重重叠叠排列，地貌大开大阖，超过两千米的山峰比比皆是。亢谷也体现了大巴山的地质特点，在不算长的峡谷内，奇峰怪石荟萃，时而深邃狭长，时而开阔平坦，岩溶坝子如星星点缀，景色变幻万千，犹如一场地理大片，有"小张家界"之称。亢谷山区立体气候特征明显，景色随着海拔高度不断变化，四季分明。

亢谷得名和山脚下一条亢河有关。古时亢河两岸居住了许多亢姓人家，河以姓名之，山谷也被称之为亢谷了。如今亢河沿线已无亢姓人家，亢谷之名却越来越大。亢姓中最为有名的代表人

◆ 亢谷
城口县民政局 供图

物之一是亢仓子,亢仓子与文子、列子、庄周被称为道家四大真人,著有《亢仓子》一书。

亢谷风景区在2012年之前一直是山水秘境,没有对游客开放。大巴山北面的秦岭很好地阻挡了恶劣天气,使得大巴山成为第四纪冰期生物的"避难所",大巴山也被誉为宝贵的动植物基因库。第四纪冰川虽然也曾波及大巴山,但在雪线以下的南坡地区依然保存了大量的古老子遗植物,如裸子植物冷杉,被子植物领春木、连香树等。

亢谷森林覆盖面积达90%,有各类植物3800余种,国家重点保护植物197种,有水杉、光叶珙桐、崖柏、银杏等;有国家一级保护珍稀动物云豹、白唇鹿、川金丝猴、梅花鹿等。其中崖柏最为珍贵,1892年,崖柏在大巴山南麓北坡被法国人法吉斯首次发现。崖柏对生态环境要求高，生长缓慢，数量较少，因为在以后的一百多年里，再无发现记录，世界自然保护联盟于1998年将崖柏列为已灭绝的三种中国特有植物之一。1999年10月，重庆市药物种植研究所的刘正宇带领团队，深入大巴山，经过三个多月的寻找，终于发现了上百株野生活体崖柏。

亢谷是一条美丽的峡谷，因为交通不便，少了人类干扰，一直保持着良好的生态环境，当地人过着原始古朴的生活。亢谷以前曾经居住着170户人家，在没有打造成景区之前，人均年纯收入只有3600元，远远低于重庆市平均水平。后来有6家人带头把自己家改造出来接待游客，取得了不错的经济效益。今天亢谷的170户原住民都按照配置独立卫生间的标准打造"大巴山森林人家"。这些森林人家保持着原汁原味的乡村韵味，并给游客提供野生蜂蜜、板栗、有机土豆、山地鸡、中药材等特色农产品。

欣赏亢谷风景最佳方式是漂流。漂流河道全长14千米，累计落差130米，分为上下两段。上段为"勇士漂"，水流急，弯道多，一路在撞击中前进。下半段为"生态漂"，水流平缓，弯道较少，可以欣赏沿路风景。亢谷周边有龙峡口、野人溪、金雕岩（又名月亮岩）、棕熊沟、老虎看猪、鱼泉、猴子洞湾、天生桥、鸡冠石、跳鱼潭、锣圈岩、四方碑、白袍将军等景点。亢谷紧邻黄安坝高山牧场度假区，并与陕西省镇坪县飞渡河，巫溪县中梁水库、红池坝、小三峡相通。

亢谷定位为"巴山原乡·中国亢谷"，"原"字意思为最初的、开始的、本来的，原乡也可以说人类最初居住的地方。对个体而言，每一个人的心中都有一个原乡，这个原乡会在哪里呢？

丰都县

◆ 平都山

平都山位于丰都城东的长江北岸，与双桂山相望，今天的丰都鬼城名山风景区就在平都山上。据《丰都县志》记载，"平都山治东北一里。石径萦纡，林木幽秀，梵宇层出。旧志谓平都福地，紫府真仙之居"。

关于平都山的记载可追溯到两千多年前，"丰都"一名的演化由来也与平都山关联甚深。西周初年，丰都隶属巴国。秦汉时，丰都为枳县地。东汉永元二年（90）分枳县建丰都县，因境内有平都山改名为平都县。隋朝时，取长江中"丰稳坝"首字与"平都山"之"都"字，改称丰都。

平都山又叫作"名山"，其名来源于苏轼的诗句。北宋嘉祐四年（1059），大文豪苏轼登游平都山，题诗《失题二首》："平都天下古名山，自信山中岁月闲。午梦任随鸠唤觉，早朝又听鹿催班。"明万历九年（1581），典史彭镒于平都山顶的天子殿前建"天下名山坊"，"名山"一名渐渐取代了平都山，广为传扬。

平都山自古以来便是道教的福地之一。198年，道教创始人张道陵之孙张鲁在丰都设立道教"平都治"，道家将其列为"三十六洞天，七十二福地"之一。相传汉代时有方士阴长生、王方平二人，曾先后在平都山修道成仙，白日飞升。自此，平都山便以"仙山"之名远扬。

作为仙山福地的平都山一直备受历代诗人青睐，大批文人墨客纷至沓来。在丰都建县至今的近两千年时间里，唐代李商隐、杜光庭，宋代苏洵、苏轼、苏辙、范成大等人，均写有与平都山有关的动人诗篇，留下了诸如"洞宫福地古所铭""名山近江步，蜡屐得闲行"等诗句。

然而在清代文人的笔墨下，平都山的形象和咏诗的风格却突然画风突变，从仙风道骨变成了阴森恐怖。清道光重臣陶澍在《酆都望阴王山》一诗中写道："官府真人事渺茫，传讹谁与问阴王。扁舟此日山前过，惟见疏林挂夕阳。"

这首诗证明在清代时，丰都"鬼城"的说法已经深入人心。从诗句内容中可知，由于人们在传闻中误将"阴""王"二人连缀为"阴王"，于是原为仙山的平都山渐渐被附会为"阴王"（阴间之王）居所，演变成有"阴曹地府"的鬼都。

这个演变的发生年代已经不可考证，大量的证据支持着一个猜测，明代或许是这个改变的重要转折点。明洪武年间朱元璋下诏将"豐都县"改为"酆都县"，而"罗酆山""北罗酆""北酆""酆都"均是道教传说中地狱、冥府的称呼。加上明清时期的文学作品《西游记》《喻世明言》《聊斋志异》《封神演义》等，将"丰都鬼城"描绘得具体生动，助推了"丰都鬼城"民俗文化的形成。

♦ 平都山
　丰都县委宣传部　供图

　　于是在明清时期，平都山上陆续建起了许多与"阴曹地府"相关的道观、寺庙、殿宇。据史料记载，极盛时期的平都山上，大型道观寺庙达75座，塑像、殿宇、亭阁和牌坊数以千计。

　　今天的平都山已经成为了丰都鬼城名山风景区，山上建有哼哈祠、报恩殿、奈河桥、玉皇殿、百子殿、无常殿、大雄宝殿、鬼门关、黄泉路、望乡台、天子殿、二仙楼、城隍殿、九蟒殿等30多座与鬼城相关的建筑、造像，宣扬"行善自有神保佑，作恶难过奈河桥""好人升天堂，坏人下地狱"的上善文化。

　　在丰都鬼城名山风景区描述了这样一个人死后的审判流程：黑白无常拘来魂魄，判官查看生死簿，验明正身，计算一生善恶功过。功大于过者，送过奈河桥，饮下孟婆汤，再次投胎为人；过大于功者，依律审判，打入地狱受罚。

整个审判过程，怎么看怎么像一本醒世绘本：用生动而具体的案例告诫人们，只有乐善好施、善待自己、宽待他人，才能逃过死后的审判和惩罚。恰恰印证了那句古老的谚语："平生不做亏心事，夜半不怕鬼敲门。"

1958年3月，周恩来总理视察名山（平都山）时指示："名山很有文物保护价值，要维修好，让全国人民都知道，在中国封建社会的时候，有个专管人生死的阎王爷。"1995年12月，李鹏总理视察名山，留下了"名山有山山有名，鬼城无鬼鬼无城"的墨宝。2009年名山（平都山）成为重庆市文物保护单位。2014年，名山（平都山）上打造的"丰都庙会"被国务院列为国家级非物质文化遗产。

◆ 双桂山

双桂山位于丰都城东的长江北岸，与名山（平都山）相望，海拔401米，占地约1平方千米。1992年，双桂山被林业部批准为国家级森林公园。

双桂山得名于丰都当地的一个民间故事。相传唐代末年，有个赴京赶考的书生，在赶考途中偶遇一位富家小姐，二人一见钟情，叛逆家族结为夫妻。后来书生高中状元，因拒绝高官招他为婿而被流放至此山上居住。夫妻二人恩爱和谐，不久后诞下双生子。双生子成年后双双考上文武状元，人们便将这座山取名为"双桂山"，取其双双题名金榜之寓意。

双桂山又名鹿鸣山，"鹿鸣山"这个名字源自苏轼三父子。相传北宋嘉祐四年（1059）的一晚，丰都百姓突然听闻双桂山上传来几声尖锐的鹿鸣声，丰都知县忙带人上山察看，发现一只白鹿腾跃于树林间。众人追逐白鹿至树林尽头，白鹿凭空消失，消失处却顿现一白发白须老翁。老翁对众人笑言："明日将有圣人至。"言罢飘然而去。

次日上午，江面上果然迎来一只官船。官船上是苏轼父子三人，他们自渝州去汴京途中于此停舟，准备上岸游览名山。在听闻丰都知县讲述昨夜奇遇后，苏轼三父子备感惊奇，便在游览名山之后来到双桂山，并即兴赋《仙都山鹿》诗一首。

"白鹿夜鸣迎嘉宾"的有趣传说很快便传开，自那以后，许多文人雅士纷至沓来，在双桂山留下了千古传唱的诗文和轶事。双桂山上至今仍存留有东坡崖碑林和苏公祠，石崖间有历代文人雅士的手迹和当代名人的题刻。如明代巡按御史卢雍携友人登岸游双桂山，拜谒苏公祠，并挥毫题咏了"仙质玉无尘，人间亦久驯。一声江月白，应是报嘉宾"的诗句。

因为这个传说，双桂山还有一眼"玉鸣泉"，泉边建有供文人墨客清洗笔砚的洗砚池。康熙《酆都县志》记载："（玉鸣泉）冬夏不竭，滴着琴音，晶莹如玉，故名。"

1985年洗砚池扩建为三口圆形石井。因水质甘甜，当地老百姓将井中之水奉为"神水"，每天都有很多人爬山取水饮用，并将三口井分别取名为"老龙水""还童水""长生水"，还将名字刻于井口。

◆ 双桂山
丰都县委宣传部　供图

相较于名山以"鬼城"为主题的儒、释、道文化核心，双桂山的特色以森林风光和文人气息为主题。不仅古代有苏轼三父子、白居易、范成大、卢雍等，当代还有周恩来、李先念、贺龙、刘伯承等党和国家领导人，以及齐良芷、李铎、李半黎、毛峰等著名艺术家都曾先后在双桂山留下足迹。

20世纪末，双桂山与名山成为了丰都旅游品牌的两大拳头产品，一时间游人如织，络绎不绝。但在新世纪之初，双桂山上的建筑因为年久失修，再加上作为国家森林公园的双桂山亟须提档升级，双桂山国家森林公园进行了长达十数年的闭园整修。

2019年的"丰都庙会"期间，重装升级的双桂山国家森林公园再次出现在人们面前。重新开放的双桂山国家森林公园经过数年的植树造林，山上现有不同品种的花木 50 余万株，100 多个品种，其中珍贵树木 20 余种，竹园、桂园、香蕉园、桃园已有一定规模。

景区内设有迎宾门、恩来亭、贺龙阁、护国寺、大观园、民俗馆、镇邪楼、苏公祠、丰都孔庙、钟鼓楼、九龙壁、汉砖壁、大成殿、道子堂、观音阁等 20 余处景观。

一条连接双桂山与名山的阴阳鹊桥飞跨两山山腰，将双桂山的人文气息与名山鬼城的宗教色彩融会贯通。每到丰都庙会期间，双桂山就会成为沉浸式体验丰都民俗文化、民间技艺的主要场所。

苏公祠里，演员扮演的东坡居士现场泼墨《题平都山》和《仙都山鹿》，古琴古音伴着古茶古韵，既有儒家中的"礼"，又有大宋的茶艺，将大宋古风展现得淋漓尽致。园区内"阴天子娶亲""活捉秦桧""城隍出巡""钟馗嫁妹"等巡演和短戏轮番上阵，包鸾竹席编织、叶脉画制作、鬼脸谱瓢画绘制等非遗展示层出不穷。

今天的双桂山，以长江边上的自然山色和人文气息并重为特色，已经成为长江三峡丰都段必不可少的重要旅游资源。

◆ 龙河

龙河是三峡库区长江上游右岸一级支流，全长 164 千米，天然落差 1263.3 米，发源于渝鄂交界处的石柱黄水冷水乡李家湾七曜山南麓，河水流经石柱和丰都两地20多个乡镇，在丰都王家渡注入浩浩荡荡的长江。

龙河古称"南宾河"，其名来源于石柱古称"南宾县"。明洪武十四年（1381），因南宾县地狭小，遂将丰都县和石柱县并入，置南宾里，龙河成为南宾里所辖地区内河。到了清代"改土归流"，南宾里撤销，清政府在此辖地设立石柱厅。

据清代陈登龙所著《蜀水考》记载，"望涂溪，一名南宾河，在丰都县一百里，自石柱厅流入长江……"此后几经历史沿革变更，"南宾"一名不复存在。民国后，因河道弯曲犹如巨龙，人们将南宾河称为"龙河"。1966年因"龙河"之名在今丰都龙河镇建立了龙河公社，龙河公社1985年改为龙河镇。

在漫长的历史尘烟中，龙河流域历经王朝更替，几度凋零起落，人间烟火却始终生生不息。关于这一点，龙河沿河两岸的峭壁上留下的崖棺群足以为证。仅在今丰都龙河镇境内，龙河岸边的崖棺就有两百具之多，被考古界誉为"崖棺博物馆"。

龙河流域古为洪荒之地，是巴蜀古国最边远的山区，属"九溪十八洞"。生活在这里的土家族先民被称之"五溪蛮"和"苗蛮"，受制于历代王朝规定的"蛮不出境"政策，他们被圈定在大山里过着贫困艰难的山地农耕生活。

据唐代《朝野佥载》记载，"五溪蛮，父母死于户外，临江半壁凿龛，以葬之"。《太平广记》《华阳国志》《太平寰宇记》等古籍中均有对崖棺的记述。

由此可见，崖棺葬是古代巴蜀地区蛮夷先民的丧葬方式，即在悬崖峭壁上开凿一个龛穴以存放棺椁，龛穴的大小宽窄以棺椁

◆ 龙河

丰都县委宣传部 供图

的大小宽窄而定。龛穴分为横式和立式两种，以横式居多。横式龛穴为长方形，开的洞大而浅；立式龛穴为正方形，开的洞小而深。

关于崖棺的由来有两种说法。当地人将存放崖棺的龛穴称为"仙人洞"，第一种说法由此而来。当地民间传说认为将先人这样安葬，先人便可羽化成仙。第二种说法较为贴近科学，说这样的安葬方式寄托了后人的美好宿愿，希望先人遗体贴近高山之巅，能更快登上极乐之天。

龙河流域发现的崖棺，均分布在龙河两岸的悬崖峭壁之上，有的经过日晒雨淋而风化，有的基本保持完好。它们错落有致，或三五穴一群，或多穴连成一片。船行龙河中，抬头见崖棺与天相连，低头见滔滔龙河水，蔚为壮观，犹如一部延伸的历史画卷。

龙河丰都段全长62.5千米，自东向西流经丰都江池镇、龙河镇、栗子乡、三建乡、南天湖镇等地，被称为丰都的母亲河。2019年，龙河丰都段被水利部列入全国首批17条示范河湖建设名录，投入三峡后续资金7997万元，陆续实施了龙河国家湿地公园生态修复工程、龙河鱼剑口库周湿地生态修复及植被恢复工程、涂溪湖环湖道路植被恢复工程等11个子项目。

新建的龙河国家湿地公园位于丰都城东7千米处的龙河南岸，与丰都鬼城名山景区隔河对望。景区内观景台、停车场、加油站、健身步道等便民利民设施一应俱全。沿步道而行，河畔湿地生态良好，处处鸟语花香，令人心旷神怡。是丰都城市居民健身、休闲、野餐、垂钓、交友的好去处。

◆ 南天湖

南天湖风景区位于丰都境内东南部，距丰都城区约40千米，毗邻武隆仙女山。景区面积87平方千米，平均海拔1800米，夏季平均气温20℃。

南天湖风景区拥有武陵山区罕见的高山湖泊、广袤的原始森林、珍贵的高山湿地和美丽的草坪绿洲，是高山赏湖、森林观光、山地运动和春赏花夏纳凉秋观叶冬赏雪的生态休闲旅游度假胜地。

南天湖风景区由六大景区组成，分别为牛牵峡景区、杉树坪景区、板栗园景区、山王殿景区、鸬鹚池景区和南天湖景区。

南天湖景区是南天湖风景区的核心之地。据专家考证，南天湖形成于大约2500万年前的喜马拉雅造山运动过程中，是重庆境内海拔最高、面积最大的喀斯特湖泊，5平方千米的湖面碧波荡漾，镜照天光。

南天湖的地名来源于一个民间传说。相传玉皇大帝携眷出南天门游览，銮轿驿站其间，王母为取悦玉帝，指川成湖，南天湖由此得名。

南天湖景区以湖滨公园为核心旅游景点，承担景区主要接待、服务配套功能，是亲水、赏水的极佳体验场所。景区内主要有音乐广场、湖滨沙滩、水幕电影、休闲秋千、水上栈桥、亲水平台等景观景点，已成为重庆市内最大的高山亲水乐园之一。

从南天湖景区的旅游接待中心出发，往景区腹地深入，便来到杉树坪景区。这里曾是20世纪50年代首批丰都下乡知青生活、生产的地方"三扶林场"，当年的知青在这里引种了成片国外优质树种——杉松。

杉松高大挺拔，树干笔直，宝塔状的树冠优雅而高贵。前人种树，后人乘凉。漫步杉松林，宛如踏进绿色迷宫。阳光从林间透进，山野的雾气将光束染成金黄色，使幽深的林间顿时变得生机蓬勃。

景区内有狮子口观景台，站在上面能观万顷林海，景色壮观。野猪凼是林区内野猪成群出没的地方，金盆凼是一块天然跑马场，游人可在此享受跑马的乐趣。

行过杉松林便到了一大片辽阔的高山草场，板栗园景区和山

◆ 南天湖
丰都县委宣传部 供图

　　王殿景区就位于这片草场的包围内。不同于北方的大草原，这里的草场依山势延伸，平缓的草地与起伏的草坡此起彼落，草地上开满各色野花，与蓝天白云和散放的牛羊相映成趣。

　　板栗园景区内盛产一种植物——冷竹。冷竹由于纤维含量高、无污染，是极好的生态食品。另外，冷竹体态直正、无斑点，胸径为0.5至1.5厘米，高度3至6米，是制作夏季凉席的上佳材料，著名的丰都包鸾竹席，就是用这种材料做成的。

　　丰都南天湖景区、涪陵武陵山景区与武隆仙女山景区同属武陵山系，在重庆的规划里被称为"大仙女山风景区"。在南天湖景区的"后门"（东头入口）处，离仙女山约两千米的地方，有一个美丽的高山海子——鸬鹚池。

鸬鹚池的海拔为1875.8米，面积约2平方千米，是一个高山湖泊。鸬鹚池四周围绕青葱的柳杉，湖中有岛，岛中有湖，湖内野鸭成群，野趣横生，湖中还出产一种极具营养价值的高山鱼类"细鳞乌鱼"。

牛牵峡景区是南天湖景区的东头入口，这里有小石院天坑、古佛岭峭壁、牛角尖戴冠石林、銮驾南天门等武陵山自然奇观。小石院天坑是一个深达150米的地坑，古佛岭峭壁是一个高达200米的峭壁，二者遥遥相对，呼应成趣。牛角尖戴冠石林虽规模不如云南石林，但却别有一番娇小玲珑的风韵。

牛牵峡景区在远古时期曾经也是古南天湖的湖泊之地。据专家考证，古南天湖可蓄水1亿立方米，但由于受到喀斯特地质作用的影响，可溶性岩石在长期地质作用下，湖底形成数个大小不一的水洞，致使湖水逐渐消退，牛牵峡景区便形成了漏斗形地貌天坑景观。

与著名的奉节小寨天坑不同，牛牵峡天坑并非以大取胜，而是成群分布。在小石院天坑附近就有三个天坑并排其间，三个天坑的底部都有溶洞连接，穿行其中，如入迷宫，是探险旅游的绝佳去处。

垫江县

◆ 龙溪河

龙溪河为长江北岸的一级支流，其源头分别发源于明月山东麓明达镇龙马村文家沟和梁平区铁凤山西北，两源汇合后在梁平县境内称高滩河，在垫江普顺镇新桥村半节桥入垫江境后称龙溪河。龙溪河曾经叫桂溪河，民国初年才改称龙溪河。龙溪河自东北向西南流经普顺、周嘉、永安、高安、高峰、五洞、澄溪、砚台、包家等镇，在包家镇绿箭滩汇入长寿湖，在长寿羊角堡附近汇入长江。龙溪河在垫江境内河长97.2千米，流域面积1342.6平方千米。

龙溪河的水文特点表现为上游河床狭窄，滩多水浅；下游陡峻，多瀑布、石滩，尤其是流经长寿境内的狮子滩后河床落差大、险滩多，形成多级瀑布，水能蕴藏极为丰富，为水利开发提供了可能。龙溪河是中国第一条全流域梯级开发的河流，进行了发电、灌溉、养鱼等综合利用。

龙溪河水利开发始于1937年，经过前期的勘测和规划，国民

◆ 龙溪河
　　垫江电视台　供图

政府资源委员会成立了龙溪河水力发电工程处，黄育贤任处长，张光斗任设计工程师，吴震寰任工程师兼工务长，开始了对龙溪河的四级水电开发。当初构想在狮子滩、上清渊硐（上硐）、回龙寨、下清渊硐（下硐）建立水电站的四级开发。狮子滩电站是龙溪河水电梯级开发的第一级，也是最为重要的一级，但是受当时条件限制，迟迟没能动工。于是改变四级开发方案，重点建设下清渊硐（下硐）和回龙寨两个电站。下清渊硐（下硐）电站机组于1944年1月安装完毕，投入运行。这是我国第一个自行设计、制造的也是当时容量最大的水力发电机组，而且被实践证明是设计建造优良的水电站。回龙寨电站于1940年8月开始兴建，直到国民党退守台湾，也只完成了百分之八十的工程量。

　　1949年后，龙溪河上的狮子滩、上清渊硐（上硐）、回龙寨的水电建设陆续完成，总装机容量104.5兆瓦。20世纪50年代，因为狮子滩修建电站而形成的长寿湖是西南地区最大的人工湖。1964年，在云龙镇龙溪修建电站，也形成了长约十千米的人工湖。

龙溪河畔留存了许多地质和人文的遗迹。在七里滩有一处第四纪冰川运动形成的冰臼群。无数密如蜂窝状冰臼群分布在巨大的岩石上，这些蜂窝状石洞以椭圆形、圆形居多，大的直径三四米左右，小的不过十几厘米。七里滩成片的冰臼群无论是从保存的完好程度还是从密度来说，在西南地区属于罕见的地质遗迹，有很好的地质科考价值。

七里滩下游一千米的地方，便是当地闻名的大平寨革命游击根据地。太平寨孤峰突兀耸立在龙溪河边，盘旋而上的石梯直通寨门，共一千多级台阶，雄伟气派的寨门至今保存完好。寨顶上古木参天，坎上面是一排整齐的房屋，房屋与堡坎连为一体，成为一座天然寨堡。今天朝阳门、安乐门、水洞门三道寨门依然保存完好。20世纪20年代，四川红军第三路游击队总指挥李光华在此组织农民协会，传播共产主义思想。1948年春，大平寨成了当时梁山地下党活动的中心。后由于叛徒告密，大平寨革命游击根据地遭到了破坏，有两位党员牺牲于渣滓洞监狱。

龙溪河岸的天星寨在这一马平川的大平坝有如异峰突起，寨子的东西北三面地势险要。得胜门、朝阳门、南纪门、北斗门四道寨门今天仍然依稀可见。此寨西控龙溪水运，东扼梁平小南路要道，历来为兵家必争之地。据《梁平县志》载，清嘉庆二年（1797），白莲教首领王三槐率大军转战巴渝大地路过攻打天星寨，也无功而返。民国时期，为了躲避战乱和匪害，许多人搬迁到天星寨。

今天的龙溪河流域风景秀丽，是重庆市内旅游资源的富集地区。也因为生产条件良好、土地肥沃，是重庆市重要的商品粮、蔬菜、水果基地。

◆ 桂溪河

桂溪河发源于垫江县城西边的明月山麓。明月山间丘陵地带由于降水等原因形成许多河汊，其中一条源自邱家沟，一条源自坛子口，这两条溪流汇集成了桂溪河的源头。

桂溪河从南到北贯穿整个垫江城，流经桂阳街道、桂溪街道和新民、曹回、永安等镇，在永安三河口注入龙溪河。龙溪河是长江左岸的一级支流。桂溪河全长43.2千米，流域面积165平方千米。河床不宽，在城区的宽度也就三四米，河上有许多小桥连接两岸，颇有点江南水乡的韵味。

桂溪河原来并不叫桂溪河。北宋初期的地理总志《太平寰宇记》将桂溪河的两条支流称作清水、容水。两水汇合之后，先后称清溪、清水溪、容溪、铁水、铁江。桂溪河最早也不是指今天的桂溪河，而是指今天龙溪河垫江段，垫江段改称龙溪河后，才将桂溪的名字移植到现在的桂溪河上。

桂溪河的名字和桂花有关。传说以前在桂溪河边住着一对新婚不久的夫妇，丈夫被拉去打仗，妻子思念丈夫，就在河边种了

◆ 桂溪河
　垫江县融媒体中心　供图

　　一棵桂花树等丈夫回来，妻子每年都种一棵桂花树，桂花树越种越多，排满河岸，可是丈夫却没有回来，妻子也因为思念丈夫郁郁而终。人们为他们的爱情故事所感动，就把这条河称为桂溪河。

　　桂溪河也见证了一个城市的发展。明代以前，垫江县城的城垣都是土墙。明成化二年（1466），知县杨端将土墙改建成石城墙，引桂溪河（铁水）绕城垣而过，桂溪河与另一条绕城的迎春河共同构成护城河。当时县城规模不大，人口也不多，县城的居民饮用水主要由品泉井、石岩井、吴氏古井、徐家井、观音井五口井提供。但遇上天旱少雨就需要去桂溪河（铁水）上游挑水使用。于是人们在桂溪河（铁水）上修建水坝，蓄水供应县城饮水的需求。水坝起初为木制水闸，小孩经常把闸门打开玩耍，导致水资源浪费。后来人们便在闸门上加了一把大铁锁，平常用铁锁把闸门锁住，旁边一座桥也被人们叫成铁索桥了。这算是桂溪

（铁水）河上简易的水利开发利用吧。

在铁索桥不远的地方是凌云桥，凌云桥连接凌云书院。凌云书院是垫江县令丁涟耗时两年修建完成的，凌云书院为复合四合院布局，大门为四柱三间重檐式牌坊门楼，两侧各安置石狮子一座，书院飞檐翘角，大气典雅。凌云桥下游有一处地方，卵石遍布，状似龟往上游，谓之"群龟入汉"，是垫江八景之一。传说卵石上的青苔，按其色泽浓淡可预兆年岁的丰歉，浓则丰年，淡则岁歉。卵石的干润可预兆晴雨，晴则润，雨则干。在20世纪五六十年代，这道风景依然存在。

后来，随着县城规模不断扩大，县城配套的污水处理没有跟上，县城部分居民的生活污水、垃圾和厂矿企业的废水、废渣直排河中，桂溪河逐渐成了旧时"龙须沟"。1990年，县政府对桂溪河进行了治理，通过改造河堤、河道，实行清污分流、拦坝蓄水，拆除沿河两岸距河堤5~8米内的各类建筑物，新建污水处理厂等，使曾经的"龙须沟"变成了十里河滨公园。

桂溪河的支流清水溪流域，曾有一个天然湖泊，被称为西湖，西湖后来逐渐淤为良田，仅留下了西湖坝和西湖村两个地名。1992年，沪蓉高速开始修建，在修建明月山隧道时，施工队打穿了明月山垫江城区的地下水系，造成每天约四万立方米的地下水流失，结果使垫江缺少充足的水源。2014年，由政府主导，利用明月山下一处沟槽地形筑坝，将太平镇紫竹湾地下渗水引到原西湖一带，重新开挖打造了牡丹湖湿地公园。湿地公园占地600亩，水面面积300亩，起到了良好的涵养水系的效果，并且成就了一处山清水秀、鸟语花香的美景。

忠县

◆ 瀼井河

忠县瀼井河位于长江北岸,由东、中、西三条支流汇集而成。西支流发源于梁平铁门乡八角殿,流经忠县金鸡镇、马灌镇等地;中支流发源于梁平同兴场石垭子,流经忠县三汇,在白石镇孙家堡与西支汇为黄金河;东支流发源于梁平柏家镇骑龙屋基,流经忠县石黄、官坝、兴峰等地,在黄金镇三角滩与黄金河汇合,再流经瀼井沟,至忠县城东瀼井口汇入长江。

曾经的瀼井河只是忠县境内一条小溪沟,当地人称"瀼井沟",又因其主河道流经黄金镇被人们叫作"黄金河"。三峡水库蓄水至175米之后,狭窄的瀼井沟变身为碧波悠悠的天然湖泊,瀼井河以一种全新的面貌展现在了人们面前。

今天的瀼井河,在忠县境内河道全长71.2千米,流域面积910平方千米,已经成为了忠县境内第一大溪河。河畅、水清、坡绿、岸美,瀼井河如同甘露一般滋润着忠州大地。

在瀼井河流域,有着丰富的风景文化资源。其中包括著名的澊井沟古文化遗址、羊子岩峡谷、地下迷宫金鳞洞、鱼桥洞瀑布、红光瀑布、双岭古寨、花田溪谷等旅游景区景点。

澊井沟风景名胜区由一系列历史人文景观构成，包括澊井沟古文化遗址、巴蔓子墓、巴王台、巴王庙、屈原塔、宝子塔、白公祠、皇华城、金龙峡、杨子崖、中坝遗址、无名阙、丁房阙、宣公墓、古汉墓群、太宝祠等众多景点。

除了人文景观，澊井河的自然景观资源也相当丰富。澊井河河道蜿蜒，沿途青山绿水，散落着奇石、凉亭、险滩、飞瀑等自然景观。由于其处于典型的梯级地形，造成澊井河沿途瀑布众多，尤以红光大桥瀑布最为壮观。

◆ 澊井河
毛幼平 摄

红光大桥瀑布位于忠县黄金镇黄土村境内,属瀼井河东支流流域。每当大雨之后,滚滚洪水流经红光大桥,就形成高约30米、宽约70米的瀑布。这个巨大的瀑布气势如虹,水珠能飞溅到五六十米外,发出的震响如同万马奔腾,令人惊心动魄。

花田溪谷景区位于瀼井河畔黄金镇的大山村,占地1700亩。花田溪谷是一个以"九龙朝圣""飞龙乘云"历史传说为背景,倡导引领新田园主义的一站式乡村旅游景区。景区内有百亩花海、千亩果园、长江三峡第一玻璃廊桥等景观与娱乐设施,同时还开设有青少年农耕文化教育、青少年素质训练拓展等教育培训基地。在这里既可观光游览花、田、溪、谷、洞、寨、庙等自然历史风光,又可获得富硒蔬果、花卉衍生产品的品尝体验和采摘乐趣。

位于瀼井河畔黄金镇桃花村的缤纷大岭景区目前正积极创建国家4A级乡村旅游景区。这里最高海拔近1000米,自然生态良好、历史文化悠久,既有险峰、松涛、梯田等生态旅游资源,也有老街、洋行、城墙、炮楼、燕窝峰、北门子、仙女像等历史文化遗存。这里的云海驿站、露天音乐吧、天文望月台、森林露营台等乡村休闲旅游设施齐全,森林露营节成为这里最具特色的旅游品牌。

天池山国家森林公园也位于瀼井河流域之上。森林公园总面积935.4公顷,海拔800～1200米,具有冬冷春早、四季分明的气候特点。区域内野生动植物丰富,已知植物1218种,动物170多种。公园内还有古栈道、古驿站、古城墙、天然险峰、双龙溶洞、天主教堂、栈桥以及上万株野生南方红豆杉等生态文化资源。公园内的望水古镇是渝东北地区目前保存较完整的高山古镇,属典型晚清巴渝式农居风格，距今已有三百年历史。

黄金镇位于戚家河与瀶井河（黄金河）的交汇处。镇内两条溪河穿流于峡谷间，溪河两侧直上直下的悬崖高有数百米。峡谷景区内有三角、香龙、鱼箭、黄金等多处险滩，还散落着数个风格迥异、水流不断的天然瀑布。

而今的瀶井河，两岸青山、碧波粼粼，风景宛若天然的山水画卷。河水承载的悠久历史，则是忠县浓厚人文气息的体现。一条瀶井河，连接起一方水土与人情，不仅是当地人垂钓、踏青、休闲的好去处，也吸引着游客纷至沓来，探寻、感受忠县的魅力。

云阳县

◆ 龙缸

在重庆市云阳县东南部的清水土家族乡，有一处以超级天坑闻名的风景区——龙缸。龙缸位于三峡库区腹心，横跨长江两岸。它的东边是奉节县，西边是万州区，南边是湖北省的利川市，北边靠着巫溪县和开州区。龙缸于2005年8月正式被授予国家地质公园称号。2012年11月，龙缸风景区正式被评为国家4A级景区，2017年4月晋升为国家5A级景区。龙缸是一处集合了天坑、峡谷、溶洞、高山草场、森林和土家风情于一体的风景区，被称为是长江三峡上最后的"香格里拉"。

龙缸的名字源于风景区中的核心景点——龙缸天坑，"龙缸"二字与当地土家文化可以说是密不可分的。传说清水龙缸一带，曾是龙之家族居住的地方。巨龙们住在数十里长的龙洞里，按照传说，北出口在现在的大安洞，南出口则是在七曜山。龙洞里住着很多世代同堂的龙，挤在一起很不方便，连吃水和洗澡都成问题。老龙王下令在半边街的后面建了一个洗澡池，后来当地人叫它龙滚凼。然后龙们又在不远处的龙岗挖了一口大水缸，成为龙家族们吃水的地方，所以老百姓叫它龙缸，这就是龙缸名字的由来。在土家人的传说中，老龙王交代说，龙缸里不能装满水，够吃就行了，要把清水塘的水留一些给老百姓。所以龙缸常年只有半缸水，而清水塘的三口水塘也是常年清澈见底。

现实中的龙缸是世界罕见的超级天坑，据科学家考证，龙缸是以岩溶塌陷为主、溶蚀为次而形成的椭圆形岩溶天坑。龙缸口最低处鹰嘴峰的海拔高度是1113米，长轴近70度方向延伸约304~325米，短轴178~183米，深度大于335米。这样的深度在我国仅次于重庆奉节县的小寨天坑和广西百色乐业大石围天坑，位居国内第三位，并且在全世界的超级天坑中也能排到第五位。

龙缸的峭壁，最宽处只有两米多，最窄处不足40厘米。人如

◆ 龙缸
　王家福　摄

果站在龙缸的缸沿上，一边是峭壁，一边是深渊，极为惊险。而去到缸底，则又好似来到了一处世外仙境。这里一派鸟语花香的醉人景象，尤其是各色鸟儿在坑的上空盘旋飞翔的景象，真的是一大盛景。龙缸的岩壁陡近90度，这种直上直下的形态，在全世界的天坑中也极为罕见，"天下第一缸"的名号可真是名不虚传。

2015年5月1日，龙缸风景区的云端廊桥正式投入运营。这座廊桥建在海拔1010米高的悬崖，造型形似花瓣，寓意为"天空之花"。在廊桥上，可以720度全方位欣赏美景。云端廊桥的悬挑长度为26.68米，距离地面718米，比美国科罗拉多大峡谷玻璃廊桥的悬挑长度还长5.34米，目前是世界最长的悬挑玻璃廊桥。云端廊桥投入运营后，成为龙缸风景区的必到之处，也是挑战游客胆量的"尖叫之桥"，这里也成为俯瞰风景区的绝佳位置。

云阳龙缸景区堪称自然科学的博物馆、地质景观的大观园，各种地质景观让人叹为观止。除了龙缸和云端廊桥外，龙洞、龙窟峡、岐山草场、蘘草古长城、岐阳关古道遗址、盖下坝湖泊等也值得一看。

◆ 汤溪河

在常识中，云阳县位于长江三峡工程库区腹心地带、长江经济带重要节点。在云阳县长江北岸的山区里，有一条长江的一级支流，叫作汤溪河。汤溪河发源于大巴山南麓巫溪县的三根树，从北流向南，流经沙市鳂、江口、南溪、云安、云阳镇，在云阳县小河口注入长江。汤溪河长104千米，流域面积1707平方千米，在云阳境内长约为62.5千米。

汤溪河的名字起源非常悠久，早在战国末期，这云安的一带就被称为汤溪。在古时候，汤指的是热水，而汤溪河的水在冰冷的冬天摸起来是温热的，所以才有了"汤溪"的名字。汤溪河是一条山溪性河流，夏天雨水丰沛的时候水量很大，但到了干旱年份以及冬天的时候，它就变成了一条流量很小的"小水沟"。

2015年，随着三峡库区175米蓄水完成，汤溪河水位抬升，从一条"小水沟"，变成了拥有"一江碧水，两岸青山"幽深美景的河流。两岸的青山倒映在宽阔的河面，呈现出色彩斑斓的美景。又因为水位的升高，汤溪河具备了通航的能力，云阳当地就展开了汤溪河的旅游开发。

汤溪河在历史上曾经是一条极为热闹的河流，因为河畔就是千年古镇——云安。云安是一个有着两千多年历史的工业古镇。传说汉高祖刘邦的大将樊哙在云安射猎，在追逐一只白兔时，竟发现了一口盐泉，这就是世界上最古老的盐泉——白兔井。于是刘邦让当地隐士扶嘉掘井汲卤煮盐，从此拉开了云安两千年开发的序幕。云安镇以盐业而兴，最多时这个不到两平方千米的小镇上有数万居民。以盐业为起点，云安在1990年代初之前一度是一个工业重镇，水泥产量占据云阳80%份额。不过，由于盐业市场不景气，2003年，云安两千多年制盐史就此终结。

在盐业产业兴盛时，云安古镇文化繁荣，文脉灿烂。这里有北宋著名哲学家邵雍设坛讲《周易》的演易台，有汉高祖刘邦相遇扶嘉的汉王台，养育了撰写我国第一副春联、位至后蜀翰林学士、工部侍郎的辛寅逊。还有筏楼、文峰塔、维新学堂、文昌宫、东岳庙、滴翠寺、帝王宫等有价值的文物建筑。由于三峡工程蓄水，云安镇的大部分已经沉入水中。部分珍贵的建筑被整体搬迁到云阳新城保存。甚至滴翠中学校园中被誉为"三峡树神"的古黄桷树，都完整地迁入了云阳新城的三峡博物公园内。

◆ 汤溪河
云阳县云阳镇人民政府　供图

　　虽然云安古镇大部分都已沉入水底，但对云阳人来说，云安曾经的盛景依然留存在他们心里，成为挥之不去的"乡愁"。2017年7月，重庆市人民政府批复同意云阳县云安历史文化名镇保护规划。这个项目将根据实际情况，保护全镇的21处文物点、3处文物保护单位、6处历史建筑、39处传统风貌建筑。将建成文化展示区、古镇风情游览区、盐文化展示体验区、人文生态公园、游客服务区、游客餐饮住宿区、景观眺望区、古镇生态区、消落区九大功能区。千年古镇即将重新焕发它新的生机，焕新后的云安古镇与蜿蜒百里的汤溪河，将以全新的面貌，诉说那穿越两千年星火文明交汇的故事。

奉节县

◆ 瞿塘峡

瞿塘峡位于奉节县白帝镇。《乐府解题》云：瞿，盛也；唐，陂池也。言盛水其中，可以行舟。是故得名。古人形容瞿塘峡"案与天关接，舟从地窟行"。

瞿塘峡，又名夔峡、瞿唐峡，与巫峡、西陵峡并称为长江三峡，是长江三峡的第一峡。瞿塘峡西起奉节的白帝山，东迄巫山县大溪乡，长八千米，是三峡中最短、最狭、最险，气势和景色也最为雄奇壮观，名胜古迹多而又集中的一个。沿江可见古栈道遗址、风箱峡古代悬棺、题刻满壁的粉壁墙、凤凰饮泉、盔甲洞、倒吊和尚等奇观。

瞿塘峡处川鄂湘黔隆褶带、大巴山南坳褶带和川东褶皱带三大构造交会处，地质构造以褶皱为主，褶皱背斜成山，地貌受河流纵横切割，有山陡谷深等特点。

瞿塘峡两岸山峰似斧劈刀削，最逼仄险峻的夔门，河宽不过百余米，最窄处仅几十米，江水在此一门浩浩荡荡如千军万马奔腾而去。夔门也是第五套人民币10元纸币背面的图案。

而不远处江中耸立的滟滪堆又将奔腾的江水撞击成无数浪花。"滟滪大如象,瞿塘不可上",滟滪堆曾经是令船工们心惊胆战的地方。解放后滟滪堆被炸掉,遗留岩石部分存放于三峡博物馆。瞿塘峡西端入口处,北岸是赤甲山,也就是今天的三峡之巅风景区,三峡之巅其灵感来自于杜甫这一首诗:"赤甲白盐俱刺天,闾阎缭绕接山巅。枫林橘树丹青合,复道重楼锦绣悬。"赤甲山和白盐山,这两座山都是因为山的颜色而得名。赤甲山因为岩层含有

◆ 瞿塘峡
王传贵 摄

氧化铁呈红色而得名，还有个传说是说因古代巴国的赤甲将军曾在此屯兵而得名。白盐山因为岩石呈灰白色、有光泽而得名。

瞿塘峡所在的白帝城曾经是奉节的政治、经济、文化中心。白帝城由公孙述建造，公孙述据此十二年，轻徭薄赋，百姓得以休养生息。刘备在此托孤，诸葛亮"托孤寄命，临大节而不可夺"的品质彪炳千秋，奉节因此得名。

宋元战争，白帝城与磐石城、天生城、皇华城、三台城、多功城等共同构成抗元山城防御体系。

瞿塘峡口到白果背一带的古栈道，传说是当年刘备大军入蜀时，为方便行军所开凿。北岸石壁上刻着"天梯津隶，开劈奇功"八个大字。从这里可以直通巫峡与湖北交界处的清莲溪。昔日巫山大溪乡的农民挑菜到奉节城，也要从此栈道经过。三峡蓄水之后，大部分古栈道被淹没水下。瞿塘峡南岸题刻满壁的粉壁墙，镌刻着数十幅石刻，篆、隶、草、行皆有，可谓我国石刻书法的宝库。

距白帝城仅几千米的地方有诗人杜甫的草堂遗址，杜甫在奉节做了两年的"橘官"，写了四百多首诗歌，其中最著名是七律《登高》：

　　风急天高猿啸哀，渚清沙白鸟飞回。
　　无边落木萧萧下，不尽长江滚滚来。
　　万里悲秋常作客，百年多病独登台。
　　艰难苦恨繁霜鬓，潦倒新停浊酒杯。

瞿塘峡历来为兵家必争之地。郦道元《水经注》："捍关，廪君浮夷水所置也。昔巴楚数相攻伐，借险置关以相防捍也。"廪君即古巴国开国君主务相。春秋时巴楚相争，夔门为必争之地，哪一方夺取了夔门，胜利的天平就偏向哪一方。唐天祐元年（904），王建割据蜀地建立前蜀，派手下大将张武守夔州。宋代景定五年（1264），武将徐宗武于白帝城下岩穴设拦江锁七条，又为铁柱二根，后人呼为铁锁关。今天铁锁关的遗迹仍存。

"踏出夔巫，打走倭寇"，冯玉祥将军题刻的几个红色大字仍然醒目地展示在夔门的岩石上。1943年5月21日，在长江西陵峡右岸的宜昌石牌镇，中国军队对日本军队发动了一场艰苦卓绝的战役，这就是著名的"石牌保卫战"。石牌保卫战堪称中国的斯大林格勒保卫战，这场战斗对中国抗日战争胜利产生了深远影响。

瞿塘峡峡口南岸的大溪文化遗址，距今约五六千年，属母系氏族晚期至父系氏族萌芽时期，是五千年中华文明史的一部分。短短八千米瞿塘峡，浓缩为一部人类文明发展的简史。

◆ 小寨天坑

小寨天坑位于奉节县荆竹乡小寨村。天坑在地理学上叫岩溶漏斗地貌，它是几座山峰间凹下去的一个椭圆形大漏斗。

天坑是由地下暗河长期冲击碳酸盐岩层，引起岩层塌陷而形成的地质奇观。重庆小寨天坑就是这种地质奇观的代表，是地球第四纪演化史的重要例证，更是长江三峡成因的"活化石"，小寨天坑是世界上最大最深的"天坑"，该天坑口部最大直径626米，垂直高度666.2米。

那么，小寨天坑是怎么得名的呢？一种说法是，过去山民为了躲避土匪的骚扰，带着干粮扶老携幼到天坑躲避。山民们切断绝壁间的小路后，天坑就成了躲避祸乱的天然坑寨；这些坑寨的规模一般比较小，小寨由此得名。另一种说法是天坑边缘原有一座石砌的古堡寨，其形制相对其他地方的寨堡要小一些，因而得名。

天坑一般都出现在喀斯特地貌且河流切割很深的地区，当石灰岩、石膏岩等一些可溶性岩石遇到溶解了二氧化碳的水流时，经过一段时间的冲刷与溶蚀，就会出现一些裂缝，慢慢地，这些裂缝越来越大，变成了空洞，在重力的作用下，这些空洞洞顶垮塌，坑洞就显露出来，这就是我们看到的天坑了。大多数天坑属于塌陷型，冲蚀型较为罕见。

小寨天坑底部有一条巨大的地下河，地下河露出地面的长度大约4千米。地下河与附近的天井峡地缝属于同一个岩溶系统。天井峡地缝全长37千米，最窄的地方只有两米，而峡谷的高度达九百米，形成气势恢弘的"一线天"。天坑在地下河水的冲击下，不但形成了小寨天坑这样的奇观，也形成许多暗河密道和山洞，其中在地面河两端的两个山洞更是高达百米。2011年，中国科学院古脊椎动物与古人类研究所研究员黄万波前往天坑地缝景区考察。黄万波发现这些洞穴是史前人类穴居过的山洞，古人可能在洞中居住了上万年。天坑地缝地区十个洞穴中，有八处发现了古生物化石和大量哺乳动物化石。

◆ 小寨天坑
王传贵 摄

　　第二年，在同一时期的堆积层中，科考人员又发掘出了大象、长臂猿、熊等二十多种古生物化石，还发现了四枚古人齿化石，对进一步论证确定"奉节人"体质形态提供了重要依据。现该山洞遗址已被列为与周口店等遗址同等重要的我国重要古人类遗址，是国家重点考古项目。此外科考人员还意外地发现了一只史前人类制作的造型笨拙的原始哨形埙，这可能是迄今发现的人类最古老的乐器。而名震中外的"巫山猿人"化石，就是在距小寨天坑二三十千米外的巫山龙骨坡发现的，这两者之间会有什么关系呢？许多未解之谜期待有识之士去揭开。

"天坑"这个词语在2001年前，通常只是特指重庆奉节的小寨天坑。而其他形似小寨天坑的喀斯特地貌坑洞曾有过五花八门的名字，如石围、石院、龙缸、岩湾等。2005年后，"天坑"这个由中国人定义的术语在国际喀斯特学术界获得了一致认可，并开始使用汉语拼音"tiankeng"作为学术专用名词通行国际。直至今日，已经被确认的天坑达七十八个，其中三分之二分布在中国。

　　离小寨天坑不远，还有一处与三峡夔门几乎一模一样的峡谷，当地人称为"旱夔门"。从旱夔门往里，地势险峻幽深，有许多神奇的现象，至今仍未全部探明究竟。

　　小寨天坑在北纬30度附近，北纬30度是地球上最奇幻、神秘的一个地带，至今仍有大量未解的自然之谜，也有无法解释的人类文明现象。小寨天坑仿佛地球的一只眼睛，这只眼睛凝望宇宙已经上亿年，它在诉说着什么，又仿佛在思考着什么。

巫山县

◆ 巫山

在重庆，巫山既是一个区县的名称，又是一座位于此地的山脉的名字。作为区县地名，它是重庆最东的城市，是一座山水环绕、风光优美、古迹众多的旅游胜地；作为一座山脉，它位于幽深秀丽的巫峡西口，长江与大宁河交汇处的北岸，以"巫山十二峰"闻名于世。

"巫山"之名源自上古时代神话《山海经》中记述的"巫咸山"，中国历史上很多地方都曾有过"巫山"的记载。其中，长江三峡地区的"巫山"，在唐宋之前是指古奉节的"巴东（郡）之山"，唐宋及以后是指古奉节的"夔州之山"。

今天的巫山山脉主要指四川以东，湖北、重庆、湖南交界一带的若干总体北向、东向的山脉。这里是中国地势的第二阶梯，也被称为新华夏构造体系第三隆起带。而位于重庆巫山的"巫山十二峰"，则是巫山山脉中最具代表性的风景名胜。

长江"因势利导"斜切北向、东向山岭，"垂直"横穿巫山山脉，流向东部第三阶梯及东部平原。巫山的强烈抬升和长江的强烈侵蚀，造就了万里长江上峡谷最秀丽、风景最集中的江段——巫峡。

巫峡是长江三峡中风景最为秀丽的峡谷。长江切割巫山山体，造就江水两岸各隆起六座险峰，人们称其为"巫山十二峰"。

长江北岸的六峰分别是登龙峰、圣泉峰、朝云峰、望霞峰（神女峰）、松峦峰、集仙峰，六峰均可在峡谷中远眺而见。长江南岸六峰的净坛峰、起云峰、上升峰隐于岸边山后，只有飞凤峰、翠屏峰、聚鹤峰三峰在峡中江面可见。巫山十二峰绮丽如画，姿态万千，"放舟下巫峡，心在十二峰"这两句古诗词道出了人们对十二峰的倾慕之情。

除了山峰形态的秀丽多姿，变幻莫测的巫山云雨也是巫山最为神秘的胜景之一。巫峡地区山高谷深，蒸郁不散的湿气沿山坡冉冉上升，时而形成茫茫白雾，缠绕峡谷山体之间；时而化作滚滚乌云，落下银珠细雨。云雨之间，巫山十二峰若隐若现，疑似仙境。

巫山还有"三台八景"。第一台为楚阳台（即古阳台），位于巫山城北的高都山上。台高一百丈，面对浩浩长江。半山腰有高唐观，古庙已废。据史书记载，楚国宋玉所作之《高唐赋》，指的就是巫山古阳台的高唐观。

第二台为授书台，位于巫山十二峰的飞凤山麓，与神女峰隔江相对。这里有一个石坛，地势平旷。传说瑶姬带领众姐妹游东海回到巫山，见大禹正帮助三峡黎民百姓治水，瑶姬便向大禹授治水天书于此平台，因此得名。

◆ 巫山山脉之南陵山
巫山县委宣传部　供图

第三台为斩龙台，位于巫山县西部长江南岸的错开峡。黛溪水在此由南注入长江，形成两岸山势犬牙交错的幽深峡谷。峡谷东面的岩石上立着一根顶细底粗、高六十多米的圆形石柱，人称"锁龙柱"，隔峡相对的西面有一个半环形的石岩，由下往上看去形如石鼓，相传这是大禹治水曾经锁龙之处。

巫山与长江的冲撞造就了举世瞩目的长江三峡，而巫山与大宁河的相遇也造就了长江三峡中的精品旅游项目"巫山小三峡"。

长江第一大支流大宁河在巫山汇入长江，大宁河下游受巫山隆起作用形成高山峡谷，其中的龙门峡、巴雾峡、滴翠峡因其风景秀美被人们称为"巫山小三峡"，全长50千米，现已经成为长江三峡旅游线路中一段精品旅游项目。

龙门峡是大宁河上第一峡。峡内河床落差复杂不等，水流时急时缓，宁静时一平如镜，湍急处白浪翻滚。两岸峭壁可见一个个方形小石孔，连成一线，蜿蜒而去，这是我国最长古栈道的起点。

巴雾峡是小三峡的第二峡，从东坪坝起至太平滩止，全长10千米。因峡中支流巴雾河而得名，又叫铁棺峡，也称观音峡。巴雾峡最吸引游人的是峡谷内多处可见悬棺遗迹。

滴翠峡是小三峡的第三峡，长20千米，是小三峡中最长、最秀丽的一个峡。赤壁摩天、罗家古寨、映月岩、登天峰、金丝猴、白马洞、鲤鱼洞、水帘洞瀑布、红碧翠莲、天泉飞雨等自然奇观层出不穷。

今天的巫山已经成为长江旅游线路中一道必不可少的风景线，形成了包含长江三峡之巫峡、巫山小三峡、小小三峡、巫山红叶、巫山神女峰等景点在内的综合旅游目的地，是长江上游最值得停留游览的重要旅游站点之一。

◆ 巫峡

巫峡西起大宁河巫山段河口，东至湖北巴东官渡口，全长44千米，是长江三峡中的第二峡。

长江三峡是我国最为著名的老牌旅游风景区，横跨重庆与湖北两省市，自西向东依次为瞿塘峡、巫峡和西陵峡。

其中瞿塘峡最短，全长仅8千米，是长江三峡中最为雄壮的一个峡谷；巫峡在三峡中最为风光秀丽，两岸的巫山十二峰各有特色，峡谷中云蒸雾蔚，变化莫测；西陵峡为三峡中的最长峡谷，全长76千米，曾以滩多水急著称，后因葛洲坝与三峡大坝的修建致其水位抬高，从前的险峻去而不返。

巫峡的得名来源于巫山地名。巫山县城地处大巴山、巫山、七曜山的川东褶皱带，长江自青藏高原一泻千里，奔腾至此，斜切截断巫山山脉，形成高山峡谷。

人们游览巫峡，大多从巫山码头登船。巫山码头位于大宁河与长江的交汇口，这里也是巫峡的起点。

巫峡最著名的景点便是巫山十二峰，其中又以神女峰最为闻名中外。从巫峡口启航，船行约十里，长江航道沿北岸山势转了一个近90度的弯，自入弯处抬头望向北岸，便能看见江北岸山头上屹立着一座天然形成的似人石像，石像瘦长高挑、衣袂飘飘，似一位美人站在高崖上举目远眺。这就是著名的神女峰。

关于神女峰，有一个世人皆知的传说。相传远古时，西天瑶池宫里住着西天王母的第二十三个女儿，名为"瑶姬"。瑶姬生性好动，耐不住仙宫寂寞，她带着侍从悄悄离开仙宫，腾云驾雾，遨游四方。

当她们来到巫山时，只见十二条恶龙在此兴风作浪，江水被恶龙堵塞，变作滔滔洪水漫向田园、城郭，四川平原变成一片汪洋。风浪间有一人正以一己之力与巨龙搏斗，这人就是治水的大禹。

瑶姬敬佩大禹治水的仁义与勇敢，决定助他治水。只见她按

◆ 巫峡
巫山县委宣传部 供图

下云头双手一指，便将十二条巨龙变作十二座山峰，即为今天的巫山十二峰。山峰间出现一条峡谷，洪水顺着峡谷缓缓退去，既疏通了水道，又为长江上游保留了农耕灌溉的水量。

瑶姬还送给大禹一本治水天书。在瑶姬的帮助下，大禹成功治理了洪水，巫峡也变身为风景秀美的人间仙境。

瑶姬喜爱这里的山水美景，于是屹立巫山之巅，为行船指点航路，为百姓驱除虎豹，为人间耕云播雨，为治病育种灵芝。年复一年，她便化作山顶的一尊石像，自此望霞峰便被称为"神女峰"。

巫山百姓为了纪念瑶姬，尊称她为"妙用真人"，在旁边的飞凤峰山麓为她修建了一座凝真观（即神女庙），飞凤峰山腰上的一块平台，即为神女向大禹授治水天书的授书台。

瑶姬的故事在三峡一带广为流传，有各式各样的版本，但多为神话传说，真正将神女传说与历史结合在一起的故事，来自战国时期楚国辞赋家宋玉的《高唐赋》《神女赋》。

《高唐赋》与《神女赋》是内容相互衔接的姊妹篇，两赋皆以楚王与巫山神女的故事为题材。《高唐赋》侧重写巫山一带的山水风物；《神女赋》则着重刻画神女这个人物，塑造出巫山神女的美丽形象。

宋玉的两赋讲述了这样一个故事：战国末年，楚襄王与宋玉在巫山打猎游玩。楚襄王极目远眺，发现神女峰周围云气缭绕，似有登云上天之境，再细看时云雾又变幻出各种奇景，层出不穷。

楚襄王十分惊讶，便向宋玉询问原因，宋玉答道："这大概是为了隐藏朝云女神的踪迹所致。多年前，您的父亲楚怀王曾巡游到此做了一个梦，梦中怀王遇见了一位自称是巫山之女的神女，她愿意与怀王共享自己的半只枕头与半席床席。临别时神女说自己住在巫山南面最高最险的地方，朝化为云暮幻为雨。楚怀王醒后出门观看，景象果如巫山神女所说，峰顶云雾缭绕，忽云忽雨，变幻莫测。"

楚襄王听罢，不禁对巫山神女思慕不已，当晚他也梦见了神女。然而尽管楚襄王对神女苦苦追求，但神女却洁身自持，"怀贞亮之清兮"，最终"欢情未接，将辞而去"，楚襄王被神女拒绝，故而"徊肠伤气，颠倒失据"，伤感失意之下泪流不止，苦苦等待直到天明。

宋玉的两赋使得神女峰声名远播，自此神女峰与巫山云雨成为了文人墨笔下的灵山秀水和奇幻美景。而毛泽东的"神女应无恙，当今世界殊"，则写出了巫山神女峰在世人心中的显赫地位。

巫山十二峰过完，船再往东行，便到达湖北县巴东境内。秀丽的巫峡仍在继续，它衔接起渝、鄂两地的文明与文化，如同奔腾千里的长江水一般，连绵不息。

◆ 巫山十二峰

自大宁河口起，沿长江东行，便进入了巫峡流域。巫峡的核心景观，便是位于长江南北两岸的巫山十二峰。

巫山十二峰分别位于长江巫峡段的南北两岸，两岸各有六峰。北岸有登龙峰、圣泉峰、朝云峰、望霞峰（神女峰）、松峦峰、集仙峰，南岸有净坛峰、起云峰、飞凤峰、上升峰、翠屏峰、聚鹤峰。

巫山民间有一个传说，说巫山十二峰是当年大禹治水时得仙女瑶姬授书，以法术惩治江中的十二条恶龙变幻而来。十二条恶龙化身为十二座山峰，从此留守长江两岸，镇守江流平静、安稳。

"十二巫山见九峰"是游览巫峡时向导们常提的一句话，意思是指巫山十二峰在游览巫峡时能看到九座，另有三座净坛峰、起云峰、上升峰隐于神女溪风景区和黄岩景区两岸，在巫峡中无法看见。

沿巫峡观览十二峰，首先映入眼帘的是长江北岸的登龙峰。

登龙峰海拔高度1130米，山顶高处就像昂首的龙头，"龙头"后连绵起伏的山势宛如龙身。登龙峰逶迤三十里，层峦叠嶂气势雄伟，像一条长龙跃跃欲飞，疑上九天。

登龙峰之后便是圣泉峰。圣泉峰又名大丹山，海拔高度870米。因山中有一个形若狮状的山头，山头前有一块白色光洁岩石，形如一块银牌挂在"雄狮"颈上，当地人称之为"狮子挂银牌"。圣泉峰下常年流淌着一股甘美清甜的泉水，泉随山势而下形成飞瀑，故名"圣泉峰"。

◆ 巫山十二峰之神女峰
吴建波 摄

在圣泉峰对岸是飞凤峰，飞凤峰其实是长江南岸自西向东的第三座山峰，因净坛峰与起云峰隐于飞凤峰身后不可见，飞凤峰成为了巫峡南岸可见的第一座山峰。飞凤峰海拔高度740米，因形如一只凤凰低头俯身于长江饮水而得名。

在飞凤峰对岸，圣泉峰身后迎来了朝云峰。朝云峰海拔高度820米，因长江在这里开始进入弯道，江面上升起的水雾升腾而上，不易散去，位于箭穿峡口的朝云峰受地理条件影响，成为了观赏巫山云雨的绝佳之处。每天日出之前，朝云峰顶云雾缥缈；日出之时折射日光，变幻出彩云环绕的各种景象。

朝云峰对岸是翠屏峰，海拔高度740米。翠屏峰底部山势陡峭，顶部山势平缓，漫山苍翠，郁郁葱葱，形如一道绿色的大屏风，因此得名翠屏峰。

从翠屏峰北望，在北岸的朝云峰身后，一尊仙气飘飘的天然石像出现在峰顶，这就是著名的神女峰——望霞峰。长江在这里开始绕弯，正好让船上的游人将神女面貌全方位尽收眼底。望霞峰海拔高度860米，山顶的神女石是自然界最有诗意的一块石头，古往今来的文人墨客，在此留下了大量赞美诗篇。从屈原的《九歌·山鬼》，到李白的《观元丹丘坐巫山屏风》、刘禹锡的《巫山神女庙》、元稹的《离思》、苏轼的《蝶恋花》、陆游的《入蜀记·神女峰》，及至毛主席的《水调歌头·游泳》和当代诗人舒婷的《神女峰》，历代文人的不绝咏唱，与浩浩长江一道，形成了环绕神女奔腾流淌的另一条文化江河，至今绵延不息、代代相传。

在望霞峰身后依次是松峦峰和集仙峰。松峦峰海拔高度820米，峰顶苍松环盖形似帽盒，故而又称帽盒峰。集仙峰海拔高度840米，位于松峦峰东侧，是十二峰中最好辨认的一座。因其峰顶自然分叉，形似一把张开的剪刀，所以又名剪刀峰。

在集仙峰下临江的绝壁上，曾有一块方正的白色凹形石壁，像一块巨大的石碑，传言石碑上刻有诸葛亮的《隆中对》，故名孔明碑。事实上孔明碑并非诸葛亮所题，碑文也非《隆中对》。碑上历代题刻日久风化，可辨字迹为数不多，只能看到"重岩叠嶂巫峡，名峰耸秀，巫山十二峰"十五个字。随着三峡库区水位抬升，今天的孔明碑已经长眠于江中。

在松峦、集仙二峰的江对岸是聚鹤峰。聚鹤峰海拔高度820米，位于巫峡南岸翠屏峰的东侧，因传说夜间常有白鹤聚集峰顶故而得名。曾有"猿声巫峡愁漂泊，别有高峰招野鹤"的诗句，描写了此处的美丽景致。

"放舟下巫峡，心在十二峰。"这两句古诗道出了千百年来人们对巫山十二峰秀丽风光的倾慕之情，也充分证明了巫山十二峰在长江三峡巫峡段的核心景区地位。

◆ 箜篌沱

箜篌沱是长江与大宁河交界处的一段水域，位于巫山城东、巫峡西口，就在新建的巫山长江大桥下方。

箜篌沱得名于箜篌山。箜篌山位于巫峡西口北岸，即今天的文峰塔所在之山，当地人又称此山为文峰山。箜篌山是巫山山脉中一座由石灰岩材质形成的山峰，内有中空溶洞无数，其中最有名的溶洞叫作"陆游洞"，相传当年陆游入川时曾在此夜泊，故而得名。

因山中溶洞成群，溶洞中有地下水顺着钟乳石滴落水潭，发出"叮咚"之声不绝，其音如同箜篌演奏，此山便被人们称为"箜篌山"。

箜篌山下江面狭窄滩多水急，人们将此段江面称为箜篌沱滩。奔腾的江水在箜篌沱汇集一线通过，惊涛暗涌无数，形成了巫峡第一险滩，旧时曾有"十船九毁"的说法，故而又名"空往沱"。

虽然今天的箜篌沱因三峡库区水位上涨、江面变宽而显得波澜不惊，但在长久的历史岁月里，它给江上行船带来的麻烦却令人记忆深刻。于是古代人们按照自己的传统习俗，开始了在箜篌山上修建镇风水宝塔的工程。

1883年2月，英国人阿奇博尔德·约翰·立德乐包了一艘木帆船从汉口出发，历时一个月时间抵达巫山。此行的全部经历被立德乐写进了一本书里——《扁舟过三峡》。

在抵达巫峡峡口时，立德乐在书中提到了箜篌山上正在新建一座高塔。他写道："巫山峡口左侧有一座陡峭的圆锥形山峰，高约1500英尺，山顶上有一座绿树掩映的寺庙，称为文峰寺，后面是一道2500英尺高的山脉。不知出于什么理由，巫山县正在这座山峰上修建一座新塔。我们的船工对此极其反感，说这处选址兆头不好，它控制着急滩和漩涡，肯定会造成灾祸。"

由此可见，箜篌山上建有寺庙与高塔并非立德乐所见之时才有，立德乐所述"修建新塔"，可见原有旧塔。《巫山文史资料》第三辑向承举先生著《为何不见巫山古城的镇风水宝塔？》一文回忆，文峰山上的风水宝塔建于乾隆年间，后道光年间，巫山知县上奏说："巫山镇风水宝塔镇压了龙尾，行船到此就把金银财宝倒光了。"因触犯了年号道光，道光帝立即下旨销毁了镇风水宝塔。随后才有了立德乐所见修建新塔之举。

据清光绪《巫山县志·山川志》载，"（文峰）绝顶有观，名曰文峰，即凌云观。驱熊山，县东三里，一名箜篌山，山形突兀莽苍，屹立峡口，为全川锁钥，下即箜篌沱滩；江流至此一束，湍急涛回，声如熊吼，与滟滪无殊"。清光绪《巫山县志·寺观志》载："凌云观，县东箜篌山顶，今改文峰观。"

1998年库区蓄水后，巫山县人民政府在原址上重建宏大壮观的文峰观和镇水塔，并以此为核心景观修建了国家4A级景区公园，为历史文化和旅游景区进行了衔接重塑，就是今天人们看到的文峰观和文峰塔。

昔日的箜篌沱滩固然惊险，但却景色绝美，昔日巫山八景中的"澄潭秋月"，指的就是箜篌沱。从前的箜篌沱滩每到秋季枯水季节，滩头显露，形成一个个江中深潭，月光从箜篌山上洒下来，倒映在潭面的波光中，整个潭面铺上柔软的橙黄色，其景堪称一绝。

今天的箜篌沱因为水面上升，滩头再无法露出水面，深潭也消失无迹，但漫山遍野的巫山红叶却成为了新的景观。从巫山码头坐渡船抵达箜篌沱，再由登山步道自巫山长江大桥桥头上山，是观赏巫山红叶的最佳路线之一。

巫山独特的气候为红叶种植、生长创造了最佳条件，高峡出平湖的新地貌又为江、山、红叶三位一体提供了绝佳条件。近年来，巫山政府大力打造巫山红叶景区，不仅保护了长江及大宁河两岸的生态，还实现了"生态美""百姓富"，展现出高峡平湖与漫山红叶交相辉映的壮丽新景观。

被称为"渝东门户桥""渝东第一桥"的巫山长江大桥也是箜篌沱附近重要的景观之一。巫山长江大桥于2005年建成通车，巫山长江大桥创造了当时桥梁建设的五项世界第一,已列入世界百座名桥。

曾因滩险闻名的箜篌沱,在挥别了"澄潭秋月"的昔日风光后,华丽蜕变为新时代的山水胜地——文峰观、文峰塔、巫山红叶、巫山长江大桥汇聚于此,形成巫山又一片风景集中的旅游观光胜地。

◆ 黛溪

黛溪也名大溪,发源于重庆奉节南部吐祥镇大龙村,流经巫山县境后于瞿塘峡与巫峡之间的江口汇入长江。由于溪水颜色深绿如墨,在奉节境内被称为墨溪河。到了巫山境内,由于汛期来临时水势浩荡,当地人便称此溪河为"大溪"。

黛溪河在我国古人类历史上占有十分重要的地位,黛溪河流域曾有过灿烂的远古人类文明,在这里诞生了著名的大溪文化,也孕育了已经消失的大溪古镇。

时间回到1925年,一群来自美国的探险队员在位于瞿塘峡东出口的大溪流域土地上发现了一批石器、残毁陶器的口沿及腹片,同时还发现了一些鱼骨渣。这个重大的发现意味着,这里曾经有过远古人类文明。

1959年,我国的文物考古专家开始对这里进行考古发掘。经过先后两次发掘，专家们在仅仅228平方米的遗址范围内，发掘出74座新石器时代墓葬，考古学家们很快就意识到这是一种新的考古文化，意义重大，于是提出了"大溪文化"的命名。

1975年，我国多个文物部门联合对大溪遗址进行了第三次发掘，共清理墓葬133座。在这一次的发掘中，发现了大量屈肢葬遗址。屈肢葬是我国古代丧葬形式之一，其特征主要是把遗体肢骨屈折，使下肢呈蜷曲形状，然后葬入墓坑。

2000年至2003年，为配合三峡工程建设，我国文物考古专家对大溪遗址进行了踏勘钻探，基本搞清了遗址的内部结构和分布。这一次发掘的墓葬数量达两百余座，加上前三次发掘的两百余座，意味着在整个大溪文化时期，至少有四百余人曾经生活于此。

考古发现为人们拼凑还原出一段远古的历史——在六千多年前，母系氏族晚期至父系氏族的萌芽阶段，第一批人类就已经活动在这片土地上，成为中国新石器时代母系社会的重要遗迹。他们的子孙后代一直持续到大溪文化末期。

随后的商周时期，大溪遗址上的人类与峡江多数地区一致，属于早期巴文化系统的人群。到了春秋中晚期，楚人西进，居住于此的人们在大溪遗址留下了大量的鬲、盂、豆、甗等陶器。

然而大溪遗址却并不是大溪文化孤军深入瞿塘峡口的唯一遗址，在重庆地区，目前发现的大溪文化遗址共有五处，分别是巫山欧家老屋遗址、人民医院遗址、大水田遗址以及渝东南的酉阳笔山坝遗址，这些地方均发现了丰富的大溪文化遗存。

比起大溪文化的璀璨与响亮，大溪古镇的名气当然小了许多。但对于当地人来说，大溪古镇却是一代人的儿时记忆，是不再重

◆ 黛溪

巫山县大溪乡人民政府　供图

现的旧日时光。

大溪场镇位于大溪河水汇入长江口处，依山傍水，历史久远。它前扼长江瞿塘峡出口，后靠湘鄂西大山，自古就是交通要道。自汉朝开始，大溪古镇开始兴盛，上川下楚的船只，均在此停泊转运客人与货物。

大溪镇不大，但镇上却有十三条街道。街道由青石板铺就，方向平行于大溪河道，有铁匠街、光荣街、绍字街、水井沟街、三间店街、九间店街等，垂直于街道上下的路全是石阶。

从前的大溪镇约居住有两千余人，由于地处鄂西、湘西与川中商贸交通要道，故而商旅行业繁荣。镇中光是旅店、客栈就有几十家，大多为骡马店。客店楼上住人，偏房拴马，楼下则是喝酒吃茶的饭桌，客人们拉着牲口进进出出，好不热闹。直到库区移民搬迁前，从这里往庙宇方向，依然有马帮往来运输货物。

大溪镇原有一座长春桥，建于清代嘉庆年间，大桥为七拱石桥。桥头有一座大庙，解放后曾被改建为学校、篮球场，是全镇的活动中心，开大会、放电影、举行文娱活动都在这里。三间店街因老民居三间店而得名，这里风景独好，站在民居三楼临窗眺望，即可见瞿塘峡口、大溪水、长江与大溪的交汇处，大溪文化遗址尽收眼底。

大溪镇上还有许多历史古迹，例如聚兴昌商行、曹家老屋、九间店民居、杨木匠屋内悬棺（即吊棺）、三间店蛮子洞、叶井东家雕花木楼等。从大溪古镇坐渡船过大溪，便是大溪文化遗址的主发掘地。

随着2005年三峡工程三期蓄水，大溪古镇被永远淹没在了长江江底，只余泛着微黄的老照片，向人们倾诉着那条江和江边的久远故事。

巫溪县

◆ 鸡心岭

鸡心岭地处大巴山腹地,是陕西、湖北、重庆三省市交界之地,因处于中国版图的正中心,是西南、西北、华中三大区的交界点,被称为"自然国心"。

关于鸡心岭的由来,在鄂、陕、渝三地民间的传说有很多。其中流传最为广泛的一个版本是这样的:相传在陕、渝、鄂三省市交界处,有一座高岭,岭下有一山洞,洞中不停地向外喷涌盐水。

一日,木匠祖师鲁班与太上老君路过此岭,发现这股盐水白白浪费掉了,于是二位打赌,赌谁能一夜之间将盐水引至人口稠密的巫溪、巫山一带造福百姓,先者为师,后者为徒,并请观音菩萨作证。

天黑后,二位同时动工。鲁班念动咒语、运发神力、挥舞刀斧,一路打眼竖杆,半夜就到了重庆云阳的云安镇。太上老君因久在天庭炼丹,对工程不熟,到子时才将盐水引至巫溪的宁厂镇。

眼看胜负即将见分晓,观音菩萨担心二人因此伤了和气,忙驾祥云飞至三地交界的这座山岭上,化作雄鸡高啼三声,鲁班、太上老君以为天亮了,便同时收工,打了个平手。

此后,这座山岭便得名"金鸡岭"。再后来,人们观其形状似鸡心,将其更名为"鸡心岭"。重庆云安和宁厂此后都以盐而兴,据说靠的就是鸡心岭上的盐水。

鸡心岭海拔1890米,此处地势山形十分奇特,东、南、西三面各有山梁由下直贯峰顶,如同天然的分界线,岭南是重庆巫溪县,岭西为陕西镇坪县,岭东则属湖北竹溪县。

从巫溪去鸡心岭,经徐家镇后便能看到一座仿古式建筑门楼——迎宾门,过了门楼便是湖北的竹山县,再爬上山顶,跨过界碑便到达了陕西境内。

迎宾门建于2011年,门楼正中牌匾上写有"通衢雄关"四字,两侧阁楼上绘有山水风景和龙、凤、麒麟等吉祥物,左右立柱上有陕鄂渝三地领导的题词。

2008年,国务院在鸡心岭的山顶立下了陕、鄂、渝三地的界桩,建起高大的三角体界碑——自然国心碑。自然国心碑包括三层台阶广场及其中心立柱,是三省交界处的标志性建筑物。

广场直径10.2米,使用三种不同色彩的石材铺装,代表三省(市)之地域。中心立柱为通高7米的正三棱体,每面宽80厘米,用花岗岩建成。自然国心碑朝向正式界碑方向为陕西地界,朝向悬崖方向为重庆巫溪,朝向界碑对面的方向为湖北地界。

"攀上鸡心岭,一脚踏三省;去时不知归,归来身失魂!"这首记载于《竹溪史志》中的古民谣,描写了鸡心岭险峻陡峭的自

◆ 鸡心岭
巫溪县民政局 供图

然地貌。在鸡心岭周边,有情侣峰、观音崖、圣母洞、剪刀峰、五子峰、古战壕、古盐道等多个自然景观和人文遗迹。

巫溪是一座因盐而兴的古城,至今境内仍有多条古盐道,形成四通八达的古盐道网络。据考证该盐道始于夏商,盛于历朝。自古陕西、湖北边陲居民生活用盐须到巫溪去买,天长日久,便在鸡心岭上形成了南北走向的古盐道。

相传曾有对陕西的男女青年结伴同行,经古盐道到巫溪背盐。途中被鸡心岭的风景迷恋,流连忘返。月老见男女青年十分般配,便使其结为伉俪。青年男女互赠玉佩,并将月下老人像刻在一块玉佩上留作纪念。后来,这对情侣化作两座山峰,玉佩化作两面崖壁,月下老人现于崖上笑望路人,这就是鸡心岭上情侣峰的由来。

鸡心岭为陕鄂渝重要关隘,自古为兵家必争之地。明末清初农民起义军将领张献忠、清代白莲教军将领王聪儿都曾率部与官军激战于此。解放战争时期,中国人民解放军也曾与国民党军队在此展开激战。

在鸡心岭的剪刀峰后，有一处依悬崖峭壁而建的古寨遗址，传说是太平天国将领洪秀全之妹洪延娇随兄转战驻军的地方，故而得名延娇寨。

今天的鸡心岭早就成为了免费对游客开放的度假旅游景区，无论是秀丽的风景还是独特的文化，都让这个三省交界处的美丽山岭，具备吸引游人的魅力。

◆ 阴条岭

阴条岭自然保护区位于巫溪东部的双阳乡，紧邻神农架大九湖国家湿地公园，是神农架自然保护区的延伸地带。这里有重庆市内唯一的一片原始森林和无污染的高山草场，平均海拔1900米，面积12万亩。

阴条岭自然保护区因其主峰阴条岭得名，地处重庆巫溪与湖北巴东的接合地带，有依秦望楚之势。主峰阴条岭海拔高度2796.8米，是重庆市内最高点，被称为"重庆第一峰"。

阴条岭属秦岭山系，东接大巴山，南连巫山。从山顶到山脚，相对高度差别很大，气温和植被景象层次分明，有"十里不同天"的显著特点。

作为自然保护区，阴条岭有着多种具有代表性的生态系统，其中植物种类1500多种，且包含大量珍稀濒危物种，有银杏、珙桐、崖柏、红豆杉等国家一级保护植物15种，是难得的"天然物种基因库"。除植物外，还有金雕、白熊、白狐、金钱豹、小熊猫等三百多种国家重点保护的珍禽异兽出没林间。

阴条岭的核心景区占地十二万余亩，包括大官山和白果两个林区，著名景点有阴条岭主峰、大官山、兰英寨、黄草坪、兰英大峡谷等，被称为"三峡第一园"。

阴条岭主峰是整个保护区的最高点，有着独一无二的高空瞰胜景观，山顶竖有书写着"阴条岭"三字的石碑，山路上密集着打虎坪、公母泉、万蛇山、丢命沱、舍命滩、阎王鼻子、鬼门关等景点。

阴条岭顶峰最迷人的景观莫过于云海日出。作为重庆第一峰，从这里放眼望去，远近皆为各山山头。在山头与山头之间，每当入夜温度骤降，蒸腾到高空的水汽便化作浓浓云雾缠绕山间。清晨的第一缕阳光划破长空，映照在云蒸雾蔚的云海之上，是阴条岭顶峰最为迷人的景色。

大官山属于阴条岭自然保护区的实验区，紧靠神农架原始森林，占地18万亩，其中原始次生林十万亩，天然草场一万亩。林草覆盖率达90%以上，海拔高度为1600~2500米，有"东方天山"之称。

大官山是历史上著名的"五大药山"之一，以生长贝母、天麻等名贵药材而闻名，药材市场上著名的"巫溪大贝母"就产自大官山附近。

巫溪大贝母是川贝的一个品种，为多年生草本植物，喜欢冷凉的气候条件，具有耐寒、喜湿、怕高温、喜阴蔽的特性。在阴

◆ 阴条岭
巫溪县文化和旅游发展委员会　供图

条岭一带的当地人用"一年一根针，两年一片叶，三年一飘带，四年抽筋不开花"来描述巫溪太白贝母的珍贵。

阴条岭保护区内还有一处著名的古寨，名为"兰英寨"，相传是由唐代绿林女英雄纪兰英所建。纪兰英是隋唐英雄薛刚的夫人，为人豪爽正直，有巾帼不让须眉之气质。据说当年纪兰英随夫反唐，在阴条岭搭建山寨，引领寨众劫富济贫，让居无定所的流民百姓到山寨安家乐业。后来当地人为纪念纪兰英，将山寨命名为兰英寨。

兰英寨的风光以原始森林为主，间或有几块草地，山寨遗址中的麻条石经历了1300多年风雨，依然保存完好。以兰英寨为核心的阴条岭片区旧称九焰山，《薛刚反唐》中称："九焰山风水好，十分险峻，四面环绕，九个山头合抱，上边又有平坦之地四百余里。"

在阴条岭，与纪兰英相关的地名可不止这一处。大官山下就是巫溪官阳镇兰英乡，从兰英乡到双阳乡有一条横跨两乡的深山峡谷，也被称为兰英大峡谷。

兰英大峡谷有"重庆第一深谷"之美誉，整个峡谷全长100余千米，谷底最窄处仅有13余米，平均深度1500余米，最深处达2400余米。峡谷中有奇山怪石，险峰瀑布、珍奇异兽，还有许多纯天然的极美景致，构成了大自然罕见的山水画廊。

阴条岭保护区是我国西南部山地区域重要的森林生态系统，是具有国际意义的陆地生物多样性关键地区，更是三峡库区重要的生态屏障和原始珍贵的生态保护区，有着很高的科研和保护价值。

◆ 红池坝

红池坝位于重庆巫溪县域西北部的文峰镇，是中国南方第一大高山草场。红池坝距巫溪城区约84千米，总面积约240平方千米，林草覆盖率85%，海拔高度为1800~2630米。

红池坝拥有得天独厚的生态资源和人文景观，这里是楚国重臣春申君的故居，是中国远古"巫文化""盐文化"的发祥地。红池坝有云中花海、天子城草海、西流溪湿地、团城峡谷、十二垭山地、度假区等六大区域共五十余个自然景观，还有红豆杉、高山杜鹃、红三叶草、黑熊等大量的珍稀动植物一千余种。

红池坝气候条件独特，景观绝美瑰丽，是春观山花夏避暑、秋赏彩林冬戏雪的观光胜地，是长江旅游金三角上的一颗璀璨明珠。2002年，巫溪红池坝被批准为国家级森林公园。2012年9月，重庆巫溪红池坝风景区正式被国家旅游局批准为国家4A级风景名胜区。

红池坝草场古称万顷池，是战国历史名人楚相春申君黄歇故居所在地。整个高山草场由红池坝、天子山、西流溪三大块组成，面积近两万顷，由多个岩溶槽谷平坝组成，夏季绿草如茵，繁花似锦，冬季银装素裹，一派北国风光。

草场里有相隔不远的三个水池，分别有着天然不同的形态。三个池子的水分别为红、青、黑三种不同颜色，红池水如霞，青池水如靛，黑池水如墨，远远看去就像天上的神仙不小心打翻了调色盘，红池坝的地名便由其中的红池而来。

春申君故居位于西流溪三根柱附近。据《明一统志·夔州府沿草》记载，"万顷池（今红池坝）周初为鱼复国，春秋为庸国地，后属巴国，战国属楚"。《元末九域志·附录·古迹》云："万顷池，《图经》云：春申君故居之遗也。"

春申君姓黄名歇，楚国人，与齐之孟尝君、赵之平原君、魏之信陵君合称"战国四君子"。春秋时期，巫溪为庸国属地，公元前六百多年，庸国为秦、楚、巴三国联合所灭。随后庸国地被三国瓜分，巫溪地属秦楚交界处，万顷池被划入楚国地界。

黄歇便出生于万顷池。他曾拜官楚国宰相25年，救赵拒秦、攻灭鲁国，使楚国一度强盛，故被考烈王封为"春申君"，赐封地

◆ 红池坝
巫溪县文化和旅游发展委员会 供图

于江东（今上海、苏州一带），上海黄浦江又名春申江，上海简称"申"，皆因春申君而得名。

考烈王死后，黄歇被奸臣李国杀害，楚亦为秦所灭。但黄歇的后裔一直在红池坝地区生生不息，至清朝时仍有千余户人家。

如果说西流溪因春申君黄歇而闻名，那么草场中部的天子城则更加历史悠久。天子城景区包括天子城草原和银厂坪草原，是红池坝的主要景区之一。这里至今还能找到巫人先民生产生活留下的遗迹，无论是陈迹斑驳的石砌墙基，还是考古发掘的古墓碑群，都能证明此地在远古时期就有人类的频繁活动。

在红池坝风景区，还有闻名中外的绝世奇观——夏冰洞。夏冰洞因"冬春冰融，夏季结冰"，故称夏冰洞，堪称世界洞穴奇观。

夏冰洞位于红池坝草原南部冷风槽第三道垭口山坡下，洞口海拔2200米，是一个向下倾斜30度的溶洞。与大多数溶洞一样的是，夏冰洞中有各式钟乳石笋和洞中地下水系；而与大多数溶洞不同的是，夏冰洞中的水更多的时间呈现出冰的形态。

每当夏季，洞外绿树成荫，各色杜鹃怒放，而洞内却是一个冰的世界，进入洞中，满目冰川、冰乳、冰针、冰柱、冰瀑、冰帘……上悬下立垂挂四壁，晶莹透明姿态万千。待到洞外大雪封山的隆冬时节，洞内却冰融水暖、涓涓细流，胜似温泉。

1992年，各方专家前往夏冰洞实地考察后证实，夏冰洞"秋冬冰融，盛夏结冰"的特点属国内首次发现。而形成这一景观的原因，至今仍是一个谜。

红池坝自然景观壮阔秀丽，人文景观深邃幽古，被专家誉为"中国的新西兰"。2011年，巫溪县政府在万亩草场的基础上，引种各类高山花卉，营造出"云中花海，锦绣草场"的绚丽景象，让红池坝变得愈加风情万种，使之成为全球面积最大的高山花海景区。

◆ 大宁河

大宁河是长江的支流，发源于陕西终南山麓，横贯巫溪、巫山两县，在巫山巫峡口注入万里长江，全长250千米，流域面积

3720平方千米。

大宁河古名巫溪、昌江。据《大明一统志》记载，"大宁河在巫山县治东，源出大宁县"。后大宁县因河得名，改名为巫溪。

大宁河在巫溪的江段被人们称为大宁河风景区，以秀水、幽峡、奇峰、怪石、巧洞闻名全国，是奉节、巫溪、巫山旅游"金三角"的三条主轴线之一。大宁河风景区景点密集、可游性强，具有自然、人文、民俗的和谐统一风格，有着"百里画廊"、"天下第一溪"的美称。

◆ 大宁河

巫溪县文化和旅游发展委员会 供图

巫溪大宁河风景区由宁厂古镇、荆竹坝古岩棺、庙峡翡翠谷、灵巫洞等景区组成，既有瀑绝、峡幽、峰奇、石怪的自然美，又有岩棺、栈道、洞穴、巫教的神秘美，还有古寺、古观、古城、古镇的古朴美和古风浓郁的巫巴民俗风情。

宁厂古镇位于大宁河的支流后溪河畔，离宝源山下的盐泉不远。曾经的宁厂古镇是一座古代"盐业工业城"，据《华阳国志校补图注》,"当虞夏之际,巫国以盐业兴"。说明自虞夏开始,这里就开始有了制盐工业。

从周朝到先秦,宁厂的制盐技术愈趋成熟,以盐为生的当地人在这里汇聚成了一个集中的生产地,家家都将宝源山上的盐泉引入门户,户户都以熬盐为生。

从先秦盐业兴盛以来,宁厂古镇因盐设立监、州、县,明清时成为中国十大盐都之一。据《蜀中广记》记载,明朝时宁厂南北两岸制盐灶已达336灶,光是每日为烧制卤水而从事砍柴等杂务的劳工、流民,就达到近两万人。这个时期宁厂的产盐量,已经超过整个四川的20%。

近现代因古法制盐技术退出历史舞台,宁厂古镇也由盛转衰。与全国大多数商业化的古镇不同,宁厂古镇至今未作商业性开发,古镇中随处可见废弃的盐灶和腐旧的盐卤管道,仍保留着明清时代的布局与街景。从某种意义上来说,宁厂古镇更像是一处饱经沧桑而保持原风貌的旧时遗址,别具独特魅力。

在大宁河巫溪江段的荆竹峡内,悬崖两壁有着24具荆竹坝古岩棺群。岩棺也被称为"悬棺",是距今两千多年的古巴人、濮人的墓葬方式。

荆竹坝古岩棺是全国分布最集中、保存最完好的岩棺群。荆竹坝古岩棺群中,所有的棺木皆为整木剜造,棺盖与棺身以子母榫相扣,整体造型刀劈斧凿,工艺粗糙。

古人因何原因、用何手段将这些沉重的木棺椁放置到离河面三百多米的岩缝中,至今尚是未解之谜。有一种较被认可的说法认为,古人崇尚孝道,亲友亡故后将其尸骨埋葬在山巅,距离天空最近，古人们用此法来寄托对亲人亡故后升天为仙的美好祝愿。

包括荆竹峡在内的这一片大宁河河段又被称为"庙峡翡翠谷景区"，以岩棺、古栈道、白龙过江为风景"三绝"，其中古栈道最为绝妙。

在庙峡峡谷中，壁立千仞的两岸悬崖上，有着6888个人工开凿的方形石孔，各孔平行排列，相距约五尺，每孔大小约六寸见方，深约尺许，这就是大宁河古栈道遗址。

《大宁县志》记载："石孔乃秦汉所凿，以用竹笕引盐泉到大昌熬制。"可见古栈道与当年的盐道密切相关。大宁河古栈道盘山环绕、纵横交错，蜿蜒延伸数千千米，贯通湖北、陕西、重庆三省（市），其规模之大、工程之艰，比四川剑阁栈道有过之而无不及。

2011年，大宁河风景区复原了从滴翠峡罗家寨到马渡河之间的三千米古栈道，沿途根据山势起伏和风光变化，设有亭、廊、玻璃栈道等观光设施。

灵巫洞景区位于大宁河风景区的上游河段，是一处天然溶洞景区，被誉为"三峡库区第一洞"。其主洞琳宫全长1500米，洞内的定海神针、钟乳天桥、九龙壁为中国溶洞"三绝"，有着"乘电梯上山观光，入洞府地下寻幽，坐索道空中览胜，驭滑车旱橇取乐，驾皮艇宁河逐浪"的最佳旅游组合方式。

石柱土家族自治县

◆ 万寿山

万寿山位于石柱县城东部与三河镇之间。距离县城20千米。是以明末清初著名女将军秦良玉筑寨御敌古战场为主体的历史文化景区。万寿山最高海拔1490米。

万寿山原名太平山，传说太平山土地肥沃、气候宜人、物产丰富，老百姓安居乐业，人多长寿，一个小小的村落，百岁老人多达十几位，所以就将太平山改名为万寿山。

万寿山的寿文化随处可见。进入观景平台的桥叫万寿桥，桥下水池叫万寿池，据说万寿池从不干涸。万寿山还有一尊刻于明朝末年的释迦牟尼石像，石像背面刻有"万寿山"三个字。万寿山还有一条寿仙禅道，禅道由登云梯、仙人洞、仙道、禅道、寿仙楼组成，在这里可以感悟浓郁的儒、佛、道三教合一的传统文化。寿仙楼高七层，旁边寿星老人塑像高15.8米，是西南地区最高的寿星塑像。

万寿山南北有两座石峰隔山对峙，酷似一对相互凝望的男女。

◆ 万寿山
谭长军 摄

男石柱屹立在悬崖，山体高约100米，形状如同当地土家族男人，有着高鼻梁和深陷的眼睛；山顶上长着松树，像男人的头发，形象伟岸。女石柱，高约70米，看起来亭亭玉立、体态婀娜。这座男石柱与恩施大峡谷的一炷香、江西三清山的巨蟒峰、广东丹霞山阳元石并称为"中国最神奇的四大柱峰"。男女石柱是石柱的地理标志，附近山崖上有郭沫若题写的"石柱擎天"四个字。

关于男女石柱还有一则神话传说。很久以前，巴人的先祖首领廪君带领族人开疆拓土来到清江，在清江廪君遇到了盐水女神。盐水女神手里掌握着制盐的秘密，而食用盐对古人来说是宝贵的财富。廪君与盐水女神在清江夷城相爱，有过一段时间的蜜月期，后来廪君打算带领族人离去，盐水女神不顾一切阻止，于是两人反目，大战到万寿山，上演了双双身死后化作磐石的爱情悲剧。

万寿山因为明末女将秦良玉在此处建立万寿寨而闻名天下。万寿寨四面悬崖绝壁，仅一小路可上。

歇马台是万寿寨外的一个中转站，因万寿寨四周都是悬崖峭壁，马匹和物资无法直接运送到寨子里，所以从土司府运送的粮草都只能到此中转，于是这里就成了粮草存放和马匹休憩之地。

万寿寨有前、中、后三寨门和堡垒，现在三寨门仍保存得较为完好。寨内建有旗台、官厅、点将台、练兵场、军营及瞭望台等。

第一道寨门的石头门框上刻着一副对联："奇山奇水此宜家有奇杰；寿民寿国随在可为寿徽"，门额"万寿山"。一、二道寨门之间以山脊为梯相连，宽一米左右，左右是几百米深谷，堪称"一夫当关，万夫莫开"。第二道寨门两旁有炮台二座。内寨宽敞平阔，有帅府、点将台、练兵场、白杆兵兵营等。高处有一被称为"官井"的长方形水井，井水甘甜，四时不涸，供当年几千兵丁饮用。

1644年，张献忠攻陷四川，在成都称帝，派人招降四川各地土司。有人建议秦良玉投降，秦良玉不肯投降，作《固守石砫檄文》。张献忠畏惧秦良玉的影响力，始终不敢靠近秦良玉守卫的石柱，石柱因此避免了被屠戮。

秦良玉率领兄弟秦邦屏、秦民屏参加了抗击清军，平叛奢崇明之乱、张献忠之乱等战役，战功显赫，被封为一品诰命夫人、太子太保、太子太傅、中军都督府左都督、四川总官兵、忠贞侯等。

历代女性名人入正史都是被记载到列女传里，秦良玉是历史上唯一一位以女性身份被王朝正史单独立传,并记载到正史将相列传里的将军。康有为评价说:"以秦良玉之勇毅列于须眉男子中,亦属凤毛麟角。"

今天在万寿山上,利用当地独特的地理优势,打造了众多惊险好玩的高空项目,代表性项目"飞拉达"也称岩壁探险,由铁扶手、固定缆索、踏脚垫等构成爬山路径,踩在踏脚垫上,身体在悬崖外,下面是几百米的悬崖,犹如飞檐走壁,游客在胆战心惊中体味万寿山独特观景视野。

◆ 大风堡

大风堡位于石柱县黄水镇,是黄水国家森林公园的核心区域,有"绿色宝库"之誉。平均海拔1700米,主峰海拔1934米,是石柱县的最高峰。有"渝东第一峰"的称誉。大风堡属巫山山系七曜山余脉。

大风堡因常年大风吼鸣,大风起时,风起云涌,林涛阵阵,山风猎猎,故名。

大风堡拥有武陵地区极为珍贵的一片原始森林,植被覆盖面积达95%,动植物资源丰富,有植物1206种、动物199种。珍稀植物有银杏、珙桐、红豆杉、南方红豆杉、黄杉、水杉等,这些植物都是长期发育演化而遗留下来的植物活化石,具有宝贵的科考价值。大风堡摩天坡有一棵水杉被称为"中国一号水杉母树",该树高45米、胸径170厘米、冠幅20米,树冠覆盖面积两百多平方米,是一棵百多年的古树。1992年,国家邮电部以此树为样本发行了一套水杉树邮票。

  土家族有大树崇拜的风俗。每到重要节日,人们穿着节日盛装,在村里有声望的长者带领下来到森林。长者砍开一块大树的树皮,嘴里念叨着祝福语,然后将半碗米饭放进去,再将树皮合拢,他们称之"喂饭"。在土家人朴素的思想里,大树提供给他们美味的果实,他们也应该用自己的食物回报。对森林的敬畏,源自于土家人的神话故事,他们的祖先遇到危险时,是森林之神用泥土将其裹住才逃过一劫,所以森林之神在土家人的心目中地位很高。

◆ 大风堡
何超 摄

◆ 大风堡

　　谢家梁原是一块贫瘠之地，人们在此地种植了近千亩柳杉林，今天土家人把这里称为毕兹卡绿宫，翻译过来就是土家人的绿色花园。人们常在这里举行仪式，祭拜土家人的祖先廪君。

　　大风堡村的石房子入选为重庆市历史建筑，石房子原为当年知青下乡时修建的劳动农场场部，是用大风堡原生青石纯人工修建而成，面积约1000平方米。沿着石房子走三千米的栈道就可以到大风堡的最高峰玉峰山。

　　玉峰山是大风堡的核心区域，在大片原始森林的点缀下，云山雾海，颇为壮观，奇山异石自成一派。其中十二花园姊妹峰最为有名。十二座形态各异的山峰，形如十二位婀娜多姿的仙女，形象逼真，故名。在此可远眺渝东第一高原湖泊——太阳湖。玉峰山上的玉泉寺原名玉皇寺，建于明代，该寺庙后遭到破坏，经重新修缮现已对外开放。玉泉寺外的玉泉泉水甘甜、四季不枯。

万胜坝有重庆最美土家山寨之誉。万胜坝原是川鄂边境上的街市，巴盐古道的一个节点，从清末开始兴场，一直到20世纪80年代都还是一个集市。万胜坝的得名和土家族民族特点有关，居住在森林里的土家人民风剽悍、尚勇，他们经常与寨外居民举行骑马射箭比赛，百战百胜，所以取名万胜坝场。万胜坝有一条入鄂的巴蜀古道，这条古盐道从长江边的西沱镇出发，经黄水大风堡延伸到七曜山峡谷。这条古道旧时叫回面坡，又叫回面鬼坡。因为回面坡树木高大密集，幽静得近乎阴森，常常让行走此处的人觉得鬼怪常随风出没，内心胆怯，又不敢回头，只能向前，因此叫回面坡。回面坡古道至今保存完整，蜿蜒的古道上，深深的打杵印也是土家族祖先艰苦创业生活的历史印记。今天，黄水回面坡古道旁虽已通公路，但山民仍习惯走古道去黄水镇赶集。

　　有"小九寨沟"之称的油草河发源于大风堡自然保护区复兴地带摩天坡，因河水碧绿，犹如晶莹透明的碧玉，河边有一片绿油油的水草而得美誉。今天人们在油草河上游的万胜坝天蒜溪筑坝修建水电站，形成了一个人工湖——万胜坝水库，它还有一个诗意的名字：太阳湖。

　　为了更好地观看大风堡景色，现在人们在大风堡修建了悬空玻璃廊桥，该桥设计独特，建造在距谷底三百多米的高空，虚悬在谷壁之外的半空中，最远处距谷壁31米，比美国科罗拉多大峡谷玻璃廊桥还长10米，有"亚洲第一挑"称号。

秀山土家族苗族自治县

◆ 凤凰山

凤凰山位于秀山城南1.5千米处，海拔638米，山势呈带状排列，连绵起伏。凤凰山遍山青松翠柏，郁郁葱葱，是秀山城的天然氧吧和市民休闲娱乐的主要场所。

凤凰山从山脚到山顶的高度有三百多米，上山修有石板路，迂回曲折，坡度不大，两旁树木参天，浓荫夹道。每当旭日东升，朝霞瑞气与山色林光交相辉映。从后山脚下的星月湖方向望去，整座山头就像凤凰展开羽翼，跃跃欲飞，故称"凤凰展翅"，这也是凤凰山得名的由来。

凤凰山一直以来都是秀山城周边的名胜美景，从前仅一山一寺，山是凤凰山，寺为传灯寺。传灯寺始建于晚唐天祐二年（905）。据《秀山文史资料》记载，唐时，佛教和道教传入秀山，很快与当地土家族的原始宗教信仰相结合，从而使秀山产生了独特的宗教文化现象。

传灯寺最初仅为三间草屋，建在凤凰山山顶两峰之间的鞍部。

寺内供奉灵官和观音菩萨。取佛教教义中"佛法像明灯一样为人指点迷津、普度众生"的意义，草屋命名为"传灯寺"，旨在传承佛家灯火，传授佛经教义。

宋代时期，秀山当地龙、石、张、罗、方五姓的头领去朝廷进奉方物，皇帝御赐了两盏花灯。花灯迎回后，五姓头领将其供入传灯寺。从此，传灯寺又有了传承花灯的寓意。秀山历史上曾有过家家供花灯、人人祭花灯的传统，就是在那时开始盛行的。

清代至民国时期，每年农历六月便举行盛大的凤凰山开山仪式，开山之后，前往凤凰山朝山者络绎不绝。清人徐才厚的《圣山传》中对凤凰山传灯寺朝山的盛况有如下描写："拜朝山者，号曰进香。起于六月朔，止于六月终。倡者谓香头，先敛钱制旗。扶老携幼，结党成群。或数十或百人，导黄旗，负黄袱，诺诺唱佛歌，前一呼，后众应，'阿弥陀佛'，虔诚之至，声震三山，无不为之动容者也。"

1941年冬至，凤凰山传灯寺举行了一次规模盛大的开旗受戒仪式。有川渝黔湘鄂边界地区寺僧代表二百余人参加，受戒人数六十余人。此次活动从拜禅、诵经、燃灯到受戒，历时月余，仅每天帮厨的人就达二十多人。

今天的传灯寺为现代新建，占地十余亩，建筑面积2108.94平方米，是渝、湘、黔、鄂边区较大的寺庙，也是武陵山区有名的佛教道场。寺内的钟鼓声常年不断，僧人的诵经声琅琅传出，南来北往的香客和游客络绎不绝。

今天的凤凰山也早已经不再局限于一山一寺的构建格局，凤凰山花灯民俗旅游区成为了国家4A级旅游景区，以凤凰山森林公

◆ 凤凰山

秀山土家族苗族自治县　王弘　摄

园、传灯寺、花灯景观长廊、中国微电影城、中华美食街、电商产业园六个景点为核心，突出"花漫山、灯出彩、传文化、情满园"文化主题，演绎花灯文化、民俗文化和饮食文化，成为市民旅游休闲度假的好去处。

四季花谷是凤凰山花灯民俗文化旅游区的一大特色旅游景点，位于凤凰山景区后山，面积4万余平方米。花谷里主要种植丛生红叶李、天竺桂、日本晚樱、国槐、西府海棠等乔木，以及木春菊、春鹃、冷水花、西洋鹃、红叶石楠等灌木，是一个四季花怒放、时时香满山的世外桃源。

在四季花谷的深处，有一处让人心旷神怡的地方——星月湖，这里群山围绕，石峰林立，独具一格。花谷里还修建了可供露营的汽车营地，自驾的游客可就地"安营扎寨"，体验休闲慵懒的好时光，享受湖光山色的慢生活。

花灯美食街全长2000米，以土苗遗风特色仿古四合院建筑为主，引入了武陵山片区特色美食，融入了秀山花灯歌舞表演，是一条集武陵美食、花灯歌舞欣赏、民俗建筑体验等功能为一体的独具民族特色的美食街。

微电影城占地百余亩，由若干幢独栋小院和东、西、南、北四个广场组成。这里是文创产业孵化园、微电影主题智慧小镇，有着汽车影院、虚拟现实体验中心和最新的影视科技展示；是全国众多高校青年影视创作人才实训基地，是文化创意产业的长廊。

◆ 川河盖

川河盖位于秀山县涌洞乡，与湖南保靖县野竹坪镇接壤，距秀山城区约40千米，面积28平方千米。川河盖是武陵山区难得一见的高山草场，平均海拔950米，全年平均气温12.1℃，森林覆盖率43%。主要以映山红、奇峰异石、高山草场风光为主。

"春看映山红遍，夏可乘凉避暑，秋观芭茅秋雪，冬赏北国风情"，川河盖堪称自然空调、天然氧吧，是夏季避暑、冬季滑雪的绝佳胜地。盖上地质奇特，资源丰富，地下暗河穿越整个盖区。锯齿岩、金蟾求凤、将军岩、梳子山、朱氏殉情等景点令人叹为观止，川河盖有着"中国的桌山"美誉。

川河盖是秀山县境内三大高盖之一，秀山县三大高盖分别为平阳盖、木桶盖和川河盖。在秀山，人们一般将平地称为"坝"或者"坪"，"盖"是秀山当地人对高海拔山顶平谷之地的称呼。这个"盖"字的原型来自于秀山家家户户都有泡菜坛子，坛子上面有个盖，就像悬崖绝壁之上突然出现的一片平地，这就是川河盖的来历。

川河盖地处武陵山区，是渝东南唯一的一处兼具高山草场与花海特色的高山型生态景观区。整个景区从低至高，遍地种植着美丽的格桑花，每当花季来临时，整个川河盖覆盖着五颜六色的格桑花海，映衬着绿植奇峰，美不胜收。

"人间四月天，川河看杜鹃。"每年四、五、六月份是川河盖的野生杜鹃开放时节，由于独特的地理气候优势，高山杜鹃花在川河盖找到了适合自己生长的环境，相互映衬也是同样季节开放的映山红，川河盖美成一片立体的花海。

川河盖的风光十分优美，花海固然是其风光中的一绝，天然形成的海拔落差和武陵山原有的俊秀山色更是基础配置，但这样的地理条件也形成了川河盖的险峻，前往川河盖草场有且只有一条山路，当地人将这条路称为"四十五道拐"。

川河盖曾被称为"武陵深闺"，从这个名字就可以看出，昔日的川河盖是多么鲜为人知。究其原因便是道路不畅。从山下前往川河盖，高差五百多米，从前人们进山只能步行，山路崎岖，天晴还好，遇上下雨天山路湿滑泥泞，一不小心就会滚下山崖。

2015年，因为川河盖难以掩藏的秀美，秀山政府为发展当地旅游，修建了从山下到山顶草场的盘山公路。这条被称为"重庆境内最弯"的公路，从山脚下"第一拐"开始爬山，到达顶上的

"四十五拐",全部在一座山头完成,海拔提升五百多米,车行时间大概为三十多分钟。

每一道拐都是一个大于90度、接近180度的大弯,上山后回看山脚下,大多数弯道层次分明、清晰可见,就像是铺在武陵山中一条弯弯绕绕的玉带,这也成为了川河盖独一无二的一道风景——重庆最美天路。

在川河盖四十五道拐交叉弯的半山,有几块高二十余米的红砂巨石,远看仿若一位提着木桶的老婆婆。这位婆婆就是管猪圈的神仙,人称"朱(猪)氏婆婆"。

◆ 川河盖
秀山土家族苗族自治县 唐磊 摄

关于朱氏婆婆还有一个美丽传说。相传很久以前，川河盖上有一对勤劳善良的夫妇，过着男耕女织的小农生活。妻子朱氏不但人长得漂亮，而且还是一位持家好手。

朱氏养殖了一大群猪，白天将猪放到山上，天快黑时将它们收回来。这群猪会吃会长，个个长得油光水滑、活泼可爱。有一天朱氏去收猪时，发现少了几只猪，找遍了附近的山岭都找不到。

朱氏的丈夫寻思着猪会不会跑下山去吃山下的庄稼了，万一被人驱赶或是捉走了怎么办？于是便一个人下山去打听，谁知丈夫这一去就再也没有回来。朱氏提着猪潲桶站在山头上等呀等，始终等不到丈夫回来，时日久了，她便化成了一个石人。

朱氏婆婆由一整块朱砂色的石头化成，整块石头栩栩如生，她手里的木桶就像当地人家里的喂猪桶，巨石上的青草就像婆婆头上的发丝。川河盖上下的百姓常会到巨石下方的枫香树处祭拜朱氏婆婆，祈求猪肥膘壮、六畜平安。

今天的川河盖已经成为了秀山最为热门的旅游景区之一，除了有千亩天然草场、奇峰异石、高山花海等诸多景点外，还有地下溶洞、四十五道拐等自然奇观。夜宿草场，还能仰观漫天星空，这里是重庆境内星空露营的绝佳之地，为川河盖的美丽又添了几分浪漫之境。

酉阳土家族苗族自治县

◆ 石柱溪

石柱溪在酉阳县城南端。

石柱溪的地名很容易让人联想到石柱县,实则二者之间并无任何关联。又有人说石柱溪的得名缘于溪边曾有两座石柱,是古代先人用以治水的"锁龙柱"。

事实上,石柱溪就在酉阳城南不远处,那里从古至今没有立过石柱,也没有过锁龙治水的历史。

据专家考证,石柱溪得名于土家语。在土家语中,"石"是野兽的意思,"柱"是出来的意思,"溪"意指某一个地方。将三个字连起来翻译,"石柱溪"指的就是野兽出没的地方。从这个地名可以得知,从前的石柱溪生态原始、人迹罕至、野兽众多,并不是一个繁华或者人类宜居之处。

石柱溪作为一个古地名,与"酉阳内外八景"有些关联。在酉阳外八景中有一景名为"五溪明月",指的就是石柱溪附近五安桥处的景点。

◆ 石柱溪
酉阳土家族苗族自治县民政局　供图

　　五溪明月典出自诗仙李白的七绝《闻王昌龄左迁龙标遥有此寄》："杨花落尽子规啼，闻道龙标过五溪。我寄愁心与明月，随君直到夜郎西。"

　　这首诗中的五溪，指的是今湖南省怀化市境内沅水的五条重要支流。分别为巫水（雄溪）、渠水（㵲溪）、酉水（酉溪）、潕水（沅溪）、辰水（辰溪），古称"武陵五溪"。

　　其中的酉水为沅江最大支流，发源于湖北宣恩县酉源山，自东北向西南流经宣恩县和来凤县，于百福司进入重庆市，再经重庆酉阳县酉酬镇至秀山县石堤镇入湖南，至沅陵注入沅水，全长477千米。

在酉阳境内的酉阳河上，有酉阳内外八景中的四景，景区几乎将酉水河支流"一网打尽"。取诗仙绝句中的五溪明月之典，又取武陵山之源，酉阳外八景中便也有了五溪明月一说。

而酉阳的五溪，指的是泉孔河、白鹿河、西山沟、龙洞沟和石柱溪。

发源于桃花源景区的溪花溪向南汇入泉孔河，河水向南而下，汇集了东北来的白鹿河，西来的西山沟、龙洞沟，在城南红军广场附近与石柱溪相遇。

随后溪流变大，河水变缓，直至红军广场的位置，安安静静形成整条河段上难得一见的大水潭。河水在这里慢慢汇聚，不再往下流淌，静静地等着于原地渗入暗河，潜行汇入其他江流。

深潭造就了平静如镜的潭面，每当夜晚明月升起，潭面倒映着月光，便形成了五溪明月美景。

今天的五溪明月早已经不复存在，现代城市的建设，让城市道路与建筑在地下河流上平地而起。红军广场成为了酉阳城区重要的休闲娱乐广场，曾经的深潭只能在武鞍一桥、二桥附近寻得一丝踪迹。

而事实上，所谓"武鞍"，也是后人在口口相传中导致的讹误，在这五溪汇流之处，原本应是"五安"之意——代表着五条奔腾的溪流在这里安宁下来，最终汇入酉阳河。

今天的石柱溪紧邻酉阳城南的客运中心，城市的发展慢慢消逝了昔日的古景，只余石柱溪的地名提醒着后人，这里曾有过昔日的一道盛景。

◆ 二酉洞

在酉阳城南的翠屏山麓，有一个溶洞的洞口，这里是曾经的酉州八景中最具人文气息的一处景观"二酉藏书"，这个洞被当地人称为"二酉洞"。

《四川通志》中有对二酉洞的详细描述："洞高广各七八尺，宽敞圆明，其深莫测，两崖石壁，天然层叠，状若图书。旁有石窍，别为一洞。"

二酉洞洞体狭长，其深不可测。洞中宽敞处形成一个平坝，就像是整个洞府的厅堂，这里钟乳溶岩鳞次栉比，至今仍保存着历代文人留下的多幅题刻。

在洞厅的左边，有一架天然石鼓，高约4米、直径约5米，用手拍打"鼓面"能发出铿锵之声。洞厅的右边有光线射入，形成洞中天光奇景。洞厅右边的崖壁上镌刻着"石洞还留待我来"的字迹，是清末酉阳直隶知州唐我圻题写的。

初识酉阳二酉洞的人，多半也会联想到桃花源景区中的大酉洞，这两个地名看起来就有着密切关联，事实上也的确如此。据《酉阳郡县志》记载，"大酉山有洞，名大酉洞。小酉山在酉溪口，山下有石穴，中有书千卷，旧云秦人避地隐学于此。自酉溪北行十余里，与大酉山相连，故曰二酉"。

酉阳土司冉兴邦在酉阳新兴汉学以后，酉阳士风渐兴，于是据此传说典故，分别将酉阳治所一南一北两个大型洞窟命名为"大酉洞"和"二酉洞"。

酉阳悠长的历史岁月，被分为土司管辖和"改土归流"两个阶段，大酉洞和二酉洞则分别见证了两个阶段人们思潮的变化。大酉洞因为其奇特罕见的地质特色，在土司统治时期，被酉阳土司等本地贵族追捧；二酉洞则因为其浓厚的文化气息，在改土归流后，被朝廷高官与历代文人雅士推崇。

昔日的酉州八景中有一景名为"二酉藏书"，说的就是二酉洞充满文化气息的民间传说。但这传说又有两个版本，到底谁真谁假，或是二者皆为杜撰，已经无从考究。

传说一：相传秦始皇焚书坑儒时，有两个咸阳的老儒生，眼见经书古籍行将灭绝，偷偷将家存的一千多卷竹简藏于此洞。为了守护藏书，二儒生便居住在洞中，一个操练武功，一个化水炼丹。汉初高祖登位，重新尊崇儒学，二人才将书简带回京城，满

◆ 二酉洞
酉阳土家族苗族自治县民政局　供图

朝文武无不感动，纷纷以千金争购。这个传说的佐证是汉时曾有人对此作诗一首："赤帝西来天地清，遗经争购千金轻。"

传说二：相传清光绪年间，一名叫何文华的书生常来洞中读书。有一次，何文华与州官之女李月娟邂逅，互相爱慕。李月娟的父亲嫌弃何文华是个穷苦书生，反对这桩婚事。于是月娟便乔装来洞中与何文华商议二人私奔一事，他们连夜将诗书藏于洞中后出奔，历经曲折，终为佳偶。这个传说的佐证是清光绪年间，朝廷曾下旨为他们树碑立传，并在二酉洞洞口横额题写"二酉藏书"四字，即寓此意。

无论如何，历代官府、文人墨客都把"二酉藏书洞"视为读书人的一大圣迹。明代王阳明曾带一批书生秀才至此顶礼膜拜。清乾隆五十七年（1792），酉阳直隶州知州丁映奎在任期间，常常召集酉阳诸多文人名士和衙署里的官僚在此聚会，分韵联诗，蔚为盛事。

丁映奎带领州中文人名士在二酉洞留下了大量诗篇，其中刻印流传的有《思州官署杂咏》。除此以外，丁映奎还手书"二酉藏书"四字刻于二酉洞内。丁映奎离任后，吴大勋接任，在游览二酉洞之后，写有《石鼓记》一文。

清嘉庆二十四年（1819），钟灵书院迁建至城南，与二酉洞隔河相望。书院建成后，时任知州段逢藻取二酉洞书通二酉之义，易名二酉书院，寄寓了对学子博览群书的美好愿望。

自此二酉洞成为清代文人常到打卡题咏之地，其留下来的诗作文章和题刻，其数量较大酉洞多，二酉洞也成为酉阳一处风格鲜明的人文胜地。

◆ 桃花源

西阳桃花源景区位于酉阳城北部，地处渝、鄂、湘、黔四省市接合部的武陵山区腹地，东邻湖南省龙山县，南与秀山县及贵州省松桃、印江县接壤，西与贵州省沿河县隔江（乌江）相望，西北与彭水县、正北与黔江区及湖北省咸丰县、来凤县相连。

酉阳桃花源景区总面积50平方千米，集岩溶地质奇观、秦晋农耕文化、土家民俗文化、自然生态文化于一体，由古桃源（世外桃源）、太古洞、酉州古城、桃花源国家森林公园、桃花源广场、桃花源风情小镇、二酉山古桃源文化主题公园、桃源大舞台等八部分组成。

桃花源得名于陶渊明的《桃花源记》："晋太元中，武陵人捕鱼为业。缘溪行，忘路之远近，忽逢桃花林……"

在我国，曾有许多地方都号称"桃花源"，比如江西庐山、河南南阳、湖北竹山等地，但酉阳桃花源地处武陵山腹地，土家族、苗族等少数民族聚集，因"蛮不出洞，汉不入境"的历史原因深藏大山中，无论是地理环境还是这里的景色及历史，都与陶渊明笔下的《桃花源记》极为相似，这是其他地方无法比拟的。

要进入陶公笔下的古桃源，先要穿过大酉洞。进入桃花源景区便有一条小溪，道路沿溪而建，道路两旁桃林重生，桃花落英缤纷。沿溪行数百步，便见一山，尘世与桃源之间由此山相隔；山有一洞，名曰大酉洞，尘世与桃源之间由此相通。

大酉洞是山体间的石灰岩溶洞，高、宽约30米，长约180米，

◆ 桃花源
　李念 摄

上弯下平。大酉洞中有地下水系潺潺流出，洞中钟乳悬挂、石笋突起。洞中泉水汇流成溪，形成洞外的桃花溪。这与陶公笔下的桃花源在地理、路线、景物、历史、距离、环境等六个方面完全重合，故而洞顶的崖壁上刻着著名历史学家马识途先生的亲笔题字"桃花源"。

　　出得洞来，便到了古桃源景区。古桃源面积约两公顷，形成历史已有三亿多年，是集天坑、溶洞、地下河于一体的田园农舍景区，也是迄今唯一留存的秦人古村落。这里四面环山、与世隔绝，拥有拙园、靖节村、五柳村、隐逸村、陶公祠等秦晋生活元素景点，置身其中，恍若来到了两千多年前的秦朝时光。

　　景区内塑有陶渊明塑像，塑像陶公神情怡然，举止闲适，颇有一副乐在其中的怡然自得之情。在古桃源还设有古代书法、农耕体验等互动项目，游客可在此感受秦朝篆书的纤巧之美，也可体验推石磨、挥农锄的田园农耕之乐。

在古桃源的最里端又有一个溶洞，名为"太古洞"。太古洞位于金银山脚下，为单斜构造地层走向发育的纵向洞穴系统。太古洞全长约2500米、洞宽10~25米、洞顶最高达60米。

太古洞以惊、险、奇、幽为主要特色，晶莹剔透的石钟乳为主要景观。在青蓝色霓虹灯照耀下，各种钟乳石石笋、石幔、石帘、石瀑、石柱布满洞天，呈现出光怪陆离的神奇景象，让人梦幻千里，溯回万年。

世界著名岩溶洞穴学专家朱学稳教授评价道："太古洞是我国已开发洞穴中科研价值最高、历史最悠久、最神奇的地下地质奇观，是大自然赋予的鬼斧神工的艺术宫殿。"

在离古桃源景区不远处有一条古色古香的商业街，这里便是从前的武陵古州所在地，现名"酉州古城"。古城始建于明洪武年间，曾是酉阳第十二代土司冉兴邦修建的土司衙门。今天这条全长1300米的民族风情街，主要以土家族、苗族文化为特质依山而建，是一座展示民族建筑、历史、民俗、文化的"博物馆"。

在酉阳城北的月亮湾有一座桃源大舞台，这里是大型民族舞蹈音画诗《梦幻桃源》的演出场地，可容纳3000名观众同时观看演出。演出由序、春色桃花源、神秘桃花源、情定桃花源、好客桃花源五个篇章组成，充分展示与演绎了酉阳丰富而秀美的自然山水、历史文化和民族风情。

2012年，酉阳桃花源景区被评定为国家5A级旅游景区。2018年，酉阳桃花源景区荣获"重庆首届文化旅游新地标"称号。

彭水苗族土家族自治县

◆ 摩围山

摩围山位于重庆市彭水苗族土家族自治县西南部，距城区25千米。摩围山面朝乌江，背靠大娄山，平均海拔1300米，属"百里乌江画廊"的中下段，面积约十万亩，森林覆盖率达91%，年平均气温14.9℃。这里"午前如春，午后如秋，夜如初冬"，是名副其实的"高冷"之地。

摩围山自然资源丰富，生态景观奇特，是重庆市新兴的养生度假旅游景区，被评为国家4A级旅游景区、国家森林公园、全国森林康养基地等。

摩围山的地名由来与僚人有关。据北宋地理总志《元丰九域志》记载，"摩围山在彭水以西，隔江四里，与州城相对。夷僚呼天曰围，言此摩天，号曰摩围山"。在僚人的语言文字系统里，他们将天称为"围"。摩围山，便是高得可以摸到天的山。

南北朝时发生了历史上有名的"僚人入蜀"事件，居住于广西地区的百越蛮族中的一支僚人迁入了巴蜀之地。他们个子矮小，披发赤足，生产水平低下却十分骁勇善战。他们在广袤的巴蜀山区游散定居下来，开始了与原住民不断融合的历史，摩围山便是他们的一处定居地。

摩围山由于地势险要，自古以来便为兵家必争之地。东汉时期，伏波将军马援曾在此地驻军。唐开国元勋长孙无忌、李世民的废太子李承乾等都曾在此留下踪迹。唐宋时期，朝廷在摩围山麓设置黔州和绍庆府，利用摩围山与乌江形成两道天然屏障，以扼住黔、渝两地之咽喉要塞。

摩围山还是中国古代佛、道、儒三教合一的宗教文化名山。

摩围山上有一处摩尼洞，是佛教摩尼教的圣地。唐安史之乱后，摩尼教得唐帝礼遇，开始在中国盛行。山上始建于唐代的云顶寺曾为文殊菩萨的道场，可惜现今仅存石柱、石门、残墙、碑刻等遗迹。清代荷花国画大师杨建屏曾留下两副楹联《题云顶寺摩崖送子观音像二联》及《云顶寺摩崖千手观音像》，记录着云顶寺内曾塑有送子观音与千手观音造像的事实。

摩围山还是道教神仙文昌帝君最后升天羽化的道场。"北孔子，南文昌。"这是人们对文昌帝君在宗教体系中重要性的共同认知。文昌帝君乃主管考试、命运，及助佑读书撰文之神，是读书人、求科名者最尊奉的神祇。摩围山对面的摩云书院就是文昌崇拜的结果，也是彭水书院文化的重要源头。

唐宋时期，摩围山地处古黔州和唐代黔中道，许多历史名人都曾游访到此，留下大量优美诗篇。

唐代诗人白居易在《酬严中丞晚眺黔江见寄》一诗中的名句"摩围山下色，明月峡中声"，是摩围山风光的生动写照。唐代诗

◆ 摩围山
彭水苗族土家族自治县文化和旅游发展委员会　供图

人刘禹锡在此写下"常说摩围似灵鹫，却将山屐上丹梯"，把摩围山与佛教圣地的灵鹫山相比拟。北宋诗人黄庭坚被贬黔州期间，更是自号"摩围老人"，写下"今宵无睡酒醒时，摩围影在秋江上"的名句。

摩围山景区共有八处自然景点，分别是飞云口、养生登山道、情人谷、豹头崖、摩天崖、观云海、石林、云顶寺。

飞云口因四季云雾升腾得名，由日、月两个观景台组成。摩围山处处可观云海丽景，飞云口、豹头崖、摩天崖等景点是其中的最佳地点，云海景色各有千秋。

豹头崖位于海拔1562.6米的险峰之上，与飞云口遥遥相对。这里是摩围山的最高处，站在此处有"一览众山小"的视觉体验，放眼望去，群山万壑，云彩升腾于脚下，如可摩天。民间有"千年苗医，万年苗药"的说法，在豹头崖附近就生长着种类繁多的名贵中药材，这些药材均可纳入苗家仙方中。

摩围山石林呈浅青灰色，呈带状分布，远远望去，线条流畅、走势磅礴，显得雄奇而神秘。摩围山石林是一座千奇百怪的"石林迷宫"，中间藏着猴宫、珍珠泉、名山微缩景观、冒险岛和九寨珍珠滩等自然奇观。

摩围山是一个负氧离子浓度极高的巨大天然氧吧，游览摩围山的最佳方式便是沿登山步道缓缓而行，一面享受天然氧吧的治愈，一面观览大好河山。摩围山景区以养生为主题打造了一系列登山道，有花样登山道、养生登山道、专业竞技登山道、观光登山道、休闲登山道等不同主题。每条登山道根据各自特点，设有不同的健身指南标识，从中可学到健康登山的常识和养生的知识，整个登山过程既有益健康又充满趣味。

◆ 阿依河

阿依河原名长溪河，发源于贵州省务川县分水乡，向东北蜿蜒而入重庆彭水县境，经长旗坝、舟子沱、三江口，最后在万足乡长溪滩处注入乌江，是乌江的一级支流。

阿依河风景区位于彭水南部，离彭水城区约21千米。属于大娄山区，是乌江画廊旅游区的重要组成部分。

大娄山是四川盆地和云贵高原的分界线，阿依河在大娄山的峡谷低洼地带呈东西走向穿行，形成了峡谷深、礁石多、河床窄、水流急、空气好、景色美的特色。从空中俯瞰大娄山，阿依河就像大娄山腹地一条美丽的伤疤。

阿依河的名字来源于一首当地流行的苗家歌曲《娇阿依》。彭水的苗家人用"娇阿依"来形容美丽多情的苗家女子，故而娇阿依便渐渐成为了苗家女孩的代名词。

在彭水，有这样一个关于阿依河的传说故事。说是古代的马岩山上住着一对青年情侣，男的叫蔡阿郎，女的叫娇阿依，二人以为财主放羊为生。

有一天，二人在马岩山上放羊的时候看见了一窝丝茅草，蔡阿郎顺手将丝茅草采下，想着拿回家晒干了制成草药。谁知第二天他们上山放羊的时候发现昨天采摘丝茅草的地方，又重新长出来一窝。

二人觉得奇怪极了，回到家后悄悄地把这件事告诉了蔡阿郎的老母亲。老母亲惊讶地说道："莫不是那地里藏有龙珠？"在苗家人的神话传说里，龙珠具有让万物无穷生长的能力。

第三天，蔡阿郎和娇阿依就带着锄头上山去，果真在那地里挖出来一颗闪着光的龙珠。回家后，他们将龙珠放到只剩了一点粮食的米缸里，第二天就变出了满满一缸的米。从此他们一家三口过上了不再挨饿的日子，也不再为财主放羊了。

没过多久，贪心的财主就知道了这件事，他派人来抢夺龙珠，蔡阿郎情急之下，一口将龙珠吞进了肚子。蔡阿郎觉得自己好渴，就跳到河里喝水，很快几乎把一条河都喝干了。

娇阿依见状十分担忧难过,就跑到河边哭啊哭,蔡阿郎也哭啊哭,他们的眼泪掉到地上,突然变成了两条河。二人跳进河里,蔡阿郎摇身一变化成了龙王,娇阿依成了龙女,他们顺着江水越漂越远。

娇阿依舍不得家乡,一直回头望啊望,直到她的身子化成了一座山。蔡阿郎流尽了最后的眼泪,眼泪汇成了九道河湾。后来的苗家人为了纪念二人,将他们的眼泪化成的两条河称作"九曲河"和"阿依河",娇阿依化身的山称为"睡美人山"。

传说毕竟是传说,阿依河真正的地名来历,却并非因为苗家女娇阿依。苗人擅歌舞,苗家青年男女在久远的时间长河里,一直保持着歌舞传情的习俗。在彭水,有一首脍炙人口的山歌,就名叫《娇阿依》。

◆ 阿依河
彭水苗族土家族自治县文化和旅游发展委员会 供图

山歌不唱哦，就不开怀哦——娇阿依；

　　酒不劝郎哦，就郎不醉哦——娇阿依；

　　天上有雨哟，就又不落哦——娇阿依；

　　你是好是歹哟，就说一句儿啰——娇阿依；

　　……

——苗家歌曲《娇阿依》

　　据相关专业人员考证，娇阿依的真正出处就在这里。它并非意指美丽动人的姑娘，而如同"念奴娇"一般，是一首山歌的曲牌名。阿依河得名便出自于此。

　　阿依河从长旗坝到乌江口，全长有21千米。从上游乘船而下，可以体会到阿依河峡谷的高深莫测，狭窄的河床如血管般蜿蜒曲折，景区内部的数十个景点也独具魅力。

　　竹板桥是阿依河入口的一道景点，位于母子溪与阿依河交汇的地方。游览阿依河从这里分为三条线路。第一条线路可以竹筏泛舟游七里塘，休闲舒适；第二线路可皮划艇漂流至牛角寨，惊险刺激；第三条线路可徒步进入母子溪探险，野趣横生。

　　从竹板桥踩着悬空数十米的悬桥过河，还可以到对面观赏原始造纸工艺。竹板桥刘氏自江西入川后，在阿依河岸生活了250余年。他们利用河岸上的竹子手工生产草纸，代代相传，生生不息。竹板桥保留的传统造纸术传承了蔡伦造纸工艺，展现了中国古代"四大发明"之一造纸术的原始魅力，为人类留下了一份宝贵的文化遗产。

　　2008年，阿依河旅游景区被评为"巴渝新十二景"。2019年，重庆彭水阿依河旅游风景区被评定为国家5A级旅游景区。

两江新区

◆ 照母山

照母山是一条呈东西走向的小山脉。山势曲折蜿蜒、起伏平缓，有良好的天然植被，呈现出鲜明的丘陵山地自然风光，是一个集科研科普、休闲游憩、旅游等诸多功能为一体的城市森林公园。

照母山的地名来历有多个说法。

在清代《江北厅志》中，照母山被称为"照磨山"，志书中详细描述此山："北三十里，高一里，横长五六里，冈峦起伏，俨若游龙。"

在20世纪80年代出版的《四川省江北县地名录》中，照母山被称为"赵墓山"，书中认为此地为赵姓母亲埋葬之地。大概受此影响，1944年出版的《重庆市附近交通图》上，将观音桥与人和场之间的这座山标注为"赵母山"。

2001年，照母山森林公园开始修建。当时大竹林街道办事处为如何给公园命名犯了难。后来，办事处编撰了一本《竹林故事》，书中收纳了照母山与南宋状元冯时行的一段往事。

冯时行，原江北县洛碛人，南宋高宗时高中状元，得以与岳飞同朝为官。宋高宗赵构重用秦桧，推行与金国南北分治的政治主张，打算与金国进行和议。冯时行因不肯附和秦桧的和议主张被贬至黎州为官。

冯时行带着母亲和妻子前去赴任，途经大竹林，恰逢其母染病，冯时行便在照母山上结庐而居，为母亲养病。谁知冯母病情历时三月都不见好转，反而卧床不起。眼看上任之期将至，冯母与冯妻深明大义，劝冯时行赶快赴任，切勿耽误行程。冯时行百感交集，万分不舍地辞别妻母，留下妻子照料母亲，独自上路赴任。

◆ 照母山
两江新区宣传部　蓝天　摄

◆ 照母山

不久后，冯母在照母山去世。冯妻将冯母葬于山上屋舍后院，并为冯母守墓三年。1159年，朝廷恩准冯时行回乡守孝。冯时行回到重庆日夜守孝，将结庐而成的山庄取名为照母山庄，照母山因此得名。

冯时行与照母山的故事寄托了人们对孝文化的推崇和尊重，也让照母山森林公园有了更深层次的文化内涵——孝文化。照母山森林公园主要分为溢彩林、思奇林、孝源林、孝德林、溯古林五个景区，有孝道、照母山庄、祈和坛、孝母泉、逐日坛、揽星塔、邀月阁、依照庭等38个景点。

公园在保持山林原貌的基础上着重打造孝文化主题，立于石梯旁的节孝牌坊古拙朴实、肃穆庄重。山顶之上的照母山庄依山而建，山庄院墙灰瓦白壁，给人古朴亲切的家园之感。山下的泉水终年累月涓涓长流，仿佛慈母亲恩，孕育照母山的青翠连绵。

照母山顶建有"照母山庄"，是依据冯时行结庐照母故事演绎出的孝文化建筑。山庄遍地种植萱草、孝顺竹、椿树等植物，在中华传统中这些都是寓意孝爱意义的植物。

照母山庄采用传统民居风格，庭、廊、楼、阁等形制俱全。屋顶的瓦头上，刻有阳文小篆"孝"字。用黄砂岩制成的柱础上，则刻有阴文所写的"孝"字。山庄各个地方的楹联无一不在宣扬"孝""爱"。

在亲子乐园中，还沿汉字发展的时序设有12个石刻"孝"字，包括甲骨文、钟鼎文、小篆、隶书、楷书、行书、草书等书体，同时铭刻孝经中的经典章节，宣扬孝文化。

照母山森林公园中还有"孝道"景点，是一条沿山而建的森林步道。步道在高差八十多米的登山台阶两侧栽植了香樟、玉兰、枫香等大树，形成了森林实景梯步，极具路穿林间、人行树下的森林韵味。

公园内还设有民俗文化展厅，展示当地农民捐赠的两百余套具有收藏价值的物品。包括一些贵重的古董瓷器、富有巴渝特色的民间大木床、博古架、藤椅等家具，以及当地农村千百年来一直在使用的生活用具和农具。

今天的照母山森林公园，已经成为了区域内市民周末度假的热门之地。每到周末，上山登高、健身、亲子休闲的市民络绎不绝。

万盛经开区

◆ 黑山谷

云贵高原和四川盆地的冲撞,加上喀斯特地质作用,在经历几百万年的撕裂、挤压、切割之后,黑山谷成了现在的模样:怪石嶙峋、峡谷幽深、碧潭如镜、溪流如飞。

黑山谷位于重庆市万盛经济技术开发区黑山镇境内,与南川金佛山、万盛石林首尾相望。大娄山脉从高原跌跌撞撞来到这里,其间有多少惊心动魄的自然之力在相互较量,同时又有多少先民在此耕种渔猎,饱经磨难沧桑。夜郎国遗民便是其中一支。黑山谷名字的由来,除"幽深漆黑的山谷"之外,还与夜郎国有关。相传夜郎古国先民迁徙至此时,山高林密,长年白雾弥漫,外人难以窥视,周边山民都惧怕进入这幽深恐怖的夜郎地界。

夜郎国是中国西南地区少数民族先民建立的一个部落联盟。据考证,黑山谷是夜郎人离开北盘江流域之后北迁的居住地之一。在黑山谷夜郎公主峰,民间一直流传一个故事:汉成帝听闻夜郎公主宛若仙女,提出和亲不成,便起兵攻打,夜郎国军民奋力抵

◆ 黑山谷枫香桥
曹永龙 摄

抗,血流成河,公主宁死不屈,自刎于夜郎公山峰前,所骑战马一声嘶鸣,震撼天地,后变为黑山老妖,千年不死,只为守候公主于黑山谷,外人不得擅自进入。

已开发的山谷全长13千米,山顶与谷底最大高差达1200米。鲤鱼河穿过谷底,深切峡谷,形成许多极其狭窄的通道,当地人称"上猪喉""中猪喉""下猪喉"。谷内河床落差甚大,滩多水急,訇然有声;两岸钟乳石密布,古藤倒挂,瀑泉悬垂。鲤鱼峡(中猪喉)是其中最为险峻狭窄处,峭壁高耸达千米,形成"一线天",常年水雾腾腾,凉意袭人。鲤鱼河绕着黑山谷底行走了28千米,汇入贵州的羊礤河,最后又流回綦河。鲤鱼河是万盛第三长河流，由于地壳抬升，河流强烈下切，使整条河谷呈"V"形。该河因盛产鲤鱼而得名。

鱼跳峡，因此段河谷中鱼跳深潭而著名。每年春夏季节，下游的鱼"逗滩"进入上游产卵，必须由此潭跳上去。为了避开这一鱼类生命线，人们在水中悬空搭建了栈道，供其弯弯曲曲地通过。

黑叶猴是黑山谷森林一宝，名"遗体黑叶猴"，又名"乌猿"，是国家一级保护动物，目前只在我国西南和越南有极少量分布。黑山谷原始森林分布较密，为黑叶猴提供了良好的生活环境，从20世纪70年代发现第一只黑叶猴以来，如今共发现有百只左右。峡谷中有一道十分险峻的悬崖，叫"猴血岩"，每年黑叶猴猴群中的母猴都要在这里留下经血，天长日久，经血层层淤积，将岩壁染成了赭红色，当地人称"猴积"。

黑山谷有一处奇石景观，名"白玉观音"，相传它是观音的化身。然而真正让黑山谷保持灵动的，是山、水、森林的唇齿相依。每到春天，黑山谷的高山杜鹃、野生大茶花、珙桐花竞相绽放，花期持续到夏秋。这是"黑森林"最为温情的时候。

后记

本书由叶文获、张晶、叶小勇、罗炯、夏天和李文靖六位作者采集资料撰写完成。书中插画由布志国、蔡奕铭、陶宇、李昉、伍书乐、李柯欣、桂描、胡耀尹和林杉绘制。在书稿完结之际，我们最想说的话是："一套《重庆市地名文化故事》，绘不尽一座重庆城。"

在本册各篇章里，我们绘制了重庆的山水地图。大巴山的雄与壮、武陵山的秀与奇、巫山在地理构造上的重要地位，以及缙云山、中梁山、歌乐山等山系的分割与绵延……组成了重庆的地貌脉络。长江、嘉陵江、乌江等一众水系孕育出重庆最早的人类文明，水势依山势而行，环绕出高峡与低谷，构建出大山大水大重庆的丰富旅游资源。

除却山水还有人。大山大川造就了重庆人的心胸宽广、性格豪迈，丘陵与山区交融的地势让重庆人开朗热情、积极乐观，"靠山吃山、靠水吃水"的劳动人民智慧，给了重庆人乐观知命、豁达释然的古道热肠。

然而，满满五卷《重庆市地名文化故事》却不曾将重庆描绘尽净。重庆之大无奇不有，重庆地名的奇特更是层出不穷。如果要将所有地名故事、民间掌故、神话传说一一述尽，本套书的容量远远不够。

在收集重庆的地名故事过程中，我们查阅了各地方志，尽可能做到严谨与真实；我们摒弃了神话与传说中的无稽之谈，取其精华去其糟粕。我们也遇到过一些生僻的地名，无论是在方志中还是古籍中都很难找寻到其根源，为此我们走访当地老人、寻求史学专家的帮助，最终成功溯源。

尽管如此，书中也许还存在介绍内容不尽详实的遗憾，而受限于篇幅与表达的主题统一性，我们也一定会出现遗漏，造成遗珠之憾。但我们希望，本书可以成为重庆地名故事的"抛砖引玉"之作，换来更多创作者、收集者的关注，有错改之，有漏补之。希望有更多人文工作者、专家、学者加入进来，群策群力为重庆地名文化故事作进一步的丰富与发展，在此深表感谢。

图书在版编目(CIP)数据

重庆市地名文化故事.山水名胜地名/重庆市民政局编.—重庆：重庆出版社，2023.1
ISBN 978-7-229-17474-3

Ⅰ.①重… Ⅱ.①重… Ⅲ.①地名—介绍—重庆
Ⅳ.①K927.19

中国版本图书馆CIP数据核字(2022)第251716号

重庆市地名文化故事·山水名胜地名
CHONGQINGSHI DIMING WENHUA GUSHI · SHANSHUI MINGSHENG DIMING
重庆市民政局　编

责任编辑：蒋忠智　周英斌　张　春　杨秀英
责任校对：廖应碧
装帧设计：重庆出版社艺术设计有限公司

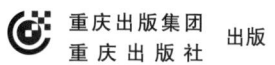

重庆出版集团
重庆出版社　出版

重庆市南岸区南滨路162号1幢　邮政编码：400061　http://www.cqph.com
重庆出版社艺术设计有限公司制版
重庆市国丰印务有限责任公司印刷
重庆出版集团图书发行有限公司发行
E-MAIL:fxchu@cqph.com　邮购电话：023-61520646
全国新华书店经销

开本：787mm×1092mm　1/16　印张：22　字数：236千　插页：2
2023年4月第1版　2023年4月第1次印刷
ISBN 978-7-229-17474-3
定价：488.00元（全5册）

如有印装质量问题，请向本集团图书发行有限公司调换：023-61520678

版权所有　侵权必究